从价值链到价值生态系统：云经济时代的产业组织

FROM VALUE CHAIN TO VALUE ECOSYSTEM:
INDUSTRIAL ORGANIZATION IN CLOUD ECONOMY ERA

金帆　张雪◎著

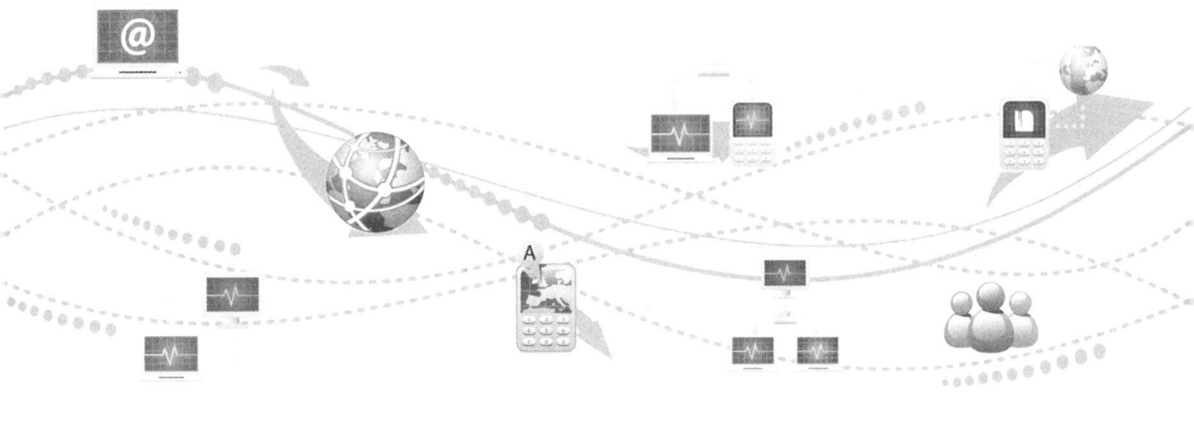

经济管理出版社
ECONOMY & MANAGEMENT PUBLISHING HOUSE

图书在版编目（CIP）数据

从价值链到价值生态系统：云经济时代的产业组织/金帆，张雪著.—北京：经济管理出版社，2018.9（2019.5重印）
ISBN 978-7-5096-5936-6

Ⅰ.①从… Ⅱ.①金… ②张… Ⅲ.①产业组织—研究 Ⅳ.①F062.9

中国版本图书馆CIP数据核字(2018)第184910号

组稿编辑：梁植睿
责任编辑：梁植睿
责任印制：黄章平
责任校对：陈 颖

出版发行：经济管理出版社
（北京市海淀区北蜂窝8号中雅大厦A座11层 100038）
网 址：www.E-mp.com.cn
电 话：(010) 51915602
印 刷：北京玺诚印务有限公司
经 销：新华书店
开 本：720mm×1000mm/16
印 张：13.75
字 数：239千字
版 次：2018年9月第1版 2019年5月第2次印刷
书 号：ISBN 978-7-5096-5936-6
定 价：58.00元

序　呼唤价值理性的回归

21 世纪不仅为人类社会带来了经济财富的迅速增加，而且带来了谜一般的发展模式。2007 年云计算技术面世，并将 Web 2.0 推到人们面前，人们忽然发现工作和生活产生了巨大的变化，绝大部分人被牢牢地吸附在互联网特别是移动互联网构建的无形大网中。曾经在人们印象中很神秘的产业组织，竟然使人有了身在其中的感觉，顾客与企业之间那个冰冷的柜台，不知不觉间消失了。人们可以便捷地享受无数的免费服务，甚至能够直接参与到价值创造活动的过程之中。那些具有强大竞争优势的传统企业，不断被刚刚诞生仅仅几年的新兴企业超越，这些新兴企业昨天还是“独角兽”，今天便成长为“巨无霸”，占据了全球市值排行榜的前几位。

诞生于 20 世纪 80 年代的价值链相关理论，科学地解释了工业经济时代产业组织竞争优势的来源，成为几十年来最具影响力的经济管理理论之一。但移动互联网、大数据、云计算、人工智能等技术的快速发展和应用推动社会逐渐转型为云经济，价值创造机制产生了革命性颠覆：在线体验和服务取代了大量的有形产品交易；顾客使用过程成为价值创造的核心环节；数据和信息的价值创造能力不断增强，成为核心资产；顾客一改被动接受者角色而可以直接参与或主导价值创造流程；免费服务颠覆了以往的利润获取逻辑。价值链理论应用的环境在云经济时代逐渐淡化，而云经济环境恰为价值生态系统理论的诞生提供了丰润的土壤。

世界变化令人目不暇接，当我们还在回味 20 世纪经典理论精妙之处的时候，却不断发现在云经济面前有些经典理论已经力不从心了，而经济管理理论创新的步伐却显得有点迟缓。本书作者潜心观察和研究云经济发展，受平台现象和平台经济的启发，在分析了近几年大量案例之后，基于对价值链理论的扬弃，以生态系统学的视角，创造性地提出了价值生态系统理论，并尝试建立了基本的理论体系。全球互联网巨头建立的生态帝国、小米公司日益强大的生态链、随处可见的“生态化”字眼，体现了这个时代管理实践从生态学思想中汲取启迪和智慧的努力。本书通过对生态化的管理实践进行理论探索和升华，提炼出生态学视角下的经济管理理论；反过来理论可以进一步指导管理实践，实现“从实践中来，到实践中去”。

价值生态系统理论是基于云经济时代产业组织日益呈现出生态化特征的背景下提出来的，这些生态化特征包括：持续的在线体验促使顾客“栖息”于某一系统；顾客数量短时间内呈现爆炸性增长类似于物种爆发；泛意义上的顾客在云技术的支持下分化为极为细致的类别，形成类似于自然界中的种群；产业组织通过孵化、蘖生、结盟等方式提高物种多样性，追求可持续发展；产业组织形成类似自然界“生产者—消费者—分解者”的物质循环和能量流动过程；等等。事实上，无处不在的生态系统化早已昭示着产业组织发生了质的改变，时代呼唤云经济自己的产业组织理论。

本书将生态系统学思想贯穿于整个研究过程，描述了价值生态系统的价值种群、种群进化、群落结构、功能结构等结构特征；分析了价值生态系统动态性、开放性、物种多样性、自我反馈和调节等生态特征；研究了价值生态系统经历的幼儿期、成长期、成熟期、衰退期等生命周期特征，指出价值生态系统可以通过分蘖和衍生子系统等方式追求超越传统意义生命周期的发展。本书的思想不仅为产业组织相关理论研究注入了活力和延展性，也为实践中的管理创新开创了丰富的想象空间。

市场竞争是产业组织近乎永恒的主题。本书提出随着云经济的诞生，市场竞争已由价值链之间的竞争转变为价值生态系统之间的竞争，研究云经济时代的竞争战略具有重要的现实意义。本书从社会学的嵌入关系入手，研究了云经济时代的竞争战略。产业组织理论之前对嵌入的关注主要表现为组织之间的嵌入，但云经济时代顾客的嵌入成为最为深刻的社会现象，例如人们对微信等通信及自媒体系统的依赖、对支付宝等移动支付系统的依赖等，因此云经济时代的竞争战略一定基于顾客嵌入关系。沿着社会学嵌入理论的思路和方法，本书建立了基于顾客嵌入度的竞争战略理论，即不断提升顾客嵌入广度和顾客嵌入深度是云经济时代获得竞争优势的主要方式，其中提升顾客的结构性嵌入、关系性嵌入和认知性嵌入的程度是长期战略。随着顾客资源、在线支付、信用体系成为云经济时代的“基础设施”，原本基于产品的战略联盟逐渐转型为基于共享顾客资源、在线支付技术、信用体系的联盟，价值生态系统之间的联盟强化了竞争优势。

尽管基于云技术广泛应用的云经济形态已初步形成，但在工业经济思维的深刻影响下，极端工具主义思潮仍然牢牢占据着经济管理研究的主流阵地，而试图用“新数据”套用在“旧模型”上的研究思路，是难以发掘和创造出与时俱进的新理论的。本书没有拘泥于传统经济管理研究的模式，而是立足于我们所处的这个时代最新的管理实践，创造性地运用生态系统学和社会学相关理论，提出了云经济时代特有的价值生态系统理论及竞争战略，体现了从工具理性向价值理性的回归。生态学思想的注入为本书的研究增加了生动性，社会学嵌入理论的应用为本书的研究增添了价值理性的意涵，丰富的案例使理论研究紧密联系社会实践，提升了理论研究的实践意义。云经济尚处于初期阶段，本书的思想和内容不可避免地也会呈现出时代特征，期待本书作者以及广大勇于创新的学者不断推进云经济时代的理论研究。

中国社会科学院工业经济研究所副所长

教授，博士生导师

2018 年 6 月 26 日

前　言

同绝大部分中国的“70后”一样，笔者经历了中国从“文革”到改革开放的巨大变化，体验了时代列车的不断加速：20世纪90年代研究生宿舍安装远程电话的欣喜还没有消失，扑面而来的互联网将我们带到一个全新的世界；进入21世纪，大部分人手里刚刚多了一部模拟手机，智能手机突然如雨后春笋般冒出来；刚刚习惯了使用电脑进行交流和工作，移动互联网的浪潮瞬间将我们湮没，接下来大数据、云计算、人工智能等飞速发展的云技术又引领我们进入云经济时代……30年前，20年前，甚至10年前的2008年，我们都难以想象到今天建立在如此丰富的优质免费服务基础上的生活。可是在进行经济管理领域学术研究的时候，突然发现我们在课堂上所学的专业知识，像微观经济学、竞争战略、产业组织理论等大都诞生于20世纪，在工业经济时代推动经济发展的经典理论还能解释今天的经济管理现象吗？还能继续为今天及未来的组织发展提供足够的理论指导吗？为了解决这个问题，笔者进行了八年多的追问和探索。

云经济时代的一个代表性问题是，工业经济时代需要十几年甚至几十年才能获取的规模和竞争地位，为什么如今在短短几年内就能实现？特别是那些蓬勃发展的互联网企业，一方面为顾客提供优质免费服务，一方面又能获得指数级增长，其发展模式是什么？在理论层面，尽管很多研究收集整理了新的数据，但其思路仍然是借鉴被使用了无数遍的旧模型旧理论，进行牵强附会的解释，这些研究对云经济时代的现象缺乏解释力。在研究产业组织的浩繁体系中，笔者选择了在时代上较为接近的迈克尔·波特教授的价值链理论，试着来分析今天——云经济时代的产业组织。随着分析和研究的深入，笔者发现新的产业组织相较于价值链或者价值网，已产生根本性变化，其竞争战略也为适应云经济的特点而进行了大量创新，企业的管理实践已远远超越了经典理论。因此，解释云经济的诸多现象，必须在既有理论的基础上，结合当前这个时代的企业实践，进行理论上的探索和创新。

在吸收诸如平台经济、商业生态系统等新理论的基础上，经过多年的观察、思考和研究，借鉴生态学、社会学等领域的思想，笔者于 2014 年提出了价值生态系统（VES）理论①，建立了价值生态系统的基本概念体系，并初步探讨了云经济时代的竞争战略。虽然得到了学术界的认可，但是该理论所提出的概念和思想都是全新的，存在一定程度的不完善和不系统。接下来的几年里，通过不断观察和分析经济管理领域的新现象，研究不断涌现的新学术成果，笔者一直思考的问题是如何将价值生态系统理论予以深入化、系统化论述。目前呈现出来的这本著作，就是近几年来，笔者和合作者坚持不懈努力探索的结晶，凝结着作者无数汗水和思想的火花。本书的框架体系由金帆进行设计，第一章由金帆独立完成，第二章、第九章由张雪独立完成，第三章至第八章、第十章由金帆和张雪共同完成，全书由金帆统稿。

本书付梓之际，特别感谢中国社会科学院工业经济研究所副所长、博士生导师李海舰教授，李老师在百忙之中对本书提出了宝贵的修改意见，并欣然为本书题序。同时还要感谢教育部人文社科基金（项目号：12YJA630047）的资助。在本书出版过程中，经济管理出版社的申桂萍老师付出了大量心血，编辑和校对老师逐字逐句进行审查，消灭了文中的简单错误，使得本书的行文更加完善。

云经济是新生事物，分析和研究云经济时代的产业组织是一项探索性工作。由于作者学术水平有限，本书的观点和内容可能存在一定不足之处，诚挚欢迎广大读者进行批评指正，也期待着学者们共同推进云经济相关的理论研究，敬请关注公众号微沙（We Salon）或致信 jinlecture@ 163. com。

金帆
于终南山脚下
2018 年 8 月 28 日

① 金帆．价值生态系统：云经济时代的价值创造机制［J］．中国工业经济，2014（4）：97—109.

目　　录

第一章　绪论

第一节　云经济的产生与发展

一、云经济的产生

1. 云计算与云技术

云计算是人类IT产业发展历程中的重要成果之一，对人类社会绝大部分领域的发展产生了广泛而深入的影响。进入21世纪，随着PC机的普及使用，之前在大型机上运行的虚拟化技术得以高速发展，从而为云计算技术的诞生和应用奠定了重要基础。2006年，Amazon、Google、Sun Microsystems公司先后推出了自己的云计算服务，之后在云计算领域提供服务的新兴公司如雨后春笋，开启了云计算服务于人类社会生活的新纪元。在云计算提供的底层平台与服务的基础上，通过云计算架构和模型为传统问题提供新型解决方案的大数据服务一夜之间风起云涌，成为人们耳熟能详的热点词汇。

云计算最终将计算、服务和应用作为一种公共设施提供给人们。伴随着移动互联网、人工智能和物联网的发展，每个物品都可能存在自己的识别标志，其信息都需要传输到特定的系统中心进行逻辑处理。基于云计算的信息技术，以“云”作为基础架构和服务来支撑巨量数据的传输、分析、管理和应用，将成为社会经济发展的主要技术支撑。目前，云技术主要包括云计算、云安全、云存储和云服务等几个方面，随着社会发展，云技术的内涵将不断从深度和广度上延伸。

2. 云经济

以云技术为主要技术支撑的经济形态，称为云经济（Cloud Economy）。我们可以从狭义和广义两个角度理解云经济的含义。从狭义角度看，云经济是与云技术直接相关的经济总量，如直接运用云技术的私有云、公有云等服务产业。从广义角度看，云经济可以理解为以云技术为支撑的社会经济形式，随着云技术向社会生活各领域和人们日常生活的逐渐渗透，我们的社会正在步入云经济时代。

云经济是技术创新带动社会生产和服务变革的产物，其内涵随着社会经济的发展而不断深化，因而没有必要进行“精确的定义”。与云经济概念近似的概念是“数字经济”，数字经济概念的出现早于云经济。数字经济概念最早出现于1995年，加拿大商业策略大师唐·塔普斯科特出版的专著《数字经济》，论述了互联网对社会经济的影响。这一概念之后逐渐被学者和日本、美国等政府所使用。2016年9月，习近平总书记在G20杭州峰会上使用了数字经济的概念，我国官方文件开始用“数字经济”概念代替了“信息经济”的提法。

云技术、云经济比数字技术、数字经济的概念更为确切，数字技术、数字经济所指的对象更加宽泛。事实上，从技术进步和经济演化的视角看，数字经济比信息经济更确切，云经济比数字经济更确切。目前，正在广为使用的是数字经济概念，但云经济将会在越来越多的场景下更确切地表达当前经济形态的特点。本书作为学术著作，将通篇使用“云经济”概念。

二、云经济的发展

云经济萌芽于云计算技术的产生，并很快展现出了强大的生命力，促进了各产业的进化。第一产业即农业领域，“农业云”对农产品生产的各种要素进行数字化设计、智能化控制、精准化运行、科学化管理、商业化运营，极大地提高了农业生产和服务的效率。在工业领域，通过“云设计”“云制造”“云供应链”等建设，包括研发、制造、物流、销售等全流程均可实现“云端化”，实现制造业的革命性跃升。云经济还拓展了服务业的范畴，金融云、电信云、电力云、交通云、政务云、教育科研云、健康云、数字娱乐云、中小企业云等众多云设施、云服务系统的建设，使整个社会步入“智慧时代”。

得益于中国巨大的市场规模和中国政府的高度重视，云经济在中国取得了突飞猛进的进步，中国正在从跟随者、参与者转变为云经济的引领者。1994 年，中国正式接入国际互联网，到 2008 年中国网民数量首度超过美国，期间诞生了中国互联网领域的百度、阿里巴巴和腾讯（BAT）巨头。自 2009 年起，在云技术的支撑下，移动互联网迎来发展大潮，中国政府制定了“互联网 +”战略、“中国制造 2025”和国家大数据战略等具有顶层设计意义的宏大战略，推动了中国云经济快速发展，正逐步加大对发达国家追赶超越的步伐。

2017 年 8 月，麦肯锡全球研究所（MGI）发布了 *China's Digital Economy：A Leading Global Force* 的报告，认为中国零售电商交易额已超过法国、德国、日本、英国、美国五国的总和，2016 年中国移动支付普及率已达 68%，移动支付交易额高达 7900 亿美元，相当于美国的 11 倍。在产业发展方面，象征新兴产业发展的全世界 262 家“独角兽”企业中 1/3 来自于中国，占全球“独角兽”总估值的 43%，中国风险投资在全球风险投资总量的占比达到 19%，其中大部分流向了虚拟现实、无人驾驶汽车、3D 打印、机器人、无人机和人工智能等云技术领域。

第四届世界互联网大会发布的《中国互联网发展报告 2017》蓝皮书显示，2016 年美国数字经济规模为 11 万亿美元，占 GDP 比重达 58%，中国数字经济规模为 3. 8 万亿美元，占 GDP 比重达 30. 3%，中美数字经济总量占全球比重接近 80%。2018 年 1 月，中国互联网络信息中心（CNNIC）发布的《中国互联网络发展状况统计报告》显示，截至 2017 年 12 月，中国网民规模达 7. 72 亿人，普及率达到 55. 8%，超过全球平均水平（51. 7%）4. 1 个百分点，其中手机网民占比达 97. 5%。境内外上市互联网企业数量达到 102 家，总体市值为 8. 97 万亿元人民币，其中 BAT 的市值之和占总体市值的 73. 9%。截至 2017 年 6 月，中国拥有人工智能企业 592 家，占全球总数的 23. 3%。

云经济的快速发展，深刻地改变了社会生活和人们的日常生活，对产业组织产生了前所未有的影响。基于工业经济时代诞生的经济学、管理学经典理论，在云经济时代部分或基本失去了应用的环境基础，这就需要我们立足云经济的现实，勇于创新，探索云经济时代特有的规律，推动经济学、管理学也步入“云时代”。

第二节　云经济的特征

云经济代表着社会经济发展的未来方向，基于云技术发展起来的云经济，其特征与工业经济时代的经济形态存在显著不同。基于当前云经济的发展现状，我们力图分析云经济的主要特征。

一、社会视角的特征

1. 云经济实现了更高层次的规模效应

工业经济存在边际成本递减的现象，从而扩大规模可以带来效益的提高，称之为“规模效应”或“规模经济”。但受制于传统信息技术的制约，规模扩大往往伴随着“规模不经济”效应的渐次提高。云经济基于云技术的支撑，能够实现更高层次的规模效应。一方面，云技术能够发挥云服务系统的可扩展性和动态资源的分配能力，其服务对象的规模已经可以达到海量级别，能够以极低的成本实现增量数据的分享与交换、存储与计算，其规模效应超过了以往任何经济形式。例如，腾讯公司的微信系统，能同时免费为超过 10 亿用户提供即时通信等各种服务。另一方面，接受云服务的政府、企业等组织，可大幅简化其 IT 系统，并以极低廉的成本获得持久的、可信赖的服务。基于云技术的智能化服务，能够在一定程度上替代部分智力与体力劳动者的工作，如财务机器人取代财务人员、工业机器人取代车间工人、医疗机器人取代医生等。云经济的规模越大，越能够在社会意义上节约人力资源、电力能源以及各种设备等有形资源，这是云经济实现的更高层次的规模效应。

2. 信息成为独立的生产要素

人们对生产要素的认识是随着科技进步而逐渐深入的，亚当·斯密提出包括劳动、土地和资本的三要素学说，20 世纪初，剑桥学派创始人马歇尔把三要素扩充为生产四要素，即劳动、资本、土地和组织（企业家）。随着技术进步和经济发展，信息在生产中的作用逐渐被人们认识到，但在云经济出现之前，受技术条件限制，只有部分信息能够被及时有效地挖掘，信息在生产中处于从属地位。进入云经济时代，基于云计算的大数据分析技术，人们能够对海量信息进行及时有效的挖掘和管理，从而提高了信息的作用，信息甚至可以单独创造价值，真正成为“独立的生产要素”。

互联网企业大众点评网的运营模式可以生动地说明信息的巨大作用。大众点评网首创了国内第三方点评模式，通过让用户充分互动，分享对餐馆的体验，公司以极低的运行成本获取了巨量的餐饮、服务等信息资源，将这些信息聚合起来并予以挖掘，就变成了极有价值的信息。大众点评网基于这些信息，可以进行广告投放、精准营销等多种盈利模式开发。之所以称信息为独立的生产要素，是因为企业与信息的提供者之间可以不发生交易，这些信息并未附着在某种交易上而存在。

3. 信息传播呈现碎片化特征

信息传播的方式呈现出了明显的时代特点。公共传媒作为信息的主流传播方式占据了较长时期，报纸杂志、广播、电视等媒介曾经在传媒中占据绝对垄断地位。进入云经济时代，即时通信技术彻底改变了信息传播的格局，点对点的碎片化传播成为主流的信息传播方式。博客、微博、公众号、朋友圈、直播间等多种多样的自媒体，不仅在传播速度上比传统公共媒体占有优势，而且受众群体几乎不受任何限制。公共传媒仍然存在，但是公共传媒也基本上将信息传播方式转移到了以碎片化传播为主的方式，如绝大部分公共媒体建立了自己的微博、公众号等自媒体方式，并根据大数据分析的结果进行精准的信息推送。

点对点的信息传播一直以来都存在，但是云经济时代之前点对点的传播不仅信息量少，而且速度极慢，受众也极其有限。借助云技术手段，点对点的碎片化信息传播成为人们获取信息的主要手段，包括政府、企业等在内的几乎所有组织，都已经深深陷入了碎片化信息的海洋中，这些组织都必然变革运行方式以适应环境特征。例如，政府要通过互联网对碎片化的信息进行实时的舆情监控，企业要通过自媒体及时发布新产品及公司的重大活动。

4. 智力资本成为社会进步的绝对主导力量

在云经济时代，智力资本已经取代财务资本成为社会进步的绝对主导力量。新技术的研发和应用、新商业模式的开拓和创新都令人眼花缭乱，成为社会进步的主要动因，其背后的本质是智力资本在社会进步中扮演着关键角色。在云经济时代到来之前，财务资本处于经济发展的主导地位，前五次并购浪潮正是财务资本巨大力量的体现。以云技术刚刚诞生的2008年和十年之后的2018年为例，位于全球市值前十位的公司已经基本完成从传统产业为主向新兴产业为主的过渡

（见表1－1），而新兴产业的轻资产特征是建立在智力资本基础之上的。

表1－1　2008年和2018年全球市值前十位的公司

2008年			2018年		
序号	公司	领域	序号	公司	领域
1	汇丰集团	银行	1	苹果	电子
2	通用电气	制造	2	谷歌	互联网
3	美国银行	银行	3	微软	软件
4	摩根大通	银行	4	亚马逊	互联网
5	埃克森美孚	油气	5	腾讯	互联网
6	壳牌集团	油气	6	脸书	互联网
7	英国石油	油气	7	阿里巴巴	互联网
8	丰田汽车	汽车	8	伯克希尔·哈撒韦	保险
9	荷兰国际	保险	9	强生	医药
10	伯克希尔·哈撒韦	保险	10	摩根大通	银行

资料来源：笔者根据互联网公开资料整理。

财务资本在云经济时代退居次要地位的另一个显著标志是公司治理的范式也产生了转换，以双层股权结构和阿里巴巴合伙人制度为代表的智力资本导向公司治理范式正在逐步取代以同股同权为原则的传统公司治理范式。新的公司治理范式意味着公司控制权不再以持有的股份比例为标准进行分配，而是分配给智力资本——依据对企业发展的影响力掌握具有超级投票权的特种股份持有者，或者以创业团队为主的“合伙人委员会”。这表明财务资本逐渐沦为普通的生产资料，智力资本成为社会发展的主导力量。

二、组织视角的特征

1. 组织呈现生态系统化发展

当组织赖以存在的外部环境发生变化时，组织的发展模式也将出现相应变化。在云经济环境下，借助于云技术手段，包括企业、公益组织、政府组织等在内的大部分组织都出现了生态系统化发展的趋势。所谓生态系统化，简单而言就是组织构建类似生态系统的环境，从而使得其所服务的对象在数量和行为方式上也呈现出生态系统成员的特征，即在某些阶段能够呈现指数级的快速增长并可能深深嵌入组织所构建的环境中。为了获得竞争优势，组织甚至把构建生态系统作为超越盈利的优先目标。

随着云技术的广泛应用，产品（包括有形产品和服务，下同）的制造环节在竞争优势构建中的地位逐渐式微，与顾客的使用直接相关的环节——营销与服务等，逐渐成为关键环节。企业组织的生态系统化发展，使得传统的价值链组织逐渐过渡到价值生态系统组织，市场竞争也由价值链之间的竞争演化为价值生态系统之间的竞争。构建价值生态系统或者与强大的价值生态系统结成战略联盟，成为云经济时代几乎所有组织实现持续发展的首选战略。组织的生态系统化发展对传统的战略管理、组织行为理论等经济管理理论形成了直接的挑战。

2. 产品个性化与服务化发展

工业经济时代标准化产品的批量生产促进了社会经济的发展，以较低的成本满足了人们工作生活的需要。然而个性化是人们永恒的追求，个性化产品在工业经济时代是极其昂贵的，只能满足极小一部分高消费能力人群的需求。随着云经济的深入发展，无论是消费者的需求信息还是组织生产的资源信息，都能够以极低的成本获取并实施到生产过程，从而导致个性化产品的生产和服务成本大幅度降低。那些能够在产品个性化和服务化方面走在前列的企业，往往能够率先赢得顾客的青睐，从而吸引他们进驻企业所构建的价值生态系统，实现长期发展。

云经济时代，制造业服务化达到了前所未有的水平，无论装备还是消费品都附着了越来越多的服务，不仅彰显了产品的个性化，而且企业试图通过优质的服务将企业自身与顾客牢牢“绑定”在一起。提供大型设备的企业往往同时提供融资担保、产品使用、维修保养等服务，甚至将传统的销售行为转化为“租赁”服务。当前的电子产品，如电脑手机、儿童玩具、家电设备等，都必须同时提供多样化的在线更新服务，才能赢得市场的长期关注，进而获得一定的竞争优势。

3. 企业流程非线性化趋势明显

随着云经济时代的到来，长期以来形成的具有相对固定形式的线性化流程被逐渐打破，非线性化成为企业流程的发展趋势，也是企业获得竞争优势的路径之一。线性流程的特点是价值创造活动按照既定的逻辑顺序展开，如价值链的核心企业掌握着关键环节，决定着产品从研发到生产再到营销这个流程的“钥匙”，其他企业分担着价值创造流程的特定环节。随着云技术的广泛应用，既定的逻辑顺序已经失去了存在的必要性。例如，在云经济时代，制造业将实现云制造方式，云制造过程从顾客需求出发，研发和生产都是在云制造服务平台的组织下完成的，价值生态系统担任着组织者的角色，既不拥有制造资源，也不直接参与制造过程，顾客能够“以我为主”参与价值创造流程，不再是价值创造活动的旁观者。

出版业和服装业的流程非线性化具有代表性。在出版业，作家创作—出版社评审—出版—销售是早已成熟的线性流程，但云经济将这一流程彻底颠覆了。起点中文网建立了一个读者参与创作、评审的价值生态系统，任何读者可以发表作品、评价作品并提出意见，同时获取一定报酬，最终读者认可的优秀作品得以正式出版。在服装业，传统的设计师设计—摄影师和模特展示—生产—销售流程的颠覆者是芝加哥无线 T 恤公司，在新的流程中，设计工作交给了任何愿意尝试设计的人，通过网络征集并评选出若干设计奖获得者，认可度高的那些方案付诸印制。无线 T 恤公司的价值生态系统栖息着数百万名顾客，这些顾客主导了关键流程，所有印制的 T 恤都销售一空。

4. 运营模式与盈利模式变得可分离

在云经济到来之前，企业的运营模式与盈利模式基本是不可分离的，即所谓“干什么的吆喝什么”，两种模式不可分离是因为企业的盈利源于与顾客之间的交易。在价值评估的理论中，对企业或项目价值评估的基础就是企业运营带来的盈利，例如，根据价格和销售数量预测未来收益的现金流折现。但是云经济改变了这一长期形成的规律，企业所运营的业务可以不跟顾客发生交易，因而企业的盈利并不是建立在这种交易的基础上。以奇虎 360、谷歌、百度等为代表提供免费服务的企业，其运营模式与盈利模式实现了分离。尽管这些企业的盈利模式离不开运营模式的构建，但是其盈利并非直接来自于使用其服务的顾客，而是来自于基于这些顾客信息开发的其他盈利活动，如广告费收入。两种模式的分离也为价值评估理论带来了挑战，一个提供免费服务的企业，其价值并非主要取决于其盈利模式，而是其运营模式的规模和可持续性。

第三节 本书的研究创新

云经济是人类社会最新的经济形态，其所表现出来的很多特征前所未有，对云经济的研究是一项极度烧脑的创新性工作。基于对价值链理论和云经济的分析，笔者之一金帆于2014年提出了价值生态系统理论。本书是价值生态系统理论的进一步深化研究，试图比较系统而深入地呈现价值生态系统理论的内涵及其对云经济时代企业实践的指导作用。本着为经济管理学科在云经济时代寻找恰当突破方向的初衷，本书力图在以下几个方面有所创新。

一、将价值链理论升级到价值生态系统理论

迈克尔·波特教授于1985年提出的价值链理论，经过众多学者的丰富和完善，深刻地影响了全球的企业实践和经济管理研究。但是随着云经济的深入发展，价值链理论适用的环境逐渐淡化甚至消失，价值链理论在解释和指导云经济时代的企业实践方面越来越捉襟见肘。其根本原因在于，价值链理论建立在线性化流程基础之上，特别是顾客与供给者分立柜台两侧，柜台一侧的价值链成员自成一个相对独立的体系。随着社会生产的发展，价值链理论也在不断演化以适应环境变化，但是植根于经典价值链理论的价值星系理论、虚拟价值链理论和价值网理论以及全球价值链理论，都诞生于云经济时代之前，这些理论认识到流程非线性化带来的影响，对传统价值链理论进行了改良，但仍然没有脱离价值链理论的范畴。

在经济管理领域，每一个理论的诞生和存在都有其时代性。云经济呈现出的特征是价值链理论所难以充分解释的，例如，互联网企业的竞争战略与价值链理论几乎没有一致性，这就需要在价值链理论基础上进行突破性研究。价值生态系统理论深入分析云经济时代流程的非线性化特征，认识到横放在企业与顾客之间的“柜台”已经消失，两者几乎是互为顾客关系且相互嵌入。随着云技术的广泛应用，传统平台的功能得到了极大的拓展和丰富，由此诞生了具有生态系统特征的价值生态系统。价值生态系统理论是云经济时代解释和指导产业组织行为的新理论，它与云经济共生共荣。

二、以更广阔的视角进行多学科交叉创新研究

云技术的应用将多种社会行为主体融合在一起，置身于这种新经济环境的产业组织也深受其影响，呈现出诸多新特征。为了分析产业组织的这些新特征，本书主要运用生态系统学理论和社会学嵌入理论，对产业组织进行多视角的研究。生态系统学理论主要用以分析产业组织本身的发展规律。在云经济时代，产业组织边界淡化甚至消失，产业组织的核心演变为中枢企业——价值生态系统的构建者和维护者。这一演变的必要性在于，随着云技术的应用，产业组织的参与者可能以指数方式爆发性增长，而只有开放的价值生态系统才能有效容纳爆发式增长的参与者。在价值生态系统的运行中还呈现出很多生态系统特征，以生态系统理论的视角分析云经济时代的产业组织，有助于发现产业组织的发展规律。

借助于云技术手段，产业组织的参与者——大量的顾客和中枢企业以及其他企业，构建了越来越密切的关系网，无论从组织运行还是利益分配方面，他们之间相互嵌入，导致嵌入关系成为云经济时代产业组织运行的纽带之一。云经济时代广泛存在的跨界合作，实际上体现的是一种新型的嵌入关系，云技术将传统方式下不相干的领域结合在一起，共同构筑竞争优势。广泛而稳定的嵌入关系是云经济时代价值生态系统实现持续发展的重要条件，这为研究产业组织理论打开了一扇新的窗口。

三、推动经济管理研究实现价值理性与工具理性的协调

云技术的广泛应用使得人们之间的信息得以大量而快速的传播，信息不对称的程度得以大幅度降低，人们可以以极低的成本发现产品的内在信息，因此在云经济时代，人们更注重产品的使用价值，特别是精神文化体验。这种现象实际上昭示着价值理性的回归，人们正在由追求表面的满足转为追求内在的满足。例如，在餐饮酒店等服务行业，顾客可以轻而易举地获取到大量不特定消费者的评价信息，从而以此为依据选择最适合自己的服务。另外，产品的提供者也非常清楚这些信息，他们已很难以不对称信息“蒙蔽”消费者，必须踏踏实实提高产品的质量才可能长久提升顾客满意度。

理论研究必须注意到云经济环境下出现的这个趋势，近些年来盛行的极端工具主义研究方法面临着洗心革面，只有从云经济的最新实践出发，以新概念、新思维、新视角推动经济管理学科的创新，才能接近事物的本质并上升为新的理

论。传统研究中工具主义建立的理论大厦赖以存在的前提——经济人和理性人，在云经济的实践中被彻底抛弃。以价值评价为例，长期以来经济管理领域都以交易价值来衡量价值，然而在云经济环境下，免费模式大行其道，精神文化体验成为人们最重视的需求，"志愿者"服务如雨后春笋，以交易价值来衡量价值所适用的范围越来越小。本书在研究中注重分析了顾客体验所蕴含的价值，在注重工具理性的同时，更加注重价值理性的指导作用，并贯穿研究的始终。

第四节　本书的理论框架

本书共分为十章，主要框架结构和具体内容如下：

第一章为绪论。主要介绍本书的研究背景、研究创新和研究理论框架。云技术和云经济的发展促使产业组织从价值链到价值生态系统的变革，这是本书的研究基础。

第二章为价值链理论的演进。该章主要介绍了价值链理论的诞生和价值星系、价值网、全球价值链对价值链理论的继承与发展。随着时代发展，这些传统价值创造理论对云经济时代价值创造机制的解释力逐渐减弱，逐渐失去了应用基础。

第三章为价值生态系统的产生。该章从顾客栖息、顾客指数级增长、价值空间三维化、顾客种群、开放共享等角度阐释了云经济时代价值创造活动呈现的生态系统化特征，从企业角度描述了平台的生态系统化过程，指出一些企业演变为中枢企业，构建了价值生态系统。然后详细介绍了价值生态系统的内涵和顾客的重要性，分析了中枢企业构建价值生态系统的一般流程。

第四章为价值生态系统的结构与特征。该章从中枢企业、价值种群、价值群落分析了价值生态系统的组织结构，从生产者、消费者、分解者角度描述了价值生态系统的功能结构，然后分析了价值生态系统的生态特征和组织特征，最后分析了价值生态系统和平台的联系与区别。

第五章为价值生态系统的运行机制。该章首先从理论角度分析了价值链视角下企业的运营模式特征和价值生态系统运营模式特征及两者的区别，然后从拉新、留存、提活三个角度分析了价值生态系统在实践中的运营模式，探讨了价值生态系统的几种盈利模式，最后通过一个三维模型分析了价值生态系统的价值空间和利益分配问题。

第六章为价值生态系统的演化。该章分析了价值生态系统演化的主要动因，然后从幼儿期、成长期、成熟期、衰退期分析了价值生态系统生命周期的各个阶段，指出价值生态系统生命周期存在与传统企业不同的特征，最后从内源性分蘖和外源性衍生两个角度分析了价值生态系统衍生子系统的方式。

第七章为价值生态系统的竞争战略。该章首先介绍了波特基于价值链分析提出的三大竞争战略，指出了传统三大竞争战略在云经济时代应用基础逐渐薄弱，然后结合社会学的嵌入理论提出价值生态系统的主要竞争战略是顾客嵌入度领先战略，从吸引顾客和留存顾客两方面提升顾客嵌入广度，从结构性嵌入、关系性嵌入、认知性嵌入三个维度提升顾客嵌入深度是价值生态系统提升竞争力的主要途径。

第八章为价值生态系统的联盟。该章首先对战略联盟进行了理论回顾，然后分析了价值生态系统联盟的内外部环境，介绍了价值生态系统的主要联盟形式，最后阐释了价值生态系统联盟的作用机制。

第九章为价值生态系统的案例分析——支付宝。该章运用前八章的价值生态系统理论研究成果分析支付宝的构建过程、运营模式、盈利模式、分蘖、竞争战略与联盟等问题，将价值生态系统理论集中应用于支付宝实际案例中。

第十章为结论与展望。该章首先对本书的研究进行了简要的概括，然后对研究中遇到的一些延伸性问题进行简要阐述，为未来的研究提供参考和方向。

第二章　价值链理论的演进

第一节　价值链理论的诞生

一、价值链理论的提出

竞争是人类社会永恒的话题。哈佛大学商学院教授迈克尔·波特对竞争战略和竞争优势的系统研究不仅在学术上对管理学、战略管理等学科的发展做出了杰出的贡献，还为活跃于企业实践中的管理者、决策者提供了新的思维方式，推动着实践向前发展。波特在1980年出版的《竞争战略》一书中提出的三大竞争战略——成本领先战略、差异化战略和专一化战略影响深远，然而在企业具体实践中竞争战略的实施和竞争优势的获取之间存在着鸿沟，即有些企业难以通过竞争战略的实施获取相应的竞争优势。为了解决这一问题，波特在1985年所著的《竞争优势》中首创性地提出了价值链（Value Chain）理论，以阐明企业战略的具体实施问题。

价值链理论认为每个企业都是设计、生产、营销、交付等一系列价值创造活动的集合，系统地对企业价值活动进行分解、剖析并了解各环节之间的关联是实施竞争战略的前提，在此基础上进行价值链和价值活动的优化、协调可以帮助企业赢得竞争优势。价值链理论作为联结竞争战略和竞争优势的桥梁，开启了价值创造机制研究的先河。

二、价值链理论的内涵

1. 价值链与价值活动

在波特价值链理论中，价值被定义为顾客愿意为企业提供的产品和服务支付的价格，即价值通过企业的总收入来衡量。企业为顾客创造的价值高于生产过程中发生的成本从而产生利润是企业经营的基本目标。价值活动是企业在为顾客生产有价值产品或服务过程中开展的具体活动，主要包括基础活动（Primary Activities）和支持性活动（Support Activities），如图 2－1 所示。基础活动包括入厂物流、运营、出厂物流、营销、服务等与生产直接相关的活动。支持性活动包括企业基础设施、人力资源管理、技术发展和购买等，支持性活动不与制造过程发生直接联系，但为制造过程的顺利开展提供支持和辅助作用。

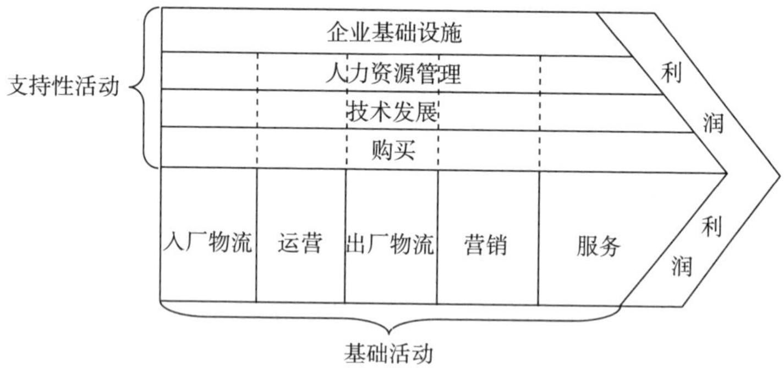

图 2－1　波特价值链

2. 价值链与竞争优势

波特的价值链理论揭示出企业与企业之间的竞争实质是价值链与价值链之间的竞争。价值链并非价值活动的简单集合，而是价值活动相互关联、相互作用的结果。前一环节会影响后一环节的质量、成本等要素。通过比较本企业与竞争对手的价值链以及具体价值创造环节的差异，可以了解企业间竞争优势差异的原因。为了获得竞争优势，管理者需要对自身及竞争对手的价值链进行剖析和比较并在此基础上进行相应的调整和优化。其中，管理者对价值链之间差异的洞察能力、对本企业价值链的优化能力影响着企业的价值创造活动进而影响竞争优势。

价值链分为企业内部价值链和外部价值链（或产业价值链），两者均影响企业的价值创造活动和竞争优势。内部价值链是指发生在企业内部的，由企业具体承担的入库、生产、出库、销售、管理等活动构成的价值链。外部价值链是指企业与外部供应商、渠道商之间存在的价值活动连结，上下游企业的相关活动会影响本企业的成本或绩效。如供应商的及时交付可以降低本企业的存货水平，供应商提供的低质原材料会增加本企业生产过程中的次品率。因此不仅企业内部的一系列价值创造流程需要关注，与上下游企业相关联的价值活动也应纳入管理者思考分析、调整优化的范畴中。

市场竞争中，不同企业可以通过建立联盟来协同、共享价值链以获得更大范围的竞争优势。联盟既不同于市场中一次性、即时性的交易，也不同于合而为一形成的合并企业，而是一种介于市场交易和企业合并之间的组织形式。联盟的好处在于：可以在保持各方独立和平等地位的前提下实现双方的共赢。联盟对价值链的积极意义在于：①帮助联盟成员企业实现资源共享，优势互补，提升整条价值链的竞争力；②允许联盟成员企业在不扩大规模的前提下进入新的市场、新的行业，实现竞争范围的拓展；③降低价值链尤其是外部价值链优化过程中的协调和沟通成本，将联盟成员企业间零和博弈转变为正和博弈。

三、价值链理论的启发性

1. 一种新的管理思想

价值链理论诞生之前的管理理论和方法通常引导企业关注成本、质量等部分环节而缺乏系统性分析。波特的价值链理论首创性地从价值创造的视角对企业一系列活动进行整体分析，对当时管理者固有的价值观念和思维方式带来了挑战与冲击。这种新的管理思想引导企业管理者去分析自身和竞争对手的价值链，在确定自身优势环节和劣势环节的基础上扬长避短从而获得竞争优势。

2. 重视顾客的作用

价值链理论认为，竞争优势源于企业为顾客创造的价值，即以更低的价格使顾客感受到相同的质量或通过“投其所好”提供其愿意以较高价格购买的差异化产品。价值链理论为价值创造机制的研究铺垫了基调——价值是为顾客创造的价值。

3. 将价值创造机制的研究上升到战略层面

在价值链理论视角下，入库、生产、出库等活动不再仅仅是经营、执行层面的活动，而上升为战略、决策层面的活动。作为竞争优势来源的分析工具，价值链将企业活动分解为与战略相关的价值活动，旨在理解成本领先和差异化战略执行的基础、发生的偏差并及时进行调整以获取竞争优势。Peter Hines（1993）认为，波特价值链理论的贡献之一在于将价值分析活动提升到高层管理者的战略思维层面。关键技术、稀缺原材料等可以产生高额利润的环节被称为价值链的战略环节，增强对战略环节的控制可以帮助企业保持竞争优势。最经典的例子是可口可乐凭借对可乐秘方的控制使其基业长青、长盛不衰。

价值链理论不仅在战略管理、竞争领域影响深远，还在管理会计、市场营销领域大放异彩。更为重要的是，价值链理论开启了价值创造机制研究的先河。

四、价值链理论的不足之处

任何学术理论都是时代的产物，价值链理论也不例外。随着时代向前发展，波特价值链理论日显逼仄，主要表现在：①诞生于工业经济时代的价值链理论主要基于制造业，制造过程占据价值创造活动的核心环节。随着制造业的转型升级以及服务业的快速发展，价值创造的核心环节逐渐从制造过程转移到使用过程。②波特的价值链理论立足于单个企业本身，随着社会分工的不断细化、外包的流行和经济全球化的渗透，特定产品的生产需要由多个企业完成才可获得成本和质量优势，价值链的线性特征受到挑战。而且，价值链日益增加的复杂性要求企业之间的合作大于波特所强调的竞争。③尽管波特价值链理论强调价值是围绕顾客创造的，但是利润仍是该理论追求的终点，着眼于当期利润可能会引发管理层“短视行为”从而影响企业的长远发展。④信息在波特价值链理论中仅起到辅助作用，被用于监督和控制生产流程。随着互联网的发展，信息逐渐成为可独立创造价值的生产要素。Rayport 和 Sviokla（1995）意识到波特价值链理论把信息看作价值增值过程的辅助因素而非价值本身源泉的观点是不正确的。⑤波特价值链理论基于静止的产业世界观。Ghoshal 等（2001）认为波特的理论是静态的，其战略思维关注的是如何在固定的经济蛋糕中获得最大可能的份额，而不是如何把蛋糕做大。伴随着时代的发展以及新生事物的出现，价值链理论在质疑与挑战中得到了继承和发展。

第二节 价值链理论的发展

一、Peter Hines 对价值链理论的传承与发展

在吸收美国和日本知名公司管理经验的基础上，Peter Hines（1993）以“集成物料的价值管道线”（Integrated Materials Value Pipeline）拓展了波特的价值链概念。他认为波特的价值链理论存在三个问题。首先，波特将公司首要目标和最终目标定义为利润，而他认为顾客满意度应是企业的出发点和落脚点；其次，虽然波特承认价值活动的集成是重要的，但是其描绘的价值链仍是一个较为松散、分裂的结构；最后，波特没有对基础活动和支持性活动进行重要性比较。为此 Peter Hines 重构了价值链，如图 2－2 所示。相对于波特传统的价值链，新价值链的改进之处主要表现在以下三个方面。

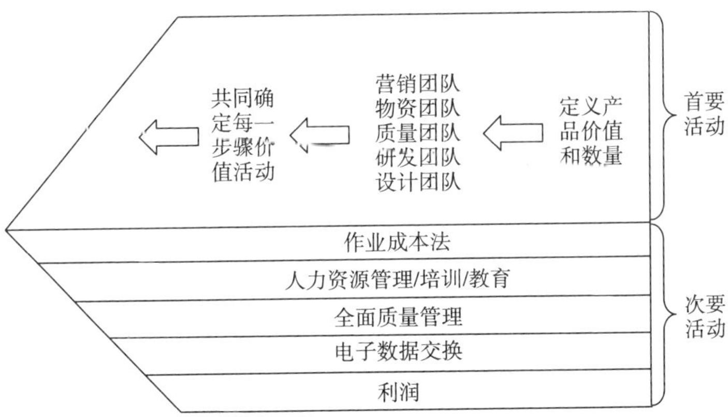

图 2－2 Peter Hines 构建的新价值链

1. 顾客满意度是企业首要目标

Peter Hines 认为，顾客满意度是价值创造活动的起点和终点。传统“供—产—销”的生产推动系统被顾客需求拉动的“销—产—供”系统所取代，因而新价值链呈现出与波特价值链相反的方向。对可以实现顾客满意度的产品进行价

值定义是新价值链的起点，然后由团队一起确定后续步骤的价值活动。波特价值链的终点——利润仅仅是 Peter Hines 新价值链中满足顾客需求之后的副产品，位列次要活动之中。新价值链更加贴近顾客需求且“按需生产”提升了采购和生产活动的科学性和计划性，减少了不必要的冗余和浪费。这一点不足以证伪波特的价值链，因为两位学者提出各自理论的时间和环境各不相同，其间市场可能经历了从供小于求到供过于求的转变，导致顾客的重要性不断上升。

2. 强调价值活动的集成和统一

波特传统价值链下设计、生产、销售、售后服务等活动几乎由一家企业独自完成，企业自上而下的权力划分以及森严的行政组织体系很容易带来诸如沟通效率低下、信息失真、基础部门机动性差等弊端。Peter Hines 认为，应该以来自企业不同部门的员工组成的团队为中心而不是以企业为中心开展价值活动，扁平化的团队管理方式可以增加各部门的灵活性与机动性，在平等协作的基础上更好地满足顾客需求。

3. 对价值活动进行优先性排序

Peter Hines 认为最重要的价值活动是首要活动中的市场营销、物料采购、质量控制、研发和设计。本质上看，Peter Hines 对价值活动优先性的排序与波特的观点相差不大，重点关注产品制造过程。新价值链仍是立足于制造业基础上的研究，其与时俱进之处在于把全面质量管理（TQM）、电子数据交换（EDI）、作业成本法（ABC）等先进管理思想和方法纳入价值链中。

Peter Hines 提出的新价值链理论是对波特传统价值链理论的继承和发展，继承主要表现在保留价值链的线性特征和制造业研究视角，发展在于将顾客满意度而非利润作为价值链的终点，以需求拉动系统代替生产推动系统，改变了价值链的方向。

二、价值星系：价值创造流程非线性化的开端

在与 Peter Hines 提出新价值链理论的同一年中，Normann 和 Ramirez（1993）提出了价值星系（Value Constellation）理论。与传统线性价值链下企业进行正确的定位并获取所在环节的价值增值不同，Normann 和 Ramirez（1993）认为在经济全球化、市场竞争加剧、技术日新月异的背景下，通过价值星系重新创造价值才有助于获得竞争优势。星系是天文学的术语，指由恒星、围绕着恒星转动又能自转的行星以及一些卫星组成的星系。价值星系是指由恒星企业、供应商和合作

伙伴等行星企业以及顾客共同构成的复杂价值创造整体，如图2－3所示。恒星企业是价值星系中的核心企业，负责挖掘顾客需求并指导其他行星企业的生产活动，维护星系的正常运转。

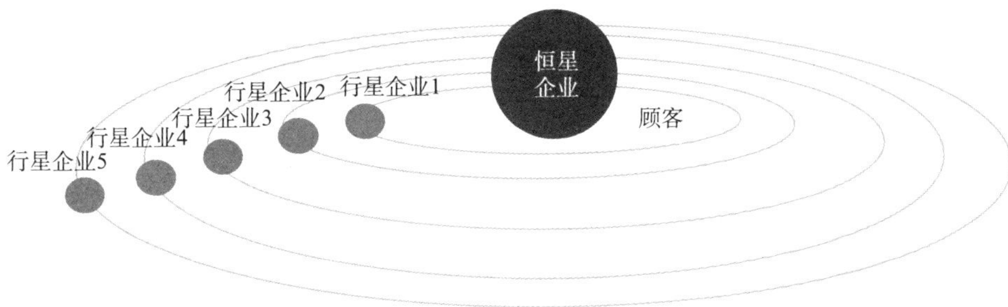

图2－3 价值星系

1. 价值星系理论的进步之处

（1）价值创造流程的非线性化。价值星系打破了价值链中线性、有先后顺序的价值流程，恒星企业连同供应商、经销商、合作伙伴、顾客共创价值，共享收益，形成一个类似于星系、包含各行各业的柔性契约网络。不同的企业拥有不同的资源禀赋，拥有卓越组织能力、强大品牌和商誉、良好顾客和社会关系等高位资源的企业成为恒星企业，而其他拥有土地、劳动力、非核心技术等中低位资源的企业在恒星企业的吸引力作用下成为行星企业，接受恒星企业的领导和指挥。根据罗珉（2006），恒星企业对行星企业的吸引力主要包括价值观吸引力、价值创造吸引力和价值共享吸引力。价值观吸引力指价值星系内企业拥有一致的价值取向、思维方式和行动准则，这是价值星系正常运转的前提和基础；价值创造吸引力指恒星企业与行星企业的合作可以通过优势互补创造更大的价值，而且行星企业所拥有的中低位资源需要加入价值星系才可以发挥更大的作用；价值共享吸引力指公平的价值分享机制可以帮助行星企业实现“物尽其用”且获得比“单打独斗”更多的收益。恒星企业利用自身高位资源将捕捉的顾客需求传递到价值星系中并负责资源的统筹调度，把每个环节交由最具有优势的行星企业来完成，从而形成快速高效的市场响应机制。

（2）首次将顾客纳入价值创造活动中。价值星系理论不仅将顾客视为价值创造活动的出发点和归宿点，还首次将顾客纳入价值创造活动中。Normann 和

Ramirez（1993）指出企业的目标不仅是为顾客创造价值，更重要的是驱动顾客利用企业提供的条件和环境去自行创造价值，正如宜家家居不仅为顾客提供桌椅、沙发、床具等具体家居物品，更为顾客提供了一个设计、创造专属于自己的家居环境的平台。在顾客看似漫无目的地挑选家具的过程中，他们在为自己创造着价值，为自己打造可以展现风格、表达个性的家居环境。顾客不只从宜家家居中购买商品，还从中获得了娱乐感和成就感，将顾客纳入价值创造活动中帮助宜家家居在众多家具零售商中脱颖而出。

（3）价值的概念得到拓展。Normann 和 Ramirez（1993）意识到实物产品和无形服务之间的界限日益模糊，如宜家家居不只售卖家居，还提供娱乐和休闲服务。他们用“提供”（Offering）一词来统称产品和服务，区别于以往产品和服务的固态（Frozen）特征而强调与顾客接触的动态过程。“Offering”一词体现出 Normann 和 Ramirez（1993）在定义价值概念时尽可能延伸、拉长与顾客之间联系的意图。Normann 和 Ramirez（1993）认为随着“Offering”中包含的价值创造机会增多，价值的“密度”随之扩展。以宜家家居为例，其不仅像传统家具零售商一样为顾客提供产品和售后服务，还允许顾客自由拼装、自行设计家具，使顾客获得成就感和满足感。价值星系理论首次将顾客心理体验正式纳入价值概念中，比波特的传统价值链理论与 Peter Hines 的新价值链理论对价值的理解更加贴近实际，更加关注顾客的实际感知价值。

2. 价值星系的典型案例分析

宜家家居是世界上最大的家居用品零售商，其成功很大程度上可归功于价值星系的构建。①宜家家居作为恒星企业凭借其强大的品牌效应、市场网络、良好的顾客关系等高位资源，吸引着供应商、渠道商等行星、卫星企业，共同构成价值星系。行星企业等其他星系成员企业通过嵌入价值星系得到了恒星企业技术、管理、设备方面的帮助，高效发挥了自身的优势，进入全球市场并实现了更多的收益。恒星企业以更高的价值创造引力和公平的价值共享引力维持着价值星系的运转。②宜家家居不只为顾客提供了消费的场所，更为顾客提供了自行创造价值的机会。宜家家居最重要的特点在于可随意拆卸、随意设计，顾客可以按照自己的家装理念来自由拼装，打造出专属于自己的、独一无二的风格。这种方式赋予了顾客自我创造、自我实现的成就感。③宜家家居为顾客提供了“密度”更大的价值。宜家家居一般位于郊区，通过自行建设或吸引周边商家为顾客提供了包括餐饮、娱乐、儿童区、停车场等完备的基础设施，创造了一个可供全家人周末休闲娱乐的场所。相比于“买完就走”的传统店铺，宜家更像是一个可以拍照、娱乐的“景区”，大大提升了顾客忠诚度和顾客黏性。

3. 价值星系理论的管理启示

在快速变化的竞争环境中，复杂的价值星系取代线性的价值链成为价值创造的主要载体。如果说价值链更加注重价值增值，那么价值星系主要进行价值创造（Reinvest）并努力营造可供顾客自行创造价值的环境和条件。企业与企业之间的竞争转变为价值星系提供的“Offering”对顾客时间、注意力、金钱的竞争。不论是具备高位还是中位、低位资源禀赋的企业都应该融入价值星系中，致力于为顾客提供密度更大的“Offering”。

随着价值星系中价值创造流程的非线性化，星系成员企业的角色、关系、组织结构也随之发生变化。恒星企业不仅要经营好与顾客的关系，还需要处理好星系成员企业之间的关系。在合作博弈基础上建立公平的价值分享机制是维护价值星系良好运转的关键。

三、虚拟价值链：信息成为独立生产要素

随着信息技术和互联网的发展，Rayport 和 Sviokla（1995）意识到企业不只在由具体可见的实物资源构成的现实世界（Marketplace）中竞争，还在信息构成的虚拟世界（Marketspace）中竞争。同样，产品和服务不只以实物的形式被生产、提供，还以数字化信息的形式呈现并传递。如银行既在柜台提供服务，也提供在线服务；购买机票既可以在机场服务窗口进行也可以在线购买。由虚拟信息构成的线上的一系列价值创造活动的集合称为虚拟价值链（Virtual Value Chain），与实物价值链（Physical Value Chain）相对应。

在传统的价值链理论中，信息被视作辅助要素。从生产、库存中捕捉到的信息一般被用于监督和控制生产流程，而没有利用信息本身去创造价值。信息技术的发展为信息作为独立要素参与价值创造提供了机会。美国联邦快递最先为顾客提供在互联网上追踪快递信息的服务，这种信息提升了顾客使用快递服务的安全性与便捷性，增加了顾客忠诚度，提升了企业竞争力。随着传统的磁带被数字化音乐所冲击，波音飞机测试过程中虚拟风洞对传统风洞的替代，由信息技术支撑的虚拟价值链打破了传统价值链的时间和地域限制，在以更低的成本、更高的效率、更快的速度进行着价值创造。

1. 虚拟价值链与实物价值链的区别

（1）虚拟价值链定义了新的经济规模。实物价值链中，大企业凭借宽阔的厂房、大型固定资产、大规模劳动力实现规模经济，缺乏强大物质资本的小企业只能望而却步。虚拟价值链弱化了资产等有形资源的重要性，为不同规模的企业提供了同样的平台和起点，无力购置大型固定资产的小企业在信息技术构造的虚拟世界中也可以实现以较低的单位成本提供产品或服务。

（2）虚拟价值链定义了新的经济范围。实物价值链由于时间和地域的限制只能接触到有限的顾客和有限的市场，但是虚拟价值链借助信息技术可以触及世界上的任何一个角落，帮助企业跨越时间和地理位置的限制而在“全球性”的市场中提供产品和服务，使为每一个顾客提供价值成为可能。

（3）虚拟价值链构建了新的顾客关系。虚拟价值链革新了营销方式。Rayport 和 Sviokla（1995）指出越来越多的企业在网上刊登广告，引发相关的话题热度从而起到宣传和营销作用。越来越多包括 Oracle、GE 在内的公司都在网上建立销售渠道，允许顾客与在线客服直接联系。另外，虚拟价值链增加了企业与顾客的互动，可以在产品研发阶段便让顾客参与并利用获得的反馈进行产品改进。

（4）虚拟价值链下资产的数字化。虚拟价值链中的“数字资产”（Digital Asset）可以帮助企业获得成本优势。一方面，数字资产不像固定资产会在有限的使用期限内损耗完毕，因而不需要计提折旧。另一方面，资产的数字化允许企业以接近于零的变动成本生产产品或提供服务。这两方面的优势帮助企业在实现目标利润的同时以极低的价格“俘获”消费者的心，用以对抗与竞争对手实物价值链的竞争。

2. 虚拟价值链与实物价值链的联系

Rayport 和 Sviokla（1995）指出公司为了更清晰地了解实物价值链的进程，往往会构建大规模的信息技术系统去定位、协调实物价值链中的活动，这个过程为虚拟价值链的建立奠定了基础。随着越来越多的虚拟环节替代实际环节，一条平行于实物价值链的虚拟价值链逐渐成形。两条价值链并行的企业将传统线性的价值链拓展为价值矩阵（Value Matrix），如图 2－4 所示。当企业把信息的收集、组织、筛选、集成与派分等价值增值步骤应用于实物价值链的每一个环节中，形成的价值矩阵将会帮助企业更有效地明确顾客需求并加以实现。虚拟价值链可以作用于实物价值链的每一环节使其实现增值。以研发环节为例，企业可以通过收集、筛选、整理信息形成一个初步的电脑仿真原型并传递给顾客，顾客可以进入虚拟设计空间并对原型给出自己的意见，企业结合反馈对原型进行改良。这一方面增强了顾客的参与感，另一方面也减少了设计的漏洞与不足，增加了研发环节的价值。

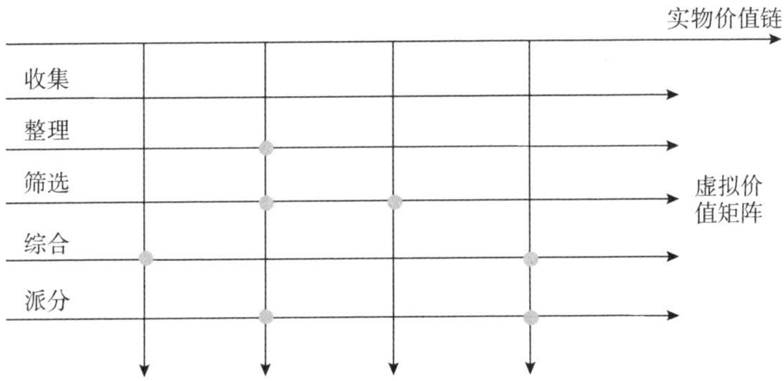

图 2-4 价值矩阵

Rayport 和 Sviokla（1995）指出虚拟价值链可以优化实物价值链的流程，提升实物价值链的效率。但是由于两条价值链的经济原理和管理内容不同，因而需要在差别管理的基础上促进其相互合作、协同运行，这是实现价值最优化的途径，也是企业未来的发展趋势。

3. 虚拟价值链的典例分析

传统唱片公司的主要产品是磁带或激光唱片，生产该产品的过程大致是：发掘新的音乐人，对新人进行市场营销，在录音室录制作品，编辑和挑选音乐，生产 CD 或磁带，包装和美化后投放到市场中，所有的这一切都发生在实物世界中。随着信息技术的发展，音乐人可以在互联网上以较低的成本自行录制并编辑音乐，然后上传到任意一家网站上，传统的磁带被数字化音乐所取代。这样做的好处在于：①可以及时捕捉顾客对于音乐的反响；②扩大了听众范围，将音乐传递给在线的每一个人；③缩短了从灵感到作品再到消费者整个流程的时间，将音乐更快速、更高效地传递给听众；④节约了成本，数字化音乐的成本远远低于生产有形磁带或 CD 的成本。对于唱片公司来说，新人挖掘这一关键步骤通过互联网进行，相比在茫茫人海中凭经验发现更具有准确性和高效性。通过互联网构造的虚拟价值链，优秀的音乐人可以降低怀才不遇的概率，音乐公司可以为顾客发掘更有价值的音乐作品，顾客最终以较低的成本、更便捷的方式享受到了各种风格的音乐，实现了多方共赢。

4. 虚拟价值链理论的意义与不足

虚拟价值链理论的意义主要包括以下三个方面：①虚拟价值链是信息技术和互联网发展的产物，这一理论的提出标志着信息逐渐作为独立的生产要素参与价值创造。以往的价值链理论将信息视作辅助要素，而虚拟价值链认为信息是价值的源泉之一，首次将信息的独立地位予以揭露和明示。②虚拟价值链理论中，顾客进一步参与到价值创造过程中。信息技术的发展加强了企业各个生产环节与顾客的互动和交流，顾客的反馈被及时收集并用于改进产品或服务。Ford 公司在网上进行原型的开放性设计，充分听取顾客和供应商的意见和建议，为最终给顾客提供更具满意度的产品奠定了良好的基础。③虚拟价值链帮助企业重新思考供给和需求之间的关系。Rayport 和 Sviokla（1995）指出当前世界中生产能力普遍过剩，对企业而言供给是容易实现的，但是明确顾客的需求是困难却蕴含巨大价值的，企业应该更多关注顾客需求。虚拟价值链通过快速发展的信息技术帮助企业更近距离、更深程度地感知顾客需求并加以回应，所以企业要逐步适应这个虚拟化的世界，拓展自身虚拟价值链。

虚拟价值链理论的不足之处主要在于两个方面：一是没有意识到虚拟价值链是对实物价值链的冲击而赋予两者同等的地位。尽管 Rayport 和 Sviokla（1995）意识到了虚拟价值链可以以更低的成本、更高的效率、更快的速度实现价值创造，但是他们认为两种价值链之间是相互平行、互不干扰的关系，企业必须要同时运行两条价值链才可以获得竞争优势，然而实际上实物价值链正在逐渐被虚拟价值链悄然替代，许多线下活动转移到线上且这一趋势日益明显。二是虚拟价值链被定义为信息的收集、整理、筛选、综合和派分这五个价值增值过程不够全面和科学，价值矩阵的界定也略显含混。

四、价值网：价值创造机制研究的里程碑

价值网（Value Net）概念最早由 Adrian Slywotzky（1997）在 *Profit Zone* 一书中提出，他指出传统的线性价值链在互联网和全球化的冲击下正在转变为价值网。价值网理论在美国学者 David Bovet 等（2000）所著的 *Value Net* 一书中得到了系统阐述。

传统价值链中，生产资料和信息在有先后顺序的供应链中缓慢流动，其负面影响是“牛鞭效应”引起的顾客需求等信息的扭曲以及存货对流动资金的吞噬，

从而增大财务风险和经营风险。价值网是以顾客为核心，根据收集的顾客需求信息，通过管理和协调供应商网络快速、灵活、低成本地制造出相关产品并避开昂贵的分销层将产品直接传递到顾客手中的价值网络（见图2－5）。戴尔电脑等公司的成功实践显示出价值网这种价值创造机制强大的生命力。

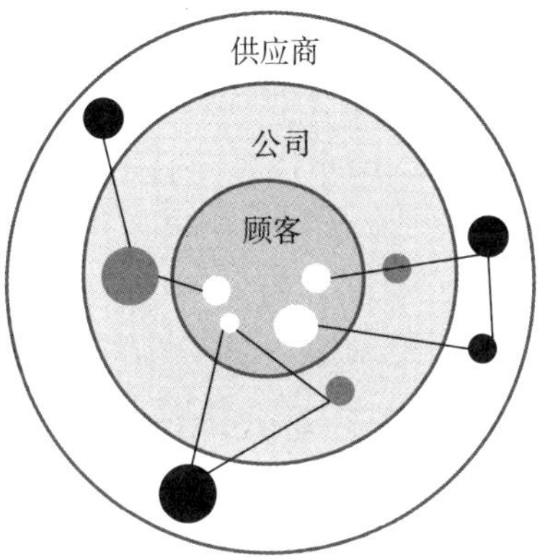

图2－5　价值网

之所以称价值网理论是价值创造研究发展史中的里程碑，是因为David Bovet等（2000）从价值定位、业务范围、利润捕捉、战略控制、实施设计以及自我验证等全方位、多角度对价值网理论进行了深入研究，吸收了以往理论的精华与先进之处，并且建立了完整的理论体系，将价值创造机制的研究推向一个高峰。

1. 价值网理论的继承与发展

价值网理论继承了从Peter Hines新价值链理论以来一脉相承的“顾客是价值创造的核心”的思想，强调顾客不再是产品和服务的被动接受者，而是价值创造活动的激活者和指挥者。

价值网理论延续了价值星系理论中成员企业的合作博弈关系。价值网将顾客、供应商、合作伙伴纳入价值网络体系中，每个价值环节由最具有优势、最高效的主体完成，强调整体的协调与统一。以往与上下游企业的对抗性关系转变为合作共赢关系，对合作成员之间能力互补性的要求高于对个体能力的独特性要求，整体价值网络的难以模仿性、难以替代性是竞争优势的主要来源。

价值网理论进一步揭示了虚拟价值链理论强调的信息的作用。互联网的发展为信息的高效收集、传递、流通创造了条件，为公司与顾客、供应商、合作伙伴之间的紧密合作奠定了基础，这是促进价值链向价值网转型的关键。在此基础上，价值网理论还具备以下特征：①敏捷与可伸缩。信息技术的发展允许价值网络对顾客需求实现快速响应，柔性而敏捷的制造系统大大提高了生产效率。价值网抛弃了以往以企业为中心的运营模式，转而以顾客需求确定的一个个任务为核心，灵活性和机动性大大增强。②快速流动。价值网往往避开层层分销商直接与顾客联结，实现了物资和信息的快速流动，降低了信息的失真程度和周转损失。以戴尔为例，传统的电脑生产商严重依赖经销商，产生了大量时间成本和存货成本，而戴尔电脑公司的创始人 Michael Dell 开启了直销模式，顾客在公司网站下订单，戴尔运用自身的价值网管理在几天之内将定制的计算机直接送到顾客手中，大大压缩了从订单到交货的时间和成本，从而获得了可观的利润。

2. 价值网的价值定位

价值网的价值定位是牢牢围绕顾客展开的。David Bovet 等（2000）认为超级服务、方便的解决方案、个性化是价值创造的三个重要方面。

（1）超级服务主要指快捷、可靠的产品交付，这不仅可以帮助公司树立独特的品牌形象，还可以增加顾客忠诚度。西班牙时装品牌 ZARA 可以在两周内将设计图样转变为商店中的成品，快捷的价值流程不仅帮助 ZARA 保持较低的存货水平，还吸引着大量追赶时尚潮流的顾客。可靠是指产品能够以顾客期望的状态和时间按时按质进行交付，墨西哥著名水泥生产商 Cemex 通过构建数字化信息网络进行订单跟踪，大大提高了交货准时率，在众多竞争对手中脱颖而出。

（2）方便的解决方案。为顾客提供解决方案比单纯提供产品更能增加顾客黏性。美国 Progressive Insurance 公司从单纯提供保险产品转变为提供完整的理赔解决方案，为顾客提供更加贴心周到的服务，帮助公司区别于竞争对手。美国 Streamline 公司专注于为高收入、忙碌的近郊家庭提供杂货、日用品、干洗等服务，其实质不仅是提供杂货，还是简化其复杂的生活，为其提供方便和效率。解决方案比产品更能贴近顾客的需求，从而产生更高的顾客满意度。

（3）个性化。机器大生产取代了传统的工匠，标准化流水线制造数量众多却千篇一律的产品。随着人们购买力的提高以及标新立异心理需求的提升，个性化制造日益流行。Levis 允许顾客在下订单时注明具体的缝制要求，福特建立了允许顾客自行配置汽车配件的网站，音乐公司允许顾客定制 CD。顾客需求的个性化和独特性趋势是价值创造不应忽视的要点。

从价值网理论的价值定位可以看出，单纯的产品或服务难以为顾客带来优越的价值，顾客的需求远远超过产品本身：同质产品的前提下顾客追求交付过程的快捷性、可靠性；收入逐渐提高、空闲时间变少的人们更加偏爱贴近他们需求的解决方案而非单一产品；顾客标新立异的心理需求需要价值网去思考和满足。瞄准目标群体的特定需求，连同供应商、合作伙伴形成的价值网络去实现其价值主张，是为顾客创造优越价值并在竞争者中脱颖而出的关键。

3. 价值网的业务范围

从价值链到价值网，随着价值主张由以利润为中心转变为以顾客为中心，价值创造的核心活动和领导企业的外包范围发生了变化。传统价值链的核心活动主要指生产和营销等活动，领导企业往往把货物运输以及生产中的非核心部分外包给更专业、成本更低的合作伙伴。价值网理论中 David Bovet 等（2000）强调"顾客接触点"的概念，将价值活动分为两大部分：面向顾客的活动（下订单、交货、售后服务等）以及不与顾客直接发生关系、具备一定隐蔽性的后台操作。面向顾客的活动是了解顾客需求、培养顾客忠诚度的主要途径，因而属于价值网的核心活动，同时也是领导企业需要紧紧把握的顾客接触点，通过顾客接触点对顾客的需求和意见进行收集、分析并传递给价值网其他伙伴。原本的非核心活动转变为核心活动最典型的例子是货物交付，传统价值链的价值主张以利润为核心，货物交付由于需要购置货车、配备专业司机而产生较多成本，被视为非核心活动而通常外包。在价值网理论下货物交付属于重要的顾客接触点，企业可以在交付过程中听取经销商或顾客对产品的评价以改进现有产品或研发新产品。如 Streamline 公司在交货时选择了自己的货车并让销售代表作为司机或陪同人员，了解顾客的反馈意见和需求动态。

David Bovet 等（2000）认为领导企业需要将三种活动牢牢掌握在自己手中，而其余的适合外包，这同时定义了领导企业的作用和功能：①控制所有的顾客接触点；②掌握信息、知识和关系；③进行远景规划、合作伙伴关系管理等。

互联网的发展为外包的极端——虚拟企业提供了摇篮，虚拟企业除了掌控营销、订单、服务等顾客接触点之外，其余借由合作伙伴的资源来完成。"轻资产"允许虚拟企业在保证高质量的同时以极低的成本进行运作。美国虚拟企业典范——SOHO 公司（环保计算机桌制造商）的创始人 Ladjevardi 强调，"我们从来不外包顾客服务，这是我们与顾客的直接连接点，它引导我们驶向目的地"。

4. 价值网的利润捕捉

David Bovet 等（2000）认为价值网主要从两个方面进行利润捕捉：一是通

过为顾客创造更多的价值获得更高的利润，顾客愿意为满足其需求的个性化产品、“一揽子”解决方案、超级服务支付更高的价格。二是降低成本，改善资产状况，如减少库存积压、运用数字化技术加快存货周转、通过外包和顾客预付款项降低公司资金压力等。

超级服务通过高效的价值网管理可以实现快速、可靠交货，这种交货优势帮助企业获取超额利润。水泥生产商 Cemex 凭借 98% 的交付可靠性可以实现在接到订单的 20 分钟内交货，远远高于竞争对手 34% 的可靠性，Cemex 的超级服务使顾客心甘情愿接受 2% ~10% 的额外费用，这使得 Cemex 的利润率比竞争对手高出 50% 左右。20 世纪 90 年代，通用电气医疗公司的业务模式从以产品为基础的服务转变为提供“一揽子”解决方案，这使得服务部门 1998 年的利润率高出整个公司平均利润率的一半。David Bovet 等（2000）指出成本降低和资产最优化是物流和供应链管理永恒的话题。价值网将以往的盲目生产转变为按顾客订单生产，大大降低了存货水平和存货对资金的占用率。此外，数字化技术的运用在节约了大量人力、物力和管理费用的同时，减少了人工处理的差错率，加快了订单的履行时间，提升了交货的准时性和高效性。

5. 价值网竞争优势的保持

价值网不仅需要通过利润捕捉获得利润，还需要通过战略控制长久地保护利润，保持竞争优势。David Bovet 等（2000）总结了以下五种帮助价值网保持竞争优势的战略控制手段。

（1）打造价值网品牌。不论是产品品牌还是价值网品牌都可以赢得顾客信任度和忠诚度。产品品牌主要依靠产品的质量和售后服务所维系，而价值网品牌则需要通过持续的超级服务、方便的解决方案、个性化来打造，后者比前者需要花费更多的精力，对管理经验、协调能力和创新能力的要求也更高。

（2）牢牢锁定顾客。价值网通过掌控顾客接触点一方面可以深层次了解顾客的偏好等信息，在此基础上为其提供个性化服务；另一方面可以增加顾客黏性，提高顾客的转换成本，这两方面的好处有助于将顾客锁定在价值网中。Ritz Carlton 宾馆在顾客首次入住时便将其个人信息和偏好数据录入系统，以后再次入住时便不用重复类似的工作，为员工和顾客都提供了便利，下次出行时顾客也倾向于再次选择此宾馆而避免在其他宾馆重复提供这些烦琐信息。

（3）维持与供应商的关系。与供应商建立稳定的互信互利关系对价值网的顺利运转至关重要。香港利丰有限公司通过良好的关系管理与 7000 多家供应商建立了长久的互惠互助关系，这种难以被竞争对手复制和模仿的关系性资源不仅提升了公司信誉，也建立起独特的竞争优势。

（4）创新的设计。除了产品和技术创新，对于价值网而言更重要的是运作模式的创新。运作模式创新比产品创新更加难以模仿，更有利于构建持久的竞争优势。在传统电脑生产商努力通过层层中间商销售电脑的时候，戴尔的直销模式异军突起，直接将电脑从工厂传递给顾客，创造了超额利润和极高的顾客忠诚度。

（5）低价格。以较低的价格提供给顾客同样质量的产品即成本领先是扩大市场份额的有力手段，然而 David Bovet 等（2000）意识到这种战略控制相较其他手段更加难以保持竞争优势，因为这种战略比较容易模仿且容易引起恶性竞争。

David Bovet 等（2000）指出以上五种战略对竞争优势的控制程度是不同的，并给出了图 2－6 所示的排列。品牌和顾客锁定为利润提供了最为坚固且长久的保护，而创新的设计和低价格由于易被模仿、易被超越而只能保持短期的优势。结合企业具体实践与市场环境变化，企业的战略控制手段选择应该因地制宜并与时俱进。

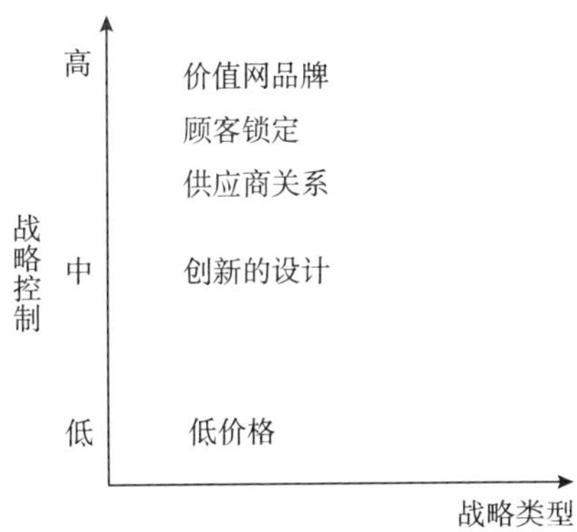

图 2－6　不同战略的控制程度

6. 价值网的理论模型

Prabakar 和 David（2001）构建了价值网的理论模型，如图 2－7 所示。在此之前他们首先对价值的概念进行了思考和重新定义。他们认为仅仅通过质量上乘的产品获得顾客忠诚度是不够的，还需要比竞争者创造更多的价值，如更具竞争力的价格或更贴近顾客需求的产品，即优越的顾客价值（Superior Customer Value）。

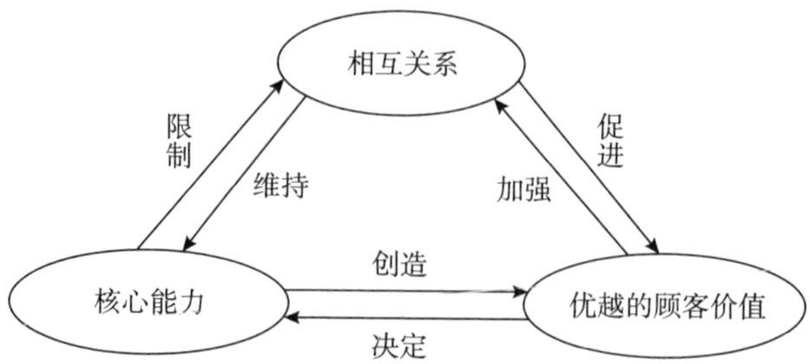

图 2－7　价值网的理论模型

优越的顾客价值、价值网的核心能力和价值网成员企业间的相互关系构成价值网的三个核心要素。该模型的起点也是价值网的最终目标——优越的顾客价值。①顾客价值与核心能力之间的关系：顾客需求决定着对核心能力的要求和能力组合方式，反过来核心能力创造着顾客价值。②相互关系与核心能力之间的关系：价值网内领导企业、供应商、顾客、合作伙伴之间的关系维持着核心能力，如有关键供应商退出，那么核心能力会受到影响。反过来，核心能力决定着哪些主体扮演关键角色对价值网的组织结构施加影响，哪些主体扮演次要角色被动接受价值网的管理，对相互关系起到限制和约束作用。③相互关系与顾客价值之间的关系：价值网内配合良好的相互关系可以促进顾客价值的实现，反过来，当顾客需求得以满足，优越顾客价值的实现对价值网内合作伙伴的相互关系产生正反馈作用。优越的顾客价值、核心能力和相互关系三者相辅相成，整体构成一个积极的闭合自增强循环。

Prabakar 和 David（2001）认为，随着市场竞争程度的增加和顾客需求的复杂化，单个企业单打独斗难以为顾客提供优越的顾客价值，所以多个企业组成的价值网是未来的大势所趋。价值网模型下企业应该专注核心能力，并非要做全做大，而是要做精做强，将非核心业务外包可以在降低成本的同时保持自身的竞争优势。企业应该通过价值网的分析了解自己在其中的定位和角色并思考如何提升自身的位置。随着电子商务的发展，时间和地域限制逐渐消失，以网络为介质流转的信息日益重要。信息不再只是环境的一部分，而成为环境本身。对于价值网而言，加入互联网行列进行营销、设计、服务、合作交流不仅可以有效降低成本，还可以提高价值网内部协作效率和整体竞争力。另外，公司在制定愿景和使命时应该超越商业利益，真正为顾客创造价值。如福特公司“让每一个美国人开上汽车”，IBM“无论是一小步，还是一大步，都要带动人类的进步”，迪士尼“使人们过得快活”。这些企业的实践表明真正努力为顾客创造价值的企业比单纯追逐利润的企业更可能实现基业长青。

价值网在总结和吸收前人研究成果基础上结合实践中日益丰富的案例形成了较为完整的理论体系。随着社会分工的细化，价值网理论将“链”拓展为“网”，不像价值星系理论仅仅关注了价值创造活动的非线性特征，也不像虚拟价值链理论重点突出信息的作用，而是融会贯通、自成体系。

五、全球价值链：范式初成

关于价值创造机制的研究，大致存在两条理论发展脉络，一条是偏于微观层面的“价值链—价值星系—虚拟价值链—价值网”主线，一条是强调价值活动全球化配置的“价值增值链—全球商品链—全球价值链”发展脉络（见图2-8）。

图2-8 全球价值链发展脉络

价值增值链（Value-added Chain）由Kogut（1985）提出，其内涵与波特价值链理论相似，不同之处在于价值增值链并非着眼于波特视角下的单个企业，而强调价值活动的垂直分工特征与全球空间再配置。Kogut（1985）认为国家的比较优势决定了价值链各环节如何在国家之间分配，公司的竞争能力决定其处于价值链的哪个环节，这为全球价值链理论的形成奠定了基础。

立足于全球视角，Gereffi（1996）在Hopkins和Wallerstein（1986）的商品链理论基础上提出了全球商品链（Global Commodity Chain）。商品链是围绕特定商品的劳动与生产网络，全球商品链强化了其地理空间维度，强调商品生产的各环节跨越国家界限并形成全球生产体系。为了促进关于全球经济发展的研究以及对全球生产网络、全球商品链、全球生产系统等术语进行统一，2000 年学术界一致认可以全球价值链（Global Value Chain）作为共同术语和分析框架。联合国工业发展组织（UNIDO）在 2000 年对全球价值链进行了定义：在全球范围内为实现商品或服务价值而连接生产、回收处理等过程的全球性跨企业网络组织，涉及从原料采集和运输，半成品和成品生产及分销，直至最终消费和回收处理的整个过程，包括所有参与者和生产销售等活动的组织与价值、利润的分配。Kaplinsky（2001）指出全球价值链理论逐渐从描述性的、启发式的概念转化为分析性的研究工具，研究热点主要包括全球价值链的升级、动力机制、租金和治理等领域。

1. 全球价值链的升级

Kaplinsky（2001）认为企业要想在全球价值链中实现升级，那么应该首先集中注意力于核心能力的培养。核心能力的判断规则主要包括：①为最终消费者提供价值；②提供独一无二的产品或服务；③很难被模仿且进入壁垒较高。对于不符合这三条规则的价值活动可以进行外包。Leonard – Barton（1995）还特别指出在动态变化的世界中，核心能力很容易变成核心刚性，因此价值链升级的部分任务是放弃过去擅长的领域，根据外界变化适时调整流程、自身定位与发展路径。升级的类型根据内容划分可分为流程升级、产品升级、功能升级和链的升级。

流程升级主要指提升内部生产和管理流程的效率，既包括某一价值环节内部的升级如提高生产线效率，减少减值损失，也包括价值环节之间合作的升级如更准时地交付等。产品升级即比竞争者更快推出新产品或改善旧产品。功能升级指提升所处价值环节的附加值并将附加值低的部分进行外包。链的升级即从传统附加值较低的链转移至附加值更高的链中，如从生产收音机转变为生产电视机再到生产电脑和手机。

2. 全球价值链的动力机制

Gereffi（2001）对全球价值链动力机制的研究延续了其在分析全球商品链时的思路，将全球价值链分为生产者驱动（Producer – driven）和购买者驱动（Buyer – driven）两种。两者差异如表 2 – 1 所示（王季，2007）。生产者驱动的价值链多存在于对研发和生产能力要求较高的汽车、计算机、飞机等行业中，生产者或生产的组织者是价值链的核心。购买者驱动的价值链常见于对零售商和品牌商要求较高的消费品行业中，如沃尔玛、耐克等，掌握强大设计与市场营销能力的核心企业将较为简单的制造过程外包以获取更大的成本优势和更可观的利润。动力机制分析的意义在于帮助企业意识到不同行业对核心能力的要求不同，从而降低决策和管理的盲目性。企业应该结合所处行业分析自身价值链属于哪种类型，并去重点培养对应的核心能力。

表 2－1　两种动力机制对比

项目	生产者驱动的价值链	购买者驱动的价值链
动力根源	产业资本	商业资本
核心能力	研发、生产能力	设计、市场营销能力
进入障碍	规模经济	范围经济
产业分类	耐用消费品、中间商品、资本商品	非耐用消费品
典型产业部门	汽车、计算机、航空器等	服装、鞋、玩具等
制造商的所有者	跨国企业，主要位于发达国家	地方企业，主要位于发展中国家
主要产业联系	以投资为基础	以贸易为基础
主导产业结构	垂直一体化	水平一体化
辅助支撑体系	重硬环境轻软环境	重软环境轻硬环境
典型案例	波音、丰田、Intel 等	沃尔玛、国美、耐克

3. 全球价值链的租金

Kaplinsky（2001）认为租金（Rent）来自对稀缺资源的占有且需要通过利用或构建进入壁垒使自己免于竞争以获取长期的竞争优势。租金具有动态性，在竞争过程中租金会增加或被侵蚀。他将全球价值链租金划分为四个层面：①公司层面的技术租金、人力资源租金、组织租金和营销租金；②价值链层面的关系租金；③资源层面的资源租金；④宏观层面的政策租金、基础设施租金和金融租金等。前三个层面的租金内生于全球价值链，而宏观层面租金外生于全球价值链，如表 2－2 所示。

刘林青等（2008）在 Kaplinsky 的基础上对租金类型进行新的分类和阐述。他们将租金划分为三种：基于链内单个行动者构建的租金、基于链内行动者群构建的租金、外生于全球价值链的租金（见表 2－3）。

表 2－2　Kaplinsky 租金分类

租金来源	所处层面	租金类型
价值链内部	公司层面	技术租金、人力资源租金、组织租金、营销租金
	价值链层面	关系租金
	资源层面	资源租金
价值链外部	宏观层面	政策租金、基础设施租金、金融租金

表 2－3　刘林青等租金分类

租金来源	租金类型
基于链内单个行动者构建的租金	动态能力——熊彼特租金
	独特资源——李嘉图租金
	市场力量——垄断租金
基于链内行动者群构建的租金	关系租金
	网络租金
外生于全球价值链的租金	要素租金
	政策租金
	基础设施租金
	金融租金

与 Kaplinsky 不同，刘林青等（2008）认为链内单个企业持续租金的创造是从熊彼特租金（Schumpeterian Rents）到李嘉图租金（Ricardian Rents）再到垄断租金（Monopolistic Rents）的循环往复的动态过程。① 关于链内行动者群的租金，刘林青等（2008）认为主要包括关系租金和网络租金两个方面。价值链内企业的合作不同于市场中一次性、即时性的交易关系，而是基于技术合作、信息共享等目的建立的长期互惠互利的合作关系，因而产生关系租金。网络租金主要来源于资源的互补性、学习和创新的外部性、市场控制力放大性等（卢福财、胡平波，2006）。全球价值链跨越国界的特征将各国之间的政策、基础设施、劳动力等要素租金包含在内，发达国家凭借优越的要素往往占据租金较高的环节而将劳动密集、资源密集等环节转移到发展中国家。租金对于全球价值链而言固然重要，但

① 熊彼特租金主要来源于企业家的创新活动，李嘉图租金主要来源于对企业对独特资源要素的占有，垄断租金主要来源于对市场的占有或控制。

是在一些时候并非企业的首要目标，获得控制权、打造品牌形象、缓解就业压力等决策可能会以牺牲目前的部分租金为代价。

4. 全球价值链的治理

Gereffi 等（2005）等根据交易的复杂性、影响交易的能力、供应端的能力三个维度将全球价值链的治理划分为五种类型——市场型、模块型、关系型、领导型和行政型，如图 2－9 所示，权力不对称程度和明确协调程度从左至右逐渐上升。市场型治理存在于交易的复杂性低、产品规格简单的情况下，供应商与顾客以价格为桥梁进行交流和交易。模块化治理随着部件、产品、流程的标准化程度提高逐渐出现，供应商可以为领导企业提供“一揽子”服务，领导企业也因此获得了相比于市场交易的快速、灵活和低成本优势。关系型治理指领导企业基于声誉、空间距离、家族纽带等关系而与供应商形成一种相互依赖、较为紧密的关系。领导型治理存在于产品规格高而供应端能力低的情形下，“被俘虏”的供应商需要在领导企业的协调和控制下发挥优势，参与到高规格产品的生产环节中。行政型治理即通过一体化将供应商纳入企业自身“麾下”，按照金字塔形的行政组织结构进行治理。

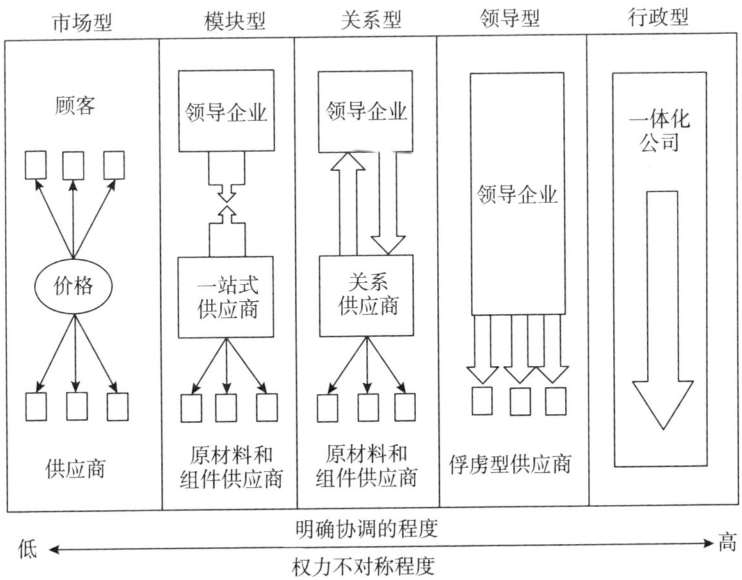

图 2－9 全球价值链治理的五种模型

随着经济全球化的发展和跨国企业的增多，对全球价值链的研究如火如荼。熊英（2010）指出全球价值链实质上突破了“链”的含义而包含了“网”的内容。“全球价值链”成为价值创造机制理论研究的共同术语和分析框架，全球价值链研究团队等学术共同体逐渐壮大，其发展已经上升到库恩（1962）所描述的“范式”① 层面。

第三节　传统价值创造理论面临的挑战

波特传统的价值链理论随着社会实践的发展不断完善，新价值链理论、价值星系理论、虚拟价值链理论、价值网理论直至全球价值链理论都结合当时的企业实践对价值创造机制进行了新的阐述，一脉相承也与时俱进。表 2－4 对这六种理论从价值定位、核心活动、顾客的作用、信息的作用等角度进行了对比分析。价值链最早被波特用于分析竞争优势和竞争战略的特点一直延续并贯穿整个价值创造理论研究中，波特价值链理论将战略制定者的思维方式从企业与企业的竞争转变为价值链与价值链之间的竞争，价值星系下竞争发生在“Offering”对顾客时间、金钱、精力的争夺中，价值网与之类似。这些理论都摒弃以企业为中心的竞争视角而将战略重心瞄准顾客，对战略管理等学科的发展产生深远的影响。

表 2－4　不同价值创造理论的对比分析

项目	价值链理论（1985 年）	新价值链理论（1993 年）	价值星系理论（1993 年）	虚拟价值链理论（1995 年）	价值网理论（1997 年）	全球价值链理论（2000 年）
价值定位	顾客愿意为产品或服务支付的价格	满足顾客的需求	顾客成就感、满足感等心理体验纳入价值内涵中	价值不仅包括线下产品和服务，还包括在线服务	仅仅满足顾客需求是不够的，还要比竞争对手为顾客提供更优越的价值	通过全球范围内的分工协作为顾客提供高质量、低成本的产品和服务

① 范式是指学术共同体具有共同的信念和理论框架，到常规科学阶段会出现专门的期刊、协会和科学团体共同促进范式的发展。

续表

项目	价值链理论（1985年）	新价值链理论（1993年）	价值星系理论（1993年）	虚拟价值链理论（1995年）	价值网理论（1997年）	全球价值链理论（2000年）
核心活动或能力	入库、生产、出库、营销	研发和设计、物料采购、质量控制、市场营销	对顾客需求的捕捉、为顾客营造自行创造价值的环境	对顾客需求的感知与回应	掌握所有的顾客接触点	附加值高、进入壁垒高的价值活动
顾客的作用	价值是顾客愿意支付的价格	顾客满意度是价值创造活动的起点和终点	将顾客纳入价值创造过程中	信息技术允许顾客参与到产品设计等流程中	顾客是价值网的激活者与指挥者	顾客是价值创造的核心
信息的作用	辅助	辅助	辅助	独立创造价值	信息是价值网内企业合作、沟通的重要基础	信息支撑全球价值链的协作和互动
价值创造流程	线性（生产推动）	线性（需求拉动）	非线性（柔性契约网络）	非线性（价值矩阵）	非线性（价值网络）	非线性（全球范围内协作）
竞争	不同企业价值链与价值链之间的竞争	同左	提供的“offering”对顾客时间、金钱、精力的竞争	不同企业两条价值链综合实力之间的竞争	以顾客需求确定的任务中心的竞争	全球价值链之间的竞争
主要战略启示	掌握附加值更高的战略环节	同左	提高为顾客提供的价值的“密度”	把握顾客需求比供给更重要	牢牢锁定顾客	构建或利用进入壁垒保护租金
典例	—	—	宜家	美国联邦快递	戴尔	波音

波特价值链理论开启了价值创造机制研究的先河，新价值链理论将波特刻画的生产推动系统转变为顾客拉动系统，真正实现以顾客为价值创造活动的起点和终点，价值星系理论首次突破了价值创造流程的线性特征，开启了非线性的量变过程，电子商务和信息技术的发展催生了虚拟价值链并赋予了信息的独立生产要素地位，价值网理论以完整的理论框架、系统的研究内容成为价值创造机制研究史上的里程碑，强调价值活动全球配置和空间维度的全球价值链理论在跨国公司的推动下逐渐发展为一种成熟的范式（见图2-10）。

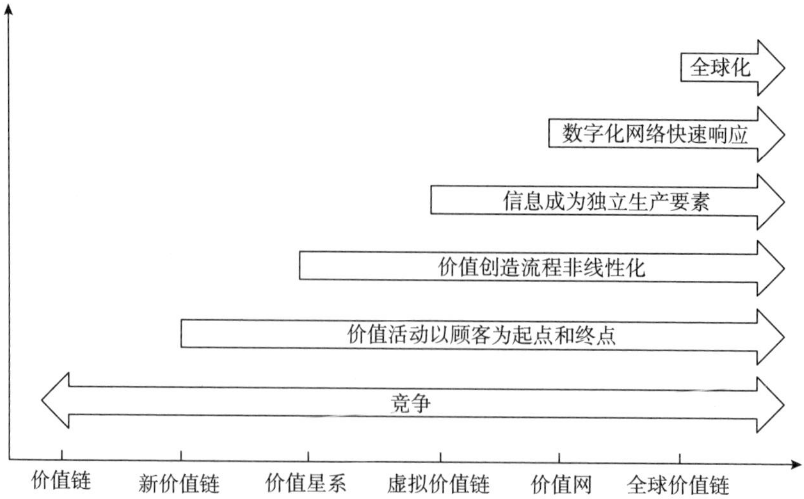

图2-10　价值创造理论的研究进程

关于价值创造机制的研究始于1985年，从传统价值链理论立足于制造业到虚拟价值链关注信息技术和电子商务的发展再到全球价值链解释经济全球化的影响，可以看出以往的价值创造理论主要适用于工业经济时期以及Web 1.0时期。随着Web 2.0时代的到来，尤其是云计算和大数据的快速发展，价值的载体、顾客和信息在价值创造活动中的作用等发生了巨大的变化，对以往的价值创造理论提出了严峻的挑战，主要表现在以下几个方面。

1. 价值的载体由产品转变为体验

传统价值创造机制中，价值通常通过有形的产品或短暂的服务传递，企业力图通过提升产品质量和顾客感知价值、降低成本来为顾客提供相比于竞争对手更优越的价值，即使价值星系理论和价值网理论关注到顾客追求个性、看重交付的可靠性等心理体验，但是这些体验仍然牢牢依附于特定的产品之上。随着云经济时代的到来，丰富多样的线上应用将数以亿计的顾客聚集到信息技术支持的虚拟空间中，谷歌的浏览器应用打败了网景的浏览器产品，在线音乐软件取代了CD和磁带，网络视频应用取代了光盘，持续的、无形的“体验”取代有形的产品成为为顾客传递价值的主要载体。此外，传统价值创造理论主要以能够用货币计量的交易价值作为研究对象，人们的精神文化体验蕴含的价值很少被纳入研究视野内。云经济的发展为人们提供了体验精神文化的技术条件，如即时通信、博客与微博、网络影视、社交网络及《中国好声音》等创新型文化娱乐节目，这些提供免费服务的平台为人们带来的精神文化价值难以计量，价值的内涵远远超出了价格、产品等名词。金碚（2018）指出在以往的理论研究中人们过度关注了交易价值，而忽略了价值创造的本质和目的——使用价值。随着云经济时代持续的体验逐渐取代了有形产品的交易，使用价值应该得到更多的关注和重视。

2. 顾客使用过程超越产品制造过程成为价值创造的核心环节

不论是线性价值链理论将核心活动定义为生产活动，还是强调非线性特征的价值星系、价值网理论认为最关键的是牢牢把握订单、交付、反馈等顾客接触点，价值活动都局限于制造、营销、售后服务等传统流程。即使是全球价值链理论下的治理也依然围绕着领导企业帮助其他企业确定生产什么、如何生产、何时生产、生产多少等问题，将制造过程的核心属性展露无遗。从价值链到价值星系、价值网的理论演化，展示了传统产业组织力图将顾客的使用过程有效融合到制造过程的努力，但以研发、生产和营销为主要内容的制造过程始终是传统产业组织赖以生存和发展的核心。进入云经济时代，不仅服务业实现了以顾客使用过程为导向的平台化发展，制造业也进入“云行列”。云制造（Cloud Manufacturing）以云计算、物联网、智能化和虚拟化等技术为支撑，按照一定规则，将软硬件、人、知识等各类资源封装成制造云，顾客通过云制造平台实现个性化需求（李伯虎等，2010）。云制造颠覆了面向设备、资源和订单为驱动的传统局面，真正实现了由顾客主导制造过程。云经济时代的制造过程依然存在，但退居幕后成为使用过程的辅助环节，云制造标志着制造过程正式从价值创造活动的核心环节中退出。随着以顾客参与和交互为特点的 Web 2.0 和自媒体时代的到来，顾客使用过程逐渐超越产品制造过程成为价值创造的核心环节。

3. 数据变“活”，信息的价值创造能力大大增强

虽然虚拟价值链理论指出信息不再只是作为监督和控制生产流程的辅助要素，而是价值的源泉之一，但是大部分企业构建的管理信息系统仍然是实物制造过程的附属物，所捕捉的用于筛选和分析的数据属于事后数据且只能实现局部的流动，高昂的数据收集和处理成本将信息的价值局限在有限的范围内。云经济时代，以 Web 2.0 为基础的互联网为个性化信息的碎片化传播创造了条件，大数据技术为海量源信息的及时搜寻和管理提供了支持，经过数据挖掘的有效信息可以独立参与价值创造活动，与其他生产要素并行发挥作用，这是传统价值创造过程不可能实现的目标。随着数据实时捕捉和数据挖掘技术的发展，数据活性不断提

升且数据处理成本显著下降，数据逐渐成为公司最重要的资产。人类社会正在从强调掌握、传输、控制信息的 IT 时代走向注重开放、透明、体验和分享的数字技术时代。

4. 价值创造流程非线性化发生质变

价值星系理论以复杂的星系网络开启了价值创造流程非线性化的进程，价值网、全球价值链以更广泛的全球配置、更具柔性的价值网络推动着非线性化的量变，云经济时代的到来使这一量变过程发生飞跃式进步，从而产生质变。非线性化的量变主要表现为价值网络内企业的增多、协调度的提高、分工的日益精细，即主要发生在顾客看不到的、具备一定隐蔽性的制造过程一侧，企业与顾客之间横亘着“柜台”。云经济时代，“柜台”逐渐撤销，顾客不仅直接参与或主导制造过程，而且在一定情况下与企业互为顾客。以 Uber 为例，消费者不仅是它的乘客，还是珍贵的数据源泉。Uber 以“顾客”的身份从消费者这里获得数据，以开发其他增值业务。“柜台”撤销使价值创造过程彻底实现互联互通，大大减少信息不对称与信息孤岛现象，实现了非线性化的质变。

以上种种变化都表明基于传统产业、以产品为价值载体、以制造过程为核心的价值创造理论已经不能解释云经济时代以体验为载体、以顾客使用过程为核心的价值创造流程，迫切需要寻找新的理论视角来阐释云经济时代的价值创造机制。

第三章　价值生态系统的产生

第一节　价值创造活动的生态系统化

云经济时代，云技术的发展使价值创造活动呈现出生态系统化的特征，如没有时间和空间限制的在线体验吸引顾客持久地“栖息”于虚拟空间中；顾客短时间内的指数级增长类似自然界的物种爆发；大数据帮助企业对顾客进行分层次管理，顾客分化为不同种群。这些现象引起学术界借鉴自然生态系统的规律来研究价值创造机制。

一、价值载体变化引发顾客栖息行为

价值载体正在经历由产品转变为体验的过程。电子音乐软件替代了传统的音乐磁带、黑胶唱片，网络游戏取代了传统的游戏机和游戏卡，微信逐渐取代了固定电话，各类在线服务的蓬勃发展引领着价值载体由有形的、有寿命期限的产品逐渐转化为无形的、持久性的体验，相应的顾客的使用过程超越产品制造过程成为价值创造活动的核心环节。微信、微博、网络游戏、网络影视等 Web 2.0 时代的产物通过及时交流、广泛互动、深度嵌入为顾客创造了一个有归属感、依附感的栖息地。以传统产品和服务为载体的价值创造尽管力图通过售后服务、顾客参与研发等活动尽可能延长顾客在价值创造流程中停留的时间，但是传统产品的实物性质、服务的即时性特征难以将顾客完全嵌入在价值链或价值网中。云经济时代的到来为移动互联网的深入普及以及各类 APP 的爆炸性出

现提供了肥沃的土壤，热门 APP 的人数覆盖规模、日均使用时长、生活场景参与度不断提升。以微信为例，2017 年春节期间月活跃用户数突破 10 亿人，1/3 以上的用户日均使用时长在 4 小时以上①，城市服务、微信支付、小程序等功能的上线大大丰富了微信的使用场景，几乎成为人人必备、时时必备的 APP。顾客不只是通过下载微信 APP 参与其中，更为重要的特点在于顾客“栖息”于微信营造的虚拟空间。这种栖息一方面表现为时间的长久性，另一方面表现为心理的依赖性与归属感。

二、顾客指数级增长类似于种群爆发

传统的价值创造理论立足于产品视角，随着价值载体由产品转变为体验，在线体验极低的变动成本可以实现无限量供给，虚拟空间中可以容纳任意数量的顾客。以音乐网站为例，每首电子单曲的变动成本相比传统磁带、黑胶唱片来说几乎可以忽略不计，这使得电子单曲可以实现便捷的复制和分享，从而实现无限量的供给。对于顾客而言，集低成本、便利性、灵活性、更新速度快等优点于一身的电子单曲逐渐取代传统音乐产品成为听音乐的首选。音乐网站这一虚拟空间可以容纳任意数量的顾客，这是以售卖磁带、黑胶唱片为主的传统音乐公司难以比拟的。网易云音乐自 2013 年 4 月上线以来，用户规模飞速上涨，2015 年 7 月用户规模突破 1 亿人，2016 年 7 月用户规模突破 2 亿人，2017 年 4 月用户规模突破 3 亿人，2017 年 11 月用户超过 4 亿人，实现了指数级增长，如图 3 - 1 所示。顾客的指数级增长以及现象级内容的火爆挑战着传统的价值创造理论，却将价值创造机制的研究视角引导和拓展到生态学中物种或种群爆发现象。自然界中物种可以通过快速大量地繁殖实现指数级增长，种群密度迅速增加，这与虚拟空间中顾客的指数级增长非常类似。不同之处在于，基于虚拟空间的顾客爆发不会像自然界种群爆发那样引发拥挤效应（Overcrowding Effect），一方面由于每一位顾客在虚拟空间中占用的资源有限，另一方面由于虚拟空间可以通过增加服务器等技术手段实现总空间的延展，而自然界中资源和空间总量是一定的。

① 数据来源于中国信息通信研究院发布的《2017 年微信经济社会影响力研究报告》。

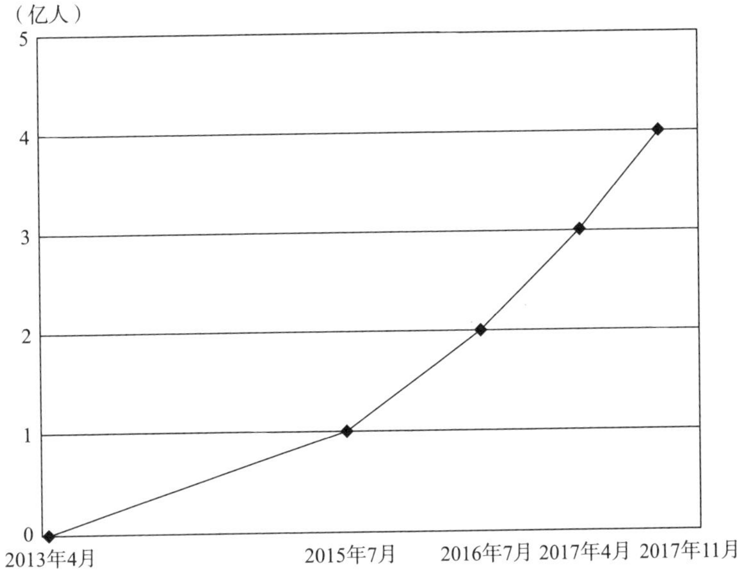

图3-1 网易云音乐用户规模指数级增长

三、数据下沉、上升云化有效拓展了价值空间

传统的价值链理论主要按照产品生产维度线性展开，属于一维的“线”，是在单个公司“点”基础上的连接与合作。随着外包以及全球化的发展，线性价值链被添加了地理维度而生成为二维网，如价值星系和价值网理论。Rayport 和 Sviokla（1995）试图通过虚拟价值链来构造第三个维度——信息，但是在 Web 1.0 时代信息技术发展不充分，信息仅仅被用来监督和控制实物价值链流程，这个维度没有被有效建立从而难以形成三维空间。以云技术和 Web 2.0 为基础的云经济时代到来后，信息这个维度在实时有效的数据捕捉、数据挖掘、人工智能、深度学习、云计算等技术的支撑下得以独立且快速成长，“活数据”得以从大量交易活动中准确下沉，而且上升云化，并为营销决策、战略管理等活动提供精准参考。最典型的例子是滴滴通过大数据的精准分析和匹配使得滴滴专快车乘客端发单的应答率提高至 90%①，远远高于传统出租车 60% 的路边扬招成功率。数据蕴含的巨大价值使其成为价值空间的一个重要维度，这样构筑的三维立体价值空

① 滴滴政策研究院. 2015～2016 移动出行便民服务报告［R］. 2016.

间（见图 3－2）正在快速膨胀、爆炸，也是阿里巴巴公司把当前时代定义为“DT 时代”的重要原因。正是云技术构建的三维虚拟空间容纳了顾客的“栖息”行为，形成了类似自然界的生态环境。

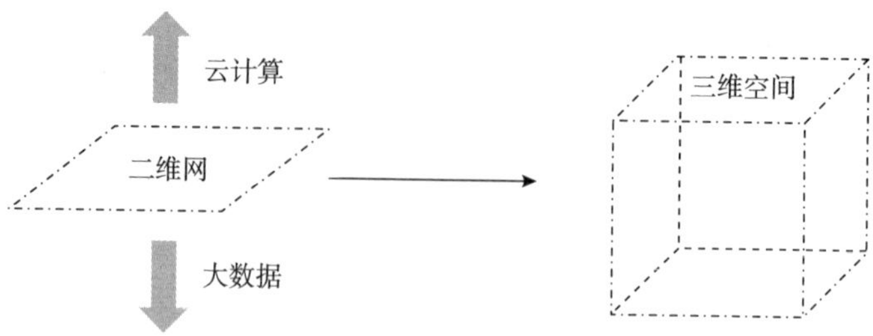

图 3－2　从二维网到三维空间

四、价值种群及价值群落的出现

由于技术限制，传统价值创造流程中的顾客交易记录不能精准地获得、分类和整理。企业拥有零散且不成体系的顾客信息使其在面对顾客时具有一定盲目性和混沌性，这也是传统价值创造理论中将顾客笼统化的原因。云经济时代到来后，区块链（Block Chain）、数据仓库、数据挖掘等技术的发展可以帮助企业实现对顾客的精准定位和管理，如支付宝根据顾客消费购物、生活缴费、金融理财等活动给予顾客积分，不同积分区间的会员划分为大众会员、黄金会员、铂金会员、钻石会员；芝麻信用根据身份、履约、历史、人脉和行为等六大特质对顾客进行评估打分，等级分为较差、中等、良好、优秀和极好①；新浪微博根据用户在线时长、发微博数、连续登录等信息对会员等级进行分类，如 VIP1、VIP2、VIP3 等。云经济时代，通过数据抓取、分析等技术将顾客交易记录、在线时长、连续登录等信息量化为特定分数，然后产生不同类别的顾客。按照顾客对价值创造活动的贡献赋予其相应的特权，实现了对顾客分门别类的精准管理。原本笼统的顾客群体在云经济时代分化为细致的类别，形成类似于自然界中的种群。

① 芝麻信用分在 350～550 为较差，550～600 为中等，600～650 为良好，650～700 为优秀，700～950 为极好。

五、开放共享以实现可持续发展

越来越多的企业将构建生态圈、投资生态链、生态化、建设商业生态等作为发展战略之一，其本质是建立开放共赢的格局，追求可持续发展。微信致力于做连接器，力图通过公众号、小程序、企业微信、微信支付等功能实现从通信社交工具向包括人、组织、服务在内的万物连接器的转变，通过开放和共享实现长久发展。小米广泛投资生态链企业，不断拓展小米的成长边界，夯实小米的发展根基，努力实现从手机生产商向全球化生态平台的转变。

总体来看，关于价值创造机制的研究，主要经历了从一维到二维的视角转变。价值链一维视角被价值星系、价值网理论拓展为二维。一维视角着眼于单个企业内的供应—生产—销售活动，具备简单的线性特征，随着价值星系开启了价值创造流程的非线性化研究，领导企业、供应商、合作伙伴等组成的二维协作网络具有更大的竞争优势。随着云经济时代的到来，二维的价值创造网络正在被拓展为三维空间。大数据和云计算技术捕捉、管理、挖掘的数据和信息正在构建第三个维度，从深度上有效拓展了价值空间。顾客使用过程超越制造过程成为价值创造的核心环节，任意数量的顾客栖息于价值空间中进行价值创造。难以容纳顾客栖息行为的扁平二维网络逐渐升级为三维空间。

价值创造三维空间的逐渐形成以及其具备的顾客栖息、物种爆发、种群分化、开放共享等生态系统特征表明云经济时代下的产业组织难以被价值链、价值网等传统理论所解释，生态学中关于生态系统的研究为云经济时代价值创造机制的研究开辟了新的视角。基于深入的理论和实践研究，本书以金帆（2014）提出的“价值生态系统”为基础进一步研究云经济时代的新型产业组织。

第二节 价值生态系统的内涵与构建

云经济是价值生态系统诞生的土壤。价值生态系统最初起源于网络平台，如网购平台、招聘平台、生活服务平台、通信社交平台、网络视频平台等。进入云经济时代，交易平台开发了很多新功能，为顾客免费提供社交、点评、自我管理等服务，进驻平台的顾客数量呈现爆发式增长。平台企业以挖掘整理的顾客信息为基础开发增值业务，如向其他企业提供精准营销。平台的功能越强大，吸引的顾客越多，企业越能够通过顾客信息开发更多增值服务以获取收益，反过来进一步强化平台的功能，因此交易平台和顾客之间形成一种互惠互利的共生关系。网络平台是初级的价值生态系统。

一、价值生态系统的内涵

生态系统是指在一定时间和空间范围内，生物群落和非生物环境通过能量流动和物质循环所形成的一个相互影响、相互作用并具有自我调节功能的自然整体，它由英国植物生态学家 Tansley 于 1935 年首次提出，20 世纪中叶这一概念得到广泛关注，60 年代之后逐渐成为生态学研究的中心。后来，生态学尤其是生态系统理论逐渐被管理学研究吸收和应用。

生态学的隐喻往往能给管理学现象的研究带来更广阔的视角（侯杰等，2011）。组织种群理论开创者 Hannan 和 Freeman（1977）首次将生态学的研究视角应用到组织内部竞争、组织与环境的关系等研究中，为组织理论的研究开创了一个全新的研究领域。在此之后，组织种群内的生态位重叠与竞争（Pherson，1983）、组织年龄与死亡率之间的关系（Carroll，1983）、环境扰动与组织设立率、死亡率的关系（Carroll and Delacroix，1983）、组织之间的空间竞争与传染（Schmalensee，1978）、种群进化等研究层出不穷，在此基础上一个新兴交叉学科——组织生态学诞生并发展为组织理论的一个重要分支。组织生态学的研究视角大都集中于某些行业，如半导体制造业、葡萄酒业、医用影像业等。

结合企业生态观视角，Moore（1993）提出了商业生态系统的概念。商业生态系统是一种由客户、供应商、主要生产商、投资商、贸易合作伙伴、标准制定机构、工会、政府、社会公共服务机构和其他利益相关者等具有一定利益关系的组织或群体构成的动态结构系统（Moore，1998）。商业生态系统中不仅包含消费者、供应商、合作伙伴等“物种”，还包括政治、社会、行业协会、标准制定机构等组成的“环境支持系统”。从本质上看，商业生态系统是从生态学视角审视价值网理论。Iansiti 和 Levin（2002）提出衡量商业生态系统健康状况的三个重要维度是生产率、稳健性（应对环境干扰的能力）、利基创造力（成员多样性），在此基础上 Den Hartigh 等（2006）又补充了伙伴健康度和网络健康度两个维度。不同的企业在商业生态系统中扮演不同的角色，根据网络关系复杂性和创新动态性可以将商业生态系统中角色划分为骨干型、支配型、利基型、商品型四种。不同类型的企业对生态系统作用不同，其生存和发展策略也不同。商业生态系统的后续研究主要基于两种视角：一是从生态位概念出发来阐述商业生态系统的结构特征（Iansiti et al.，2004；Kim，2010），二是研究商业生态系统的网络特征（Peltoniemi et al.，2004；Hartigh et al.，2006；Vuori，2005；Zahra et al.，2012）。从组织生态学和商业生态系统理论的发展来看，生态系统学的思想方法在中观到宏观视角的产业组织研究中得到一定运用，即研究对象主要集中在产业集群或具有某种特定关系的企业群体。基于云经济时代价值创造机制呈现出的生态系统特征，本研究试图把生态系统学的思想应用到更为微观层面的产业组织研究中。

价值生态系统是指云经济时代顾客①进驻并栖息于其中满足交易、社交、娱乐等需求，具备共同特征或偏好的一类顾客形成价值种群（Value Population），多种多样的价值种群集合形成价值群落（Value Community），与支撑其发展的周边环境共同形成具备生态系统特征的新型产业组织。与自然界生态系统的自动生成和自我发展壮大不同，价值生态系统通常由中枢企业（Nerve - center Company）构建、维护和控制。价值生态系统的中枢企业通过构建可以满足人们物质、文化需求的栖息地以吸引尽可能多的顾客进驻，培育价值群落，然后利用顾客沉淀的数据开发增值服务以获取收益，反过来进一步改善栖息环境，优化顾客体验，延长顾客栖息时长。由中枢企业、价值群落与周边环境共同形成互惠共生、共创共享的良性循环即价值生态系统。谷歌、阿里巴巴、腾讯等企业均通过构建价值生态系统实现了飞速发展。以阿里巴巴为例，通过构建可以满足人们网络购物需求的淘宝、天猫等子系统聚集了大量顾客资源和数据，然后借助大数据、云计算等技术利用顾客信息和数据构建芝麻信用体系并与其他机构合作为顾客提供金融和理财服务，获取的收益支持阿里巴巴不断完善系统功能，提升顾客体验。不断发展壮大的阿里巴巴还涉足新零售、新制造、大娱乐等多元化领域，培育多样化的价值种群以获得更丰富、准确的顾客数据，不断提升自身的核心竞争力。

二、价值生态系统产生的基础

自然界中，不断成长、运动的生物作为能量流动和物质循环的原动力，构成生态系统的核心，创造了富有活力、生生不息的生态外貌。类似地，在社会价值

① 顾客既包括消费者顾客，也包括商家顾客。

创造活动中，顾客构成价值生态系统的基础和核心，是顾客生产、消费等一系列社会活动促进了价值生态系统的物质循环。

1. 顾客是价值生态系统重要的生产者

生态学中的生产者指能用简单无机物制造有机物的自养生物，其制造的有机物是其他生物的食物源，构成生态系统中最基础的部分。价值生态系统中的生产者指各类产品、服务或体验的制造者和提供者。云经济时代到来之前，手工作坊、机器大工厂、企业形式的生产或服务商是主要的生产者。近年来，大数据、云计算、人工智能等前沿技术的发展推动社会进入云经济时代，原本的企业型生产者进驻价值生态系统中成为企业顾客，自然人顾客也逐渐向生产者的角色转变。尽管价值链、价值星系、价值网等理论逐渐意识到消费者顾客的重要性，但是受技术限制这类顾客仍然被排除在“柜台”之外，生产过程属于具有隐蔽性的后台操作（David Bovet et al.，2000）。云经济时代，消费者顾客逐渐翻越横亘在顾客与企业之间的“柜台”，直接参与到产品或服务的设计、制造等过程中，尤其是云制造允许顾客直接主导制造过程，顾客逐渐成为重要的生产者。美国无线T恤公司允许任何人参与T恤设计，英国奢侈品牌博柏利（Burberry）允许顾客自己选择纽扣、针线缝法、内衬厚度、织物来设计专属于自己的外套，3D打印允许人们打印出任何自己想要的物品形态。随着云经济的深入发展，顾客在产品及服务的生产过程中占据日益重要的地位。

2. 顾客是价值生态系统主要的消费者

生态学中消费者是直接或间接依赖于生产者所制造的有机物的异养生物，对生态系统起着重要的调控作用。价值生态系统中消费者指各类产品或服务的需求者和消费者。自然人顾客的衣、食、住行等物质需求及精神需求使其成为消费者的主体。同时，企业顾客也存在对宣传推广、教育培训、转型升级、管理咨询等服务的需求。消费者的需求是价值生态系统存在的起点，以更高的效率、更佳的体验、更低的成本满足消费者需求是价值生态系统的目标。自然人顾客和企业顾客的“消费”行为在价值生态系统的物质循环和能量流动中占据首要地位，他们影响着供给方的创新活动，影响着中枢企业构建、维护价值生态系统的方式。总之，顾客的需求“激活”了价值生态系统，是价值生态系统运行的重要动力。

3. 顾客使用过程是价值创造活动的核心环节

随着价值载体由产品转变为体验，实时更新、持续的在线服务逐渐打败了有形的、固化的产品。各类价值生态系统创造的虚拟空间长久地“黏附”着顾客。

微信、QQ、微博等通信社交软件的盛行表明顾客使用过程超越传统制造过程成为价值创造活动的核心环节。甚至，制造过程也由于顾客的直接参与或主导而演变为使用过程的一部分。对于传统产品而言，尽管顾客的使用过程是重要的，但是却常常被生产商忽略而成为顾客独自使用、生产者几乎不干预的过程。金碚（2018）指出商品的价值本身具有二重性特征，生产商却仅仅关注了其交易价值，忽略了使用价值，而使用价值才是价值创造的本质和目的。在线服务或体验为供给方和顾客提供了一个即时交流的平台，顾客的每一次使用都在与供给方互动，低廉的成本、无须担忧版本的落后及更新问题、便捷的使用途径等优点使在线服务发展日益蓬勃，这也是谷歌浏览器服务打败网景浏览器的重要原因。①谷歌浏览器持续的自动更新改善取代了网景浏览器的定期软件发布，为顾客省去了安装、升级等烦琐操作；②谷歌浏览器服务只需一台联网的电脑就可以使用，而网景浏览器只能在安装有相应软件的电脑上使用；③对谷歌而言，最重要的是顾客对在线浏览器的使用，网景则依赖浏览器软件的生产和销售。前者对后者的“无情碾压”反映出顾客使用过程成为价值创造活动核心环节的本质，生产方或供给方应该对使用价值充分关注。

4. 与顾客相关的数据蕴含巨大价值

云经济时代背景下，数据和信息一改过去作为监督和控制生产流程的辅助角色，而成为云经济时代的“新能源”。以万物互联为特征的物联网的蓬勃发展将“死数据”转变为在线的“活数据”，技术的发展大大降低了数据收集、处理、分析的成本，从而在管理决策、信用体系、社会治理等方面发挥着日益关键的作用。

（1）数据与管理决策。虚拟价值链理论虽然试图尽力拉伸信息这一维度，但是 Rayport 和 Sviokla（1995）定义的价值矩阵中信息的使用仅限于收集、组织、筛选、集成与派分，且主要为实物价值链的优化服务。当时信息技术发展不充分的特点限制了数据与信息作用的发挥。云经济时代，随着物联网激活了海量数据，大数据、云计算技术可以实现对数据的有效、精准管理，数据在支撑管理决策方面发挥着越来越大的作用，数据从 1.0 时代进入 2.0 时代（见图 3－3）。亚马逊基于顾客消费大数据获得了“预判发货系统”的专利，即在客户尚未下单之前亚马逊就开始准备发货，提升了顾客购物体验。Uber 通过智能地图和顾客乘车数据的分析可以了解顾客的居住、工作、吃饭、购物、健身等活动的地点，这些数据使顾客从传统意义上的顾客转变为 Uber 一笔重要的无形资产，为

Uber 开发增值服务奠定了坚实的基础。

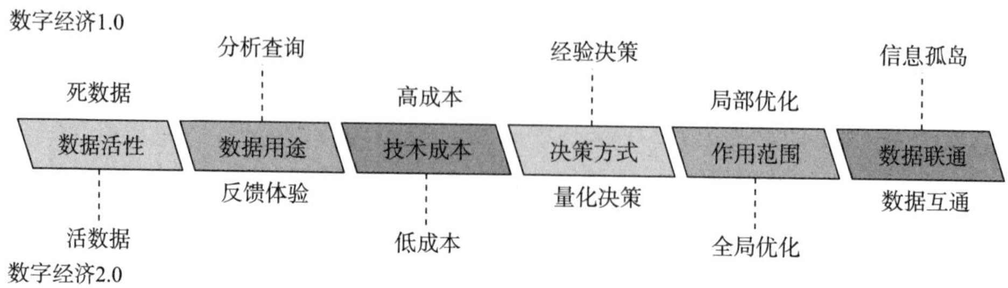

图 3-3　数据 1.0 与数据 2.0

资料来源：阿里研究院《数字经济 2.0 报告》。

（2）数据与信用体系。传统的信用体系以基于信贷的银行征信体系为主，信用评估内容不全面、更新速度慢、覆盖主体少等缺点反映出信用体系不健全的特点。随着阿里巴巴芝麻信用、京东小白信用等基于消费者和商家交易数据的信用体系迅速发展，评估的全面性、客观性、更新速度大大提升。在信用评估内容方面，芝麻信用覆盖身份、履约、历史、人脉、行为等多方面；在更新速度方面，芝麻信用每个月更新一次；在覆盖主体方面，大部分支付宝用户（2018 年初活跃用户为 5.2 亿人）都有自己的芝麻信用评分。芝麻信用依托日益完善的信用体系推出的免押服务通过化繁为简提升了顾客的消费体验，提高了顾客忠诚度。根据 2017 年 3 月 23 日芝麻信用发布的《全国城市信用免押服务报告》，全国 381 个城市已经开启信用免押服务，酒店、租房、民宿、租车、共享单车、医疗等行业已经享受到信用免押的好处。此外，芝麻信用的引入使租车行业的租金欠款率、违章罚款欠款率分别下降 52% 和 27%，推动了社会整体进步。

（3）数据与社会治理。滴滴、Uber 等网约车的数据库可以帮助交通运输部门进行交通路线规划、交通堵塞问题的缓解；携程、途牛等旅游网站的数据库可以为铁路、航空部门增删及调整列车或航班提供参考，促进资源优化配置，减少社会资源的闲置和浪费；嵌入在微信中的环保举报功能对于提升人们环保意识、减轻环境污染有重要意义。数据将会在医疗、教育等更加广泛的领域促进社会整体效率的提高及人类文明的进步。

三、价值生态系统的构建

由于顾客是价值生态系统的基础和核心，所以以一定方式聚集顾客是构建价值生态系统的首要步骤。随着聚集的顾客越来越多并形成特定类别的价值种群和群落，价值群落在中枢企业的引导下与周边环境、资源通过能量流动和物质循环形成相互影响、相互作用的价值生态系统。

1. 构建主体

价值生态系统不像自然界生态系统那样自发形成，而是在中枢企业的引导下逐渐形成。中枢企业在价值生态系统中扮演重要的引导者与协调者角色。通常而言，中枢企业通过为顾客提供可以满足通信社交、休闲娱乐、购物、信息获取、云存储等需求的栖息地吸引顾客进驻。这里的“栖息地”逐渐由基于 PC 互联网的网站转变为基于移动互联网的 APP。人们在 APP 营造的虚拟空间中寻求物质及精神方面需求的满足。

与传统价值创造理论中恒星企业或领导企业基于自身强大的资本、技术、难以模仿的能力或资源构建价值链或价值网络不同，价值生态系统的构建对中枢企业资本、技术等传统资源的依赖降低，高度依赖创意、营销、品牌等要素。财务资本对价值生态系统固然重要，但是在日益充裕的财务资本追逐优秀企业家的云经济时代，一个富有吸引力的创意可以较为容易获得融资，如共享经济的代表——摩拜单车已经顺利完成多轮高额融资。

2. 构建目标

价值生态系统的构建目的是吸引顾客、聚集顾客。在不同的时代，企业与顾客之间交流的载体、场所、频率和时长发生了很大变化（见表 3－1）。工业经济时代，交易主要在集市、商城等卖场进行，以固化的、有形的产品为载体的交易具备短暂性、一次性特征。产品交付给顾客象征着交易的完结以及顾企关系的结束，直到顾客下一次购买行为的发生才又重新进行交流，这种间断性、易产生健忘性的交流难以将顾客牢牢吸附。Web 1.0 时代，传统的线下交易逐渐转移到线上，顾客通常在网站浏览商品信息、下订单。传统产品电子化、数据化趋势增强，原本短暂性、间断性的交易得以延伸和拉长。随着以互动分享为特征的 Web 2.0 的蓬勃发展，企业与顾客之间主要通过 APP 进行随时随地交流，功能日益丰富、涉及更多生活场景的 APP 对顾客拥有更大的吸引力与黏附力。顾客和商家、顾客与顾客之间随时随地进行着交流互动。价值生态系统的构建并非简单吸引顾客的眼球，而是将顾客引导到一个活跃、富有生机的栖息地中，然后再以栖息地中开放、系统的“一揽子”服务长久“留住”顾客，使顾客成为“栖息者”。

表 3－1　企业与顾客交流方式的变迁

	工业经济时代	Web 1.0 时代	Web 2.0 时代
交流载体	产品	在线服务	开放、系统的“一揽子”服务
交流场所	卖场	网站	APP
交流频率	间断性交流	在线交流	即时交流
交流时长	短暂	拉长	持续

3. 构建方式

顾客进驻价值生态系统的基本目标是满足自身某些方面的需求，所以价值生态系统构建之初，中枢企业应该了解、发现和寻找顾客目前尚未被满足的需求，然后以新颖的创意、完善的功能设计构建一个可以满足顾客需求的虚拟空间并吸引顾客进驻。随着进驻的顾客越来越多，顾客形成的价值群落与周边环境通过能量流动和物质循环逐渐形成相互影响、相互作用的价值生态系统。

（1）了解、发现顾客需求。人们的需求多种多样，而且随着时代发展不断动态变化，捕捉、发现顾客需求是中枢企业构建价值生态系统的起点。衣、食、住行是人们的基本需求，在出行方面，相比公交、地铁等公共交通方式，出租车以路线灵活、时间灵活、自由舒适等优点而成为人们一种重要的出行方式。2012年前后，滴滴创始人程维注意到了传统出租车行业普遍存在“乘客打不到车、司机接不到活”的供需匹配度不高、出租车空驶率高等问题，又意识到移动互联网浪潮将逐渐席卷交通出行行业、路边扬招打车的方式会被更高效率的方式取代的时代发展趋势。于是 2012 年 6 月程维与其他创始人开始创业，希望把有乘车需求的顾客和司机聚集到一款打车软件中，以智能的订单分配策略提高供需匹配度，降低出租车空驶率，提高运营效率，更好地满足顾客的出行需求。截至目前，滴滴的用户总数超过 4.5 亿人，月活跃用户规模超过 3500 万人。滴滴的出现和快速普及改变了人们的出行方式。除了滴滴，共享单车也创造了交通运输新业态。随着私家车的快速增多，城市交通拥堵和环境污染问题日益严重。对上班族而言，家、工作地点与地铁站或公交站之间的“最后一公里”也一直是难以解决的伤痛。面对以上问题，摩拜和 ofo 等公司瞄准市场机会，推出了主打绿色环保和解决“最后一公里”问题的共享单车并实现了快速发展。

美图公司基于人们对美的追求而开发了美图秀秀、美颜相机等应用软件；今日头条、腾讯新闻等满足了顾客对获取新闻资讯的需求；百度云实现了顾客存储和备份文件的需要；高德地图、百度地图满足了顾客出行、导航的需求；爱奇艺视频、优酷视频等满足了顾客对精神文化生活的追求等。唯有从顾客实实在在的需求出发，价值生态系统才能吸引顾客进驻并长久留住顾客。

（2）构建栖息地。在确定顾客需求之后，中枢企业需要构建可以满足顾客需求的虚拟空间或“栖息地”，常见的有网页版和 APP 版。智能手机的普及推动 PC 互联网逐渐向移动互联网过渡，APP 本身相对于网页而言具备方便灵活、更便于建立与顾客之间联系等优点，所以中枢企业通常通过 APP 的设计来为顾客营造满足其需求的虚拟空间。栖息地的构建通常包括以下环节：

1）需求梳理：项目名称、项目理念、项目定位、运行环境等；

2）原型设计：功能规划、页面和布局设计、业务逻辑的交互等；

3）UI 设计：UI 界面配色、设计、各种不同分辨率的适配等；

4）项目开发：数据库搭建、服务端开发、项目测试等。

其中，出彩的 UI 设计可以点亮整个 APP，增加顾客对 APP 的喜爱度。网易云音乐的 UI 设计尤其是经典黑胶播放界面的设计堪称经典，不仅获得了百度中国好应用“年度优秀视觉设计奖”，还收获了一大批忠实的“颜粉”。顾客对 APP 的感知来源于点点滴滴，所以紧扣每一个细节，把每一个细节做到极致才更可能获得顾客的认可。

（3）设计运行规则。诺思（1990）指出制度规则通过建立人们互动的基本框架来减少不确定性。运行规则是维护互动和交易基本秩序、规范和协调参与者利益关系的重要基础。价值生态系统的制度规则通常在用户注册协议或使用协议中集中体现，用户注册行为本身即代表同意并接受相关协议。以爱奇艺视频为例，《爱奇艺用户网络服务使用协议》中对服务使用规则、用户上传与分享、用户隐私、知识产权、免责声明、服务的变更及终止等规则进行了详尽的解释，而且点击注册即表示顾客同意以上条款（见图 3-4）。使用协议一方面是对顾客与价值生态系统互动规则的简单界定，另一方面有助于减少法律纠纷及摩擦成本。为了适应实践变化、保持运行规则与时俱进，价值生态系统需要进行规则的更新。新规则下更加协调、顺畅的顾客关系反过来促进价值生态系统的良性运转。如京东为了更好保护用户隐私，于 2017 年 8 月 20 日更新了《京东隐私政策》，适应了新环境下用户不断提升的隐私保护需求，提升了顾客的使用体验。

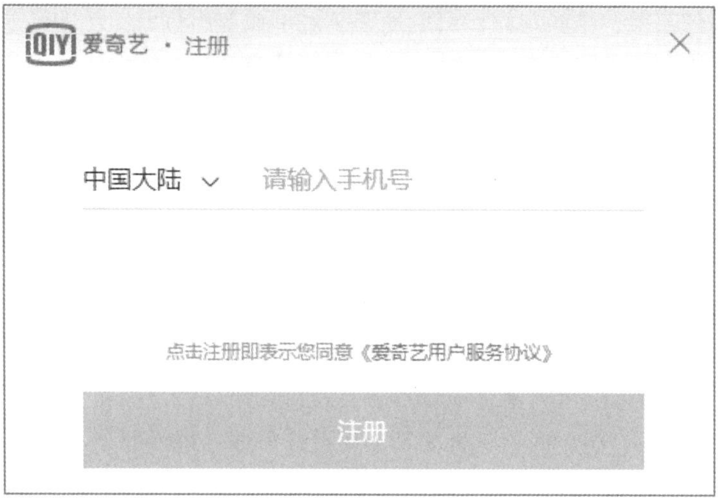

图 3-4 爱奇艺注册界面

资料来源：爱奇艺官网。

对于价值生态系统而言，诸如使用协议类型的运行规则是较为基本和简单的规则，以至于顾客注册时通常不需要仔细研读。规则的指导意义大于约束意义，所以规则对价值生态系统与顾客之间关系的约束是宽松的，顾客可以自由进退价值生态系统。要想实现顾客从“访客”到“居民”的转变，单纯依赖运行规则界定的简单关系是远远不够的，通过持续的创新活动“黏附”顾客更为重要。

（4）吸引顾客进驻。中枢企业构建好栖息地之后，需要吸引顾客进驻。一方面，需要通过各类营销、推广方式提高曝光度和知名度，如软文推广、社群推广、线下地推、新媒体运营等；另一方面，需要通过免费服务、新人礼包等形式增加顾客进驻的积极性。

免费服务是实践中出现最多的方式。奇虎 360 免费杀毒软件面世即击败瑞星、江民等收费杀毒软件，一举攻占安全软件市场；谷歌的免费浏览器战胜网景的收费浏览器软件；视频软件提供的免费视频资源战胜 CD、光碟、影片；音乐软件提供的免费音乐资源打败磁带、唱片，通过免费服务聚集顾客逐渐成为一种潮流甚至是一种全新的商业模式。价值生态系统提供免费服务并非出于盈利目的，而是在创造蕴含巨大价值的资源——顾客。从聚集顾客资源角度看，免费模式完胜收费模式：①免费服务降低了顾客对新产品的尝试成本，增加了顾客购买新产品的积极性。“免费”使顾客不需要任何成本就可以获得服务，免除了顾客心理上对“得不偿失”风险的顾虑。如果免费服务与收费服务可以为顾客提供相差无几的效用，那么顾客会果断抛弃收费模式而选择免费模式。②数字化在线服务相比有形产品的边际成本大大递减，这为无限量提供免费服务创造了条件。工业经济时代，在产品销售过程中也存在免费赠送、免费试用等营销方式，但是产品变动成本的存在决定了免费只可能在有限的区域提供给有限数量的顾客，“全民免费”将会为企业带来致命性冲击。基于互联网的数字经济背景下，趋近于零的变动成本允许数字化服务无限量复制、分享，为“全民免费”创造了可能。③免费服务带来的“长尾效应”是聚集顾客资源的最佳方式。“长尾”（Long Tail）最早由美国《连线》杂志的记者克里斯·安德森提出，泛指非热门、非流行产品的市场份额可以与热门产品市场份额相媲美，甚至超出后者的现象。纵使聚集的顾客资源中80%不会购买价值生态系统的增值服务，但是作为“资源”本身存在吸引广告商、沉淀数据等作用，这些不直接与价值生态系统产生交易的80%的顾客通过吸引广告商带来的收入不一定比购买增值服务的20%的顾客创造的收入低。“聚集”本身就是一种竞争力。例如，新浪微博通过免费服务聚集了大量顾客资源，这些顾客资源吸引着各种类型的广告商。根据新浪2017年第二季度财报，第二季度净营业收入为3.589亿美元，其中网络广告营业收入为2.952亿美元[①]，占比82%（见图3-5），显示出顾客资源本身巨大的价值创造能力。

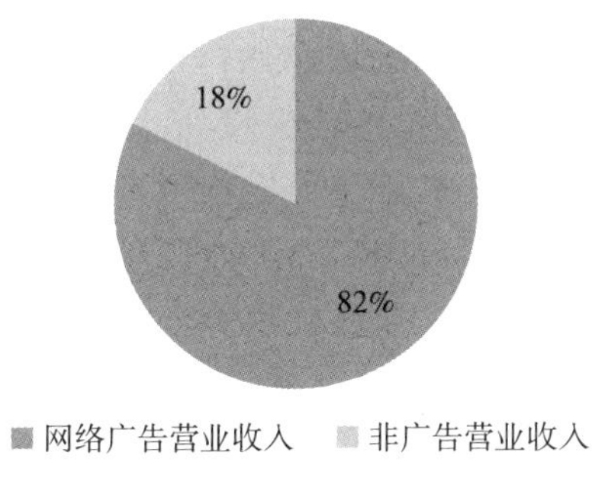

图3-5 新浪2017年第二季度营业收入结构

① 数据来源于新浪官网，http://tech.sina.com.cn/i/2017-08-09/doc-ifyitapp3476655.shtml。

新人礼包方式在吸引新顾客方面也发挥着重要作用。天猫、京东、苏宁易购的新用户分别可以专享多张优惠券组成的388元、188元、199元新人礼包；“饿了么”、美团、百度外卖等新用户可以享受诸如“满15减13”的优惠活动；格瓦拉的新用户仅需8.8元就可以享受一场电影；摩拜的新用户可以享受免押金试骑。这些价值生态系统通过力度极大的优惠活动使顾客获得“物超所值”的满足感和幸福感，从而达到吸引新顾客的效果。新人礼包或优惠活动如同免费服务一样可以增加顾客进驻价值生态系统的意愿，使用“饿了么”可以比到店吃饭享受更多的金钱和时间节约，是快节奏生活的人们乐此不疲的选择。力度极大的优惠活动以“烧钱”的方式进行顾客的吸引和聚集，这种前期投入不仅是必要的，而且成为日益普遍的现象。这一点反映出业界对聚集顾客资源重要性的普遍认可和实践。

当中枢企业通过免费服务、新人优惠等活动吸引顾客进驻“栖息地”之后，需要注意不具备黏性的临时性顾客对价值生态系统而言是没有太大价值的，只有当顾客“居民化”，真正栖息于其中，才能创造富有活力、良性循环的价值生态系统。因此，中枢企业需要通过持续的创新活动“留住”顾客，通过价值生态系统的运行不断提升顾客黏性和忠诚度。

第四章　价值生态系统的结构与特征

第一节　价值生态系统的结构

从组织结构来看，价值生态系统由中枢企业、中枢企业培育的价值种群和价值群落及周边环境构成。从功能结构来看，价值生态系统像自然界生态系统一样，由生产者、消费者、分解者及所处的环境构成。价值生态系统的环境是指中枢企业构建的虚拟空间，顾客栖息的场所，即各类网站和 APP 等。

一、价值生态系统的组织结构

1. 中枢企业

（1）中枢企业的内涵。中枢企业是指价值生态系统中像神经中枢一样通过组织、协调和数据挖掘等方式充分利用顾客信息和社会资源，设计运行规则，维护系统运转，促进价值生态系统的成长，寻找并拓展价值空间的核心企业，又称为“价值中枢”。中枢企业作为法人个体和成本利润核算体，是价值生态系统存在的法律和社会基础，对价值生态系统的发展起着至关重要的作用。在京东这个由顾客种群、商家种群组成的价值群落、京东集团、京东集团整合的社会资源共同构成的价值生态系统中，京东集团便是其中的中枢企业，类似的中枢企业还有阿里巴巴集团、腾讯集团等。

中枢企业不同于价值星系中的恒星企业与价值网、全球价值链中的领导企业，虽然恒星企业和领导企业都意识到最核心的价值活动是把握并回应顾客需求，但是横亘在顾客和企业之间的“柜台”仍然存在，而中枢企业主动撤掉“柜台”并将顾客真正纳入价值创造过程中。持续吸引顾客进驻并栖息于价值生态系统是中枢企业的核心目标，栖息的顾客数量甚至成为衡量中枢企业竞争力最关键的指标。

（2）中枢企业的角色。在价值生态系统的组织结构中，中枢企业扮演着多重角色，并在价值生态系统的运营中起着主导作用。

1）中枢企业是价值生态系统的构建者。中枢企业的首要功能不是像传统企业那样斥巨资于生产线或硬件建设，而是建设价值生态系统、吸引顾客进驻。全球最大的出租车公司 Uber 没有一辆出租车，全球最热门的媒体所有者 Facebook 没有一个内容制作人，全球市值最高的零售商阿里巴巴没有一件商品库存，全球最大的住宿服务提供商 Airbnb 没有任何房产。这些互联网巨头企业都是通过构建价值生态系统实现飞速发展。构建生态系统的方式通常是建立功能丰富的栖息地，通过为顾客提供免费的交易、即时通信、信息获取、精神文化或云存储等服务不断吸引顾客进驻。

2）中枢企业是价值生态系统的维护者。吸引顾客进驻价值生态系统之后，中枢企业还需要通过持续的创新活动增强顾客的黏性，引导顾客由“访客”转变为“居民”，维护价值生态系统的运行。微信持续推出的更新版本背后是为维护价值生态系统运行、引导顾客“居民化”做出的努力，如朋友圈、视频/语音通话、微信红包、公众号、城市服务等新功能持续更新，不断丰富微信的参与场景，提升顾客的忠诚度和依赖性。

3）中枢企业是价值生态系统盈利模式的开发者。价值生态系统中栖息的大量顾客为中枢企业寻找并开发盈利模式提供了基础，中枢企业整合自身或其他组织的资源为顾客提供增值服务从而获得利润。盈利能力是判断价值生态系统健康度的重要指标，单纯靠融资来维护价值生态系统运行具备较大的不稳定性和风险，实现盈利是价值生态系统自我维持和基业长青的前提。盈利模式的选择需要中枢企业谨慎做出决策，既不能伤害到顾客现有的体验，又需要具备承载商业化诉求的能力。微信通过微信支付、微信游戏、公众号等功能的开发进行商业化尝试，以获取的收益支撑价值生态系统的运转。

（3）中枢企业的产生路径。价值生态系统作为云经济时代的新型产业组织，其构建和维护者——中枢企业主要有两种产生路径：互联网原生与传统行业融合衍生。①互联网原生。以互联网为载体发展起来的谷歌、百度、腾讯、Facebook、阿里巴巴等公司属于互联网原生，它们从一开始便着力于构建功能强大的平台，吸引海量的顾客栖息，短时间内实现快速增长。②传统行业融合衍生。传统行业如汽车、电器、医疗等领域的公司也逐渐意识到价值生态系统物种爆发效应所创造的价值是供应链优化等传统活动难以比拟的，也纷纷开始布局物联网、车联网、大数据等前沿领域。以 GE 为代表的跨国公司在加速部署机器互联战略，通过终端的信息收集设备和统一的数据平台沉淀海量的机器运行数据，将形成一个全新的机器设备运行维护的生态系统。车联网也成为大众、福特、奔驰等老牌汽车公司跃跃欲试的必争之地。

2. 价值种群

生态学中种群指在一定时间内占据特定空间的同一物种的集合体，是物种存在的基本方式，同一种群内部的生物具有共同的特征。价值生态系统中具备同样特征或偏好的顾客构成价值种群。

（1）种群分类。在价值生态系统的具体实践中，价值种群存在多种分类标准，主要包括以下几种：

1）以基本信息为基础的价值种群，如按照地区、性别、年龄、职业等基础信息形成的价值种群。在注册淘宝、京东、微信、微博等系统时一般都需要填写个人基础信息，系统后台的数据管理系统可以轻易区分出所有的男性与女性群体，位于北京、上海、西安等城市的人群，少年、青年、中年、老年群体等，这些信息对精准营销具有巨大价值。如青年女性可以吸引护肤品、化妆品等广告投放，老年人则对养生、保健类广告商有吸引作用。

2）以兴趣偏好为基础的价值种群。这种分类在网络影视、网络文学中表现最为突出，如韩剧迷、美剧迷、日剧迷等种群，偏好喜剧、动作、惊悚、爱情等类型的观众种群。新浪微博还有更为直接的种群划分法，在用户进入网页版微博之前会弹出如下选择框（见图 4－1），让顾客勾选自己感兴趣的领域，这样无形中形成了以星座、新闻、科普、旅游、财经、明星、美妆等为标签的综合顾客分类。

3）以贡献度为基础的价值种群，这是淘宝、京东、唯品会等价值生态系统中常见的种群分类。中枢企业往往将顾客对价值生态系统的贡献度量化为具体分值，贡献度的衡量主要包括消费次数及金额、互动分享、信用等方面。以分值为基础构建的会员成长体系实质上形成天然的价值种群，分值高的金牌或钻石会员往往对价值生态系统的贡献更大，嵌入度更深。高等级会员享有的更多类型的特权、更贴心的服务、更优惠的价格吸引着低级会员的成长和升级。表 4 – 1 列示了淘宝、京东、唯品会、支付宝四个价值生态系统的价值种群分类。

图 4 – 1　新浪微博价值生态系统的顾客分类

资料来源：新浪微博。

表 4 – 1　以贡献为基础的价值种群分类

	贡献度名称	贡献度计算方法	会员种群划分
淘宝	淘气值	购物分 + 奖励分 + 基础分	<1000 分　普通会员 ≥1000 分　超级会员
京东	京享值	账户信息分 + 消费金额分 + 活跃互动分 + 小白信用分 + 信誉评级分	0 ~ 1999　铜牌会员 2000 ~ 9999　银牌会员 10000 ~ 29999　金牌会员 ≥30000　钻石会员
唯品会	V 值	消费 V 值 + 行为 V 值	0 ~ 1499　铁牌会员 1500 ~ 7499　铜牌会员 7500 ~ 14999　银牌会员 15000 ~ 24999　金牌会员 25000 ~ 49999　钻石会员 ≥50000　皇冠会员

续表

	贡献度名称	贡献度计算方法	会员种群划分
支付宝	积分	消费购物+生活缴费+金融理财+其他	0~1999 大众会员 2000~5999 黄金会员 6000~17999 铂金会员 ≥18000 钻石会员

对交易平台而言，除了消费者顾客，还有另一种特殊的顾客——商家。以贡献度为基础的价值种群不仅存在于顾客中，还存在于价值生态系统的商家群体中。以淘宝商家为例，金牌卖家和普通卖家是两类重要的价值种群。金牌卖家是淘宝根据店铺一段时间内的交易情况、好评率、纠纷退款率以及店铺所在行业的个性化指标综合评估产生的标杆卖家。金牌卖家有严格的准入规则①，但同时也是行业标杆、荣誉认证、用户认可的象征。金牌卖家的准入标准包括基础标准和行业标准两个方面，开店时长、信用分值、买家喜爱度、成交额等标准既是卖家努力达成的目标，也是卖家对价值生态系统贡献度的具体表现。金牌卖家机制的设计不仅可以帮助顾客准确辨别和筛选商品、降低购物决策成本，还可以提升平台形象。淘宝为金牌卖家设置的服务优先、专属通道、无线端展示等特权引导着普通卖家升级，促使价值生态系统的发展根基更加稳固。

（2）种群进化。自然界中，随着时间的推移，生物种群会出现两种行为上的变化，即在短时间内的波动和在长时间内的进化，进化是种群对环境适应性的表现。价值生态系统中的价值种群与之类似，也会发生进化。这种进化既可以自发进行，也可以在中枢企业的引导下进行。

1）自发进化是指价值种群自身主动进行的进化或升级行为。典型例子是支付宝会员种群的进化。随着支付活动在支付宝、微信支付等应用程序的引领下逐渐从线下转移到线上，支付环境和方式发生革命性变化。为了适应这一变化，越来越多的人从非会员转变为支付宝大众会员，大众会员又会随着支付宝的全面普及和推广增加使用频率和次数，从而上升为黄金会员、铂金会员等。自发进化是价值种群顺应环境变化和时代潮流的结果。

2）中枢企业引导进化是指中枢企业通过为高等级会员设置各种各样的特权

① 具体规则详见：https：//www. taobao. com/go/act/shop/golden - seller. php#golden - rule。

吸引低等级会员升级和进化。如京东的钻石会员可以享受售后运费双免、全部会员特价、生日礼包、钻石礼包和运费券等特权，且“钻石会员”这一名称自带荣耀感，是购物狂热者追求的目标。高等级会员所占比重越高，价值生态系统的发展越稳定，这是中枢企业引导价值种群进化的主要动因。

生物种群的进化和适应是生态系统重要的稳态机制，价值生态系统亦然。价值种群的进化反映出顾客在价值生态系统的嵌入度、黏性的增强。以京东为例，价值种群的进化表现在顾客京享值的提高，这传递出顾客在京东的消费行为增多、互动活跃度提高、信誉评级上升等积极信息。当越来越多的顾客从铜牌会员上升为银牌会员、金牌会员甚至钻石会员，京东这一价值生态系统的稳定性和可持续性得以巩固和提升。

（3）种间关系。自然界不同种群混杂并产生中性、竞争、偏害、捕食、寄生、原始合作、互利共生等类型的相互关系，价值生态系统中种群关系则相对简单。现行的价值生态系统主要分为两大类：一类是主要聚集一方群体、顾客大多为消费者顾客的价值生态系统，如社交类、视频类、音乐类、美图类系统；另一类是连接两方或多方群体、顾客包括商家顾客和消费者顾客两大类的价值生态系统，如购物类、招聘类、团购类系统。对于第一类价值生态系统，不同顾客种群之间不存在竞争关系而主要表现为中性，即互不影响和干涉。对于第二类价值生态系统，主要存在供给方和需求方两大主体且彼此互利共生，供给方提供的商品被需求方接受才能实现生存和发展，需求方依赖供给方实现物质和精神文化等需求。以淘宝为例分析第二类价值生态系统内部的种群间关系，在供给方内部形成金牌卖家和普通卖家甚至更多级别的种群，彼此之间主要表现为竞争关系，需求方即消费者顾客种群内部一般没有利益纠葛、资源侵占等矛盾而主要表现为中性关系，整体来看，卖家和消费者两大群体彼此依赖、互利共生，其种间关系的简单模型如图 4 - 2 所示。

（4）生态位。生态位（Niche）的概念最早由 Grinnell（1917）提出，英国生态学家 Hutchinson（1957）发展了这一概念，他指出生态位是允许一个物种生存和繁殖的特定环境变量的 n 维超体积，这些变量包括温度、湿度、时间、土壤等。Levins（1968）指出生态位是某一生物物种同其他物种和环境之间形成的相对的地位、位置和生态系统中的功能。价值生态系统下的价值种群同样有自己的生态位，即该价值种群在价值生态系统中占据的 n 维超体积空间，这些维度可能是成长值、信誉度、好评度、互动值等。与自然界中物种生态位相比，价值生态系统中物种的生态位具备精确性和变动性。

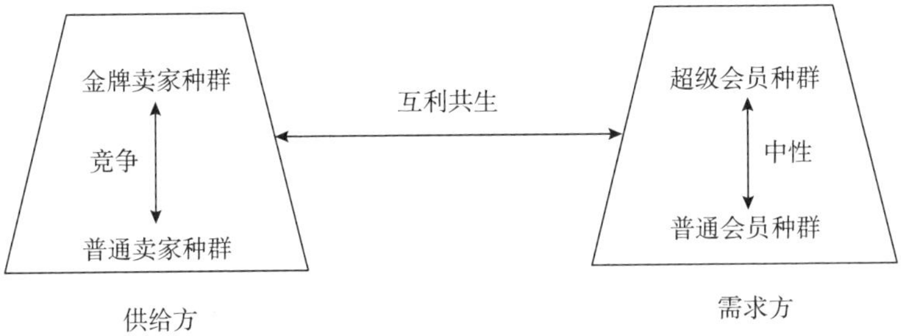

图 4-2　淘宝价值生态系统种间关系简单模型

1）精准性。价值生态系统中不仅价值种群有生态位，价值个体得益于大数据等技术的发展也有自己的生态位。以京东价值生态系统为例，不同会员种群的生态位表现在京享值这一维度上，铜牌会员种群存在于区间［0，1999］内，银牌会员存在于较高的区间［2000，9999］内，金牌会员存在于更高的区间［10000，29999］，钻石会员存在于［30000，∞）之内，形成一个垂直体系的生态分布格局。此外，大数据、云计算等技术的利用可以帮助京东实现对每一位顾客的精确量化和管理，每个价值个体存在于消费、活跃、账户、小白信用、信誉这五个维度构成的京享值超体积中（见图 4-3）。

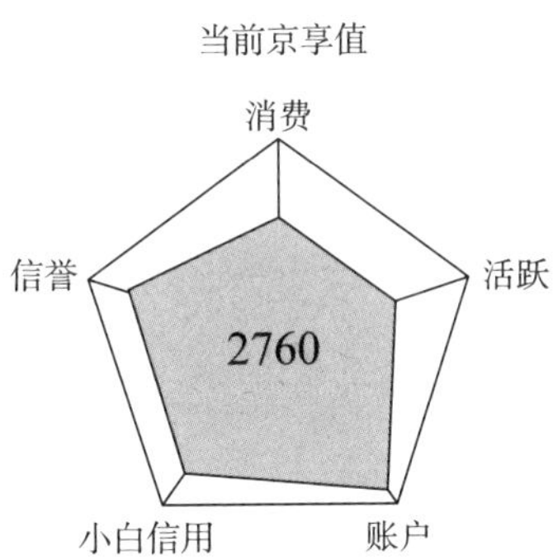

图 4-3　京东顾客的生态位示例

2）变动性。一般而言，自然界中物种的生态位是较为稳定的，而价值生态系统中价值种群和价值个体的生态位是变动的。京东中不同会员种群的生态位可能会随着中枢企业的会员体系调整而发生变动，例如，京享值的五个维度可能会改变、扩充，铜牌会员存在的区间可能从［0，1999］调整到［0，2499］或其他区间。京东价值生态系统中价值个体的生态位会随着顾客每一次消费、互动等行为的发生而改变。人们持续进行的社会活动赋予了价值生态系统中生态位的变动性特征。

3. 价值群落

生物群落是指生存于特定区域或生境内的各种生物种群所组成的集合体，群落内各种生物相互影响、紧密联系，使群落形成一个具有内在联系的有机整体。价值生态系统中所有价值种群构成的集合体即为价值群落。淘宝这一价值生态系统中金牌卖家、普通卖家、超级会员、普通会员等种群共同构成价值群落。

（1）价值群落的物种构成。价值群落的物种构成是决定群落性质的重要因素，也是区别于其他群落的基本特征。群落内部不同种群对群落产生的作用不同，因而存在优势种、关键种、冗余种等类别。结合新浪微博，对价值生态系统的物种构成进行分析。

1）优势种，自然界群落中的优势种指数量多、生产力高、影响力大的物种。新浪微博中数以亿计的普通用户构成优势种，他们不仅数量众多，还决定着哪些话题可以登上“微博热搜榜”，决定着舆论的焦点和风向。

2）关键种，生态学中指数量可能稀少但若丢失则会使生态系统发生根本性变化的物种。在主打“名人效应”的新浪微博中，名人用户是关键种。他们不仅可以引发超高的话题热度，成为人们茶余饭后的谈资，还聚集和吸引了大量的“粉丝”，增强了“粉丝”等普通用户对系统的依赖感与喜爱度。明星用户通过微博进行宣传营销、话题炒作已经成为司空见惯的现象，这进一步影响着群落的结构和外貌。

3）冗余种，即多余的、其发展或缺失不会对群落和生态系统产生太大的影响。新浪微博中的僵尸粉属于冗余种，这种“粉丝”属于有名无实的虚假账号，只会产生虚增人气、炒作等负面作用。新浪对僵尸粉等恶意注册用户的封杀不会影响系统的正常运转。

（2）群落结构。自然界群落结构包括空间结构和时间结构，空间结构又可分为垂直结构和水平结构。垂直结构如森林群落自上而下依次是林冠层、下木层、灌木层、草本层和地被层，水平结构如果园中苹果树、桃树、山楂树的带状分布；时间结构如季节交替使群落呈现不同的外貌。现行的价值生态系统同样存在着不同类型群落结构的分布。

1）空间结构—水平格局。即群落的水平离散现象，这一现象与地域联系紧密。典型的价值生态系统如美团、“饿了么”等生活服务类系统。这类系统往往连接同城的商家和顾客，顾客的美食、外卖、酒店、电影、KTV、美发等需求往往希望在附近区域得以满足，而系统内商家的主要服务对象也是本地顾客。在登录美团系统之后需要进行的第一步操作便是选择所在的城市，然后浏览附近区域的商家信息并进行交易。此类O2O系统中价值种群主要按城市划分，如北京的商家和消费者种群、西安的商家和消费者种群等，价值群落往往呈现以地域为核心的水平分布格局。

2）空间结构—垂直格局。对于大部分价值生态系统而言，其服务对象是没有地域限制的，如电子商务、网络视频、网络音乐、即时通信、云存储等类型的价值生态系统。此类价值生态系统中的价值群落往往呈现出垂直分布格局。群落垂直结构在爱奇艺视频中主要表现为“VIP黄金套餐会员—VIP白银套餐会员—普通用户”自上而下的三级分布，在支付宝中表现为“钻石会员—铂金会员—黄金会员—大众会员”四级垂直分布，在百度网盘中表现为“超级会员—会员—非会员”三级格局。

3）时间结构。自然界多数环境因素具有明显的时间节律，如昼夜、季节、年节律等。像《中国好声音》①《超级女声》《中国达人秀》《爸爸去哪儿》等综艺节目也是按季播出，每年更新一季两季不等。这类节目培育了参与者、“粉丝”、广告商等价值种群，但是一般只有当节目播出时这些种群共同形成的价值群落较为活跃，在两季节目之间的时间空隙，这些价值种群仿佛在“冬眠”而没有较大的动静。此类每年按季循环播出的综艺节目展现出价值生态系统的时间结构。以每年一季的《中国好声音》为例，其播出时间一般在每年的7~10月，这段时间为价值生态系统的“活跃期”，而剩余时间可视为“冬眠期”。天猫、京东等购物类系统中“双十一”“双十二”“6·18”“年货节”等节日出现的购物高峰也是价值生态系统时间结构的一种表现。

以上三种结构并非各自孤立存在，很有可能交叉存在于某一价值生态系统中。例如，美团除了呈现出显著受地域影响的水平结构，还存在“V1—V2—

① 《中国好声音》于2016年更名为《中国新歌声》，又于2018年更名回《中国好声音》。

V3—V4—V5—V6”六个会员等级组成的垂直结构。

二、价值生态系统的功能结构

自然界生态系统由生产者、消费者、分解者和非生物环境共同构成。价值生态系统与之类似，通过生产者、消费者和分解者的有机配合形成良性循环（见图4－4）。

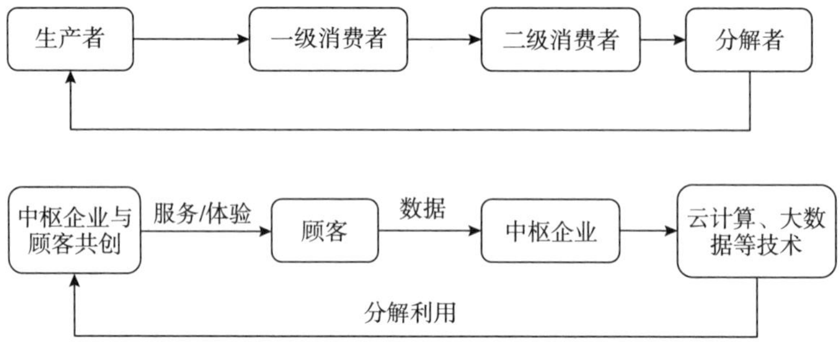

图4－4　价值生态系统的循环过程

1. 价值生态系统的生产者——中枢企业与顾客

中枢企业为顾客提供满足其某一方面需求的栖息地和互动的基本框架，并鼓励顾客与自身进行价值共创。Airbnb鼓励顾客将自己的房屋出租，成为房东；滴滴鼓励顾客成为司机，为其他顾客提供出行服务；抖音短视频鼓励顾客上传自己的作品。中枢企业通常通过自行开发或外购等方式为顾客提供服务，同时擅长引导顾客成为生产者，共同为其他顾客提供服务。哔哩哔哩视频中数量众多的视频创作者、音乐网站中大量才华横溢的“素人”、文学网站中风格迥异的普通作者等不仅帮助价值生态系统呈现出“百花齐放”的生态格局，还更好地满足了其他顾客的多样化需求。这正是张康之和向玉琼（2014）指出的：在流动的网络空间中，中心—边缘结构失去了存在的根基，社会逐渐进入一个“去中心化”的过程。“去中心化”通过激发个体的自主性和能动性实现在更广阔的范围内调动和配置资源，使多元化的需求和多元化的供给相匹配，极大地优化了资源配置，提升了社会整体效率。

2. 价值生态系统的一级消费者——顾客

价值生态系统中的消费者指各类产品或服务的需求者和消费者。自然人顾客的衣、食、住、行等物质需求及精神需求使其成为消费者的主体。同时，企业顾客也存在对宣传推广、教育培训、管理咨询等服务的需求。顾客的需求是价值生态系统存在的起点，以更高的效率、更佳的体验、更低的成本满足其需求是价值生态系统运行的目标。自然人顾客和企业顾客的“消费”行为在价值生态系统的物质循环和能量流动中占据首要地位，他们影响着生产者的创新活动，影响着中枢企业构建、维护价值生态系统的方式。总之，顾客的需求“激活”了价值生态系统，是价值生态系统运行的重要动力。

3. 价值生态系统的二级消费者——中枢企业

在顾客消费过程中沉淀了大量数据，中枢企业从这些数据中可以获得精准的顾客画像，从而为精准营销、管理决策、开发增值服务提供坚实基础。京东利用顾客在价值生态系统中沉淀的历史数据构建了小白信用体系，为京东开展理财、白条等金融服务提供了有力支撑。中枢企业作为二级消费者从顾客消费行为中获取数据是提升自身竞争力的基础，也是拓展价值空间的关键。这一环节是价值生态系统区别于传统价值创造组织最重要的特征，也是价值空间三维化的重要标志。

4. 价值生态系统的分解者——云计算、大数据、人工智能等技术

自然界中的分解者是指把动植物的有机残体分解为简单无机物，归还到环境中并重新被生产者利用的细菌、真菌等异养生物。在价值生态系统中，分解者主要指将中枢企业收集的碎片化、非结构化的海量数据进行存储、整理、分析以供中枢企业利用和参考的大数据、云计算等技术。大数据、云计算等技术是挖掘数据价值、优化顾客体验、促进价值生态系统形成良性循环的关键，若缺乏这些分解者的支持，中枢企业获得的大量游离数据将难以创造价值，价值生态系统也难以实现自我维持。

第二节　价值生态系统的特征

一、生态系统的特征

生态系统是一个相互联系、相互作用的复杂有机整体，具有能量流动、

物质循环和信息传递等功能。自然界生态系统主要具备以下几个方面的特征。

1. 区域性

自然界中存在的森林生态系统、草原生态系统、荒漠生态系统、海洋生态系统等类别反映出生态系统的区域性特征，即通常与特定的空间相联系。不同的区域内存在不同的生态条件并栖息着与之相适应的生物种群，例如，长白山的针阔混交林与热带雨林虽然同是森林生态系统，但是物种构成、物种丰度和功能相差甚远，这种区域差异性是受不同自然环境影响的结果。

2. 动态性

任何一个生态系统都处于不断发展、进化和演变之中，经历着发育、生长、成熟、衰老等阶段，这既是生物适应不断变化的自然环境的结果，也是生态系统自身生命周期不断循环往复的产物。

3. 开放性

完全封闭的生态系统几乎是不存在的。生态系统中的生物持续不断地与外部环境进行着物质交换和能量传递，因而具备开放性特征。能量的输入和输出帮助生态系统实现新陈代谢和自我更新。

4. 多样性

自然界生态系统多种多样，按照生物成分可以划分为植物生态系统、动物生态系统、微生物生态系统等；按照地域划分可以划分为陆地生态系统和水域生态系统，陆地生态系统又可分成荒漠、苔原、高山、草地、针叶林、阔叶林、热带雨林等多种类型，水域生态系统包括湖泊、河流、沼泽、浅海、海岸等类型。

5. 自我调控

当生态系统面临外来的干扰或自身产生波动时，它能够依靠自身的调节机制回归到稳定、协调的状态。这种自我调节机制类似于“弹簧”，在承受一定外部压力之后仍可以恢复到原本的正常状态。但是这种自我调节功能是有一定限度的，这个限度称为“生态阈限”。若超过了生态阈限，那么很可能造成生态失调甚至崩溃。

6. 可持续发展

生态系统通过“生产—消费—分解”这一代谢机制进行着自我维持和发展，生产者将光能巧妙转化供消费者取食，分解者将动植物有机残体分解为简单无机物并归还到环境中，重新被生产者利用，这种持续的循环使生态系统实现自我维持和可持续发展。

二、价值生态系统的生态特征

价值生态系统作为云经济时代具备生态系统特征的新型产业组织，存在着与自然界生态系统类似但又有差别的生态特征。

1. 无地域限制

由于价值生态系统主要存在于信息技术构建的虚拟空间中，所以不像自然界生态系统有一定的地域边界。理论上看，价值生态系统可以容纳任意数量的栖息者，地球上任何一个角落的人都可以通过接入互联网进入价值生态系统构建的虚拟空间中。目前，微信应用程序已经登录了意大利、巴西、新加坡等多个国家的移动应用商店，其海外用户数量持续攀升。价值生态系统突破了地理界限，将世界各个角落的顾客聚集起来，顾客同时栖息于现实世界与价值生态系统构造的虚拟空间中。

2. 动态性

价值生态系统的建立并非一蹴而就，而是一个逐渐孕育、成长、成熟的过程，例如，阿里巴巴以电商起家，目前已经成长为一个涵盖零售、物流、金融、文娱等领域并不断扩张的庞大价值生态系统。而且，价值生态系统也可能由于失去与时俱进的能力而衰老甚至崩溃。此外，价值生态系统内部的价值种群和群落也会随着时代发展而不断演变和进化，呈现出动态特征。动态性是价值生态系统与时俱进、长期发展的基础，爱奇艺视频需要不断更新片源、吸引更多观众才能实现成长；网易云音乐需要实时更新最新的单曲、MV 才能提高顾客忠诚度；美图类软件需要不断添加新的滤镜、贴纸、装饰物才能降低被竞争对手赶超的风险。

3. 开放性

开放性是价值生态系统的基本属性，封闭和孤立的系统是不可能创造价值的。价值生态系统的开放性主要表现在三个方面：①资源开放。大多数价值生态系统提供的资源并非闭门造车、自产自销，而是与其他商家、平台进行合作引进资源提供给消费者。如爱奇艺提供的视频只有一部分是自制，大部分是与其他电视台、制片方合作引进多种多样的视频资源，美团等团购网站自身并不直接提供美食、电影等服务，而是不断吸引商家进驻为顾客提供服务。②互动分享。这一点体现在众多价值生态系统设置的点评和分享机制。点评机制不仅促进了商家与顾客的互动，还加强了顾客与顾客的互动，提升了价值生态系统的活力、公平性和透明性。分享机制鼓励顾客将自己感兴趣的内容或信息一键分享到朋友圈、QQ 空间、微博等平台，既体现了自身的价值主张，也为价值生态系统起到了宣传推广作用。③众包。价值生态系统通过网络与千百万外部大众相互交流，利用大众的智慧帮助自己改进产品、完善服务，小米的“边设计边制造”、乐高与“粉丝”共同设计等案例反映出集体智慧的巨大力量，实现了价值生态系统与顾客的共赢。开放性以源源不断的信息流、能量流、物流、资金流维持着价值生态系统的有序运转与不断成长。

4. 多样性

现行的价值生态系统有多种类型，除了购物、视频、游戏、阅读、旅游类的价值生态系统，新兴的直播、短视频、美图、健身、理财、医疗、教育领域也涌现出大量正在茁壮成长的价值生态系统。实质上每个 APP 都是一个小型价值生态系统，应用商店的火爆侧面反映出价值生态系统的多样性。多样性不仅体现在价值生态系统的多种类别，还表现在系统内部的物种多样性。多样性是人们物质、精神生活不断丰富的产物，也是社会活力和蓬勃生命力的象征。

5. 自我反馈、自我调节

与自然界生态系统类似，价值生态系统具有自我反馈和自我调节的功能，当面对外界变化或系统内波动时，中枢企业可以启动反馈机制进行缓冲，通过自我调节恢复系统稳定性。价值生态系统的自我调节能力包括抵抗力和恢复力，前者指抵抗外界和内部干扰和波动的能力，后者指遭到破坏后恢复和复原的能力。价值生态系统的抵抗力与物种丰富度呈正相关，价值种群多样化程度越高，价值生态系统的抵抗力越强。价值创造主体的主观能动性和快速发展的云技术增强了价值生态系统的恢复力。“双十一”作为网购狂欢节，轰轰烈烈的表象下备货不足、快递爆仓、服务器瘫痪、支付异常、网页停滞等问题深深影响着顾客的消费体验和天猫的形象。针对这些问题，在第二年“双十一”时价值生态系统发挥了自我调节功能：商家开始提前筹划“双十一”优惠活动、提前备货；物流开始提前布局体系，征调额外的飞机；支付系统和服务器系统不断升级、扩容，这些协调和强化机制以及大数据、云计算技术的应用有效解决了以上问题。在充分的前期准备与信息技术的保驾护航下，2016 年天猫“双十一”全球购物狂欢节实现了1207亿元的销售额、17.5万笔/秒的交易峰值、12万笔/秒的支付峰值[①]，创造了网购历史上的新高峰。价值生态系统的自我调节功能提升了系统的柔性与韧性，帮助其不断攻克难关、跨越障碍、实现成长。

6. 追求可持续发展

价值生态系统的终极目标并非单纯追逐利润，而是希望像自然界生态系统一样实现长久发展。这一方面体现在价值生态系统追求的愿景——基业长青，如阿里巴巴的愿景是让顾客相会、工作和生活在阿里巴巴并持续发展102年（至少跨越三个世纪），另一方面体现在价值生态系统关注自身的社会责任，通过自身努力帮助社会和地球实现可持续发展。在支付宝的“蚂蚁森林”中，顾客可以通过行走步数、共享单车、公交车、绿色包裹、电子发票等环保行为获得绿色能量，当获得的绿色能量足够多时可以由公益机构在现实中种下一棵树。截至2017年8月底，蚂蚁森林在内蒙古阿拉善、库布其、甘肃武威等地已经种植了1025万棵树[②]，对阻止沙漠扩张、保护自然环境有重要意义。

价值生态系统相比传统企业拥有更广阔、更宏大的未来观与世界观，这得益于价值生态系统的超大规模、超高包容性与开放性。价值生态系统关注与人类和未来发展密切相关的教育、医疗、能源等问题。苹果希望通过革新教科书为美国教育体系的进步贡献力量，还通过“苹果杰出教育家项目”支持有创造力和开拓精神的教师，促进美国教育的整体进步。谷歌专门成立了“加利福尼亚生命公司”来研究治愈癌症、延缓衰老、延长寿命等健康问题，体现出其在技术和健康交叉领域精耕细作的决心。IBM大力推进智慧城市建设，通过数以亿计的传感器推动能源消耗、供水、公共安全、交通和应急管理的升级和智能化。Facebook着力发展会为教育、医疗等领域的革新带来无限可能的虚拟现实。价值生态系统没有被季报、年报等短期业绩考核所束缚，而在努力为创造人类更美好的未来贡献力量。

三、价值生态系统的组织特征

价值生态系统作为云经济时代的新型产业组织，相比传统的企业、价值链、价值星系、价值网等的产业组织，呈现出了许多鲜明的时代特征。

---

① 数据来源于阿里研究院2017年发布的《数字经济2.0报告》。

② 数据来源于支付宝官方网站。

1. 消解了企业边界

传统价值创造理论着眼于有明确边界的企业的线性或网状组合：波特的价值链理论着眼于单个企业；价值星系理论重点研究恒星企业与星系成员企业的协同合作；价值网以数字化网络提升了领导企业、供应商、合作伙伴之间的协作效率；全球价值链注重链主企业在全球范围内寻找合作伙伴以获取成本和质量优势。对于这些价值链或价值网络而言必不可少的严格的合作协议、特定的角色分工限制了其只能容纳特定的、有限的企业，即使价值网理论对协作网络柔性特征的强调也难以掩盖这一实质。随着云经济的发展，中枢企业、价值种群及群落、中枢企业整合的各类资源及周边环境共同构成的价值生态系统取代了传统形式的企业、价值链、价值网等产业组织。价值生态系统中容纳的顾客和商家等价值个体数量的任意性、价值个体对生态系统依附的松散性、众包模式的去中心化使价值生态系统失去了明确的边界。①价值个体数量的任意性。理论上看价值生态系统可以容纳任意数量的顾客或商家栖息，这使价值生态系统的边界变得难以确定。②价值个体对生态系统依附的松散性。价值个体数量的任意性使得价值生态系统难以通过权威、严格的协议对其加以约束，各方基于共同认可的规则进行松散合作。依附的松散性还体现在顾客和商家的多属行为（Multi－homing），即多地栖息，如一个外卖商家既可以进驻"饿了么"，也可以在美团栖息。顾客和商家可以自由进出价值生态系统，这使价值生态系统边界柔性化、波动化。③众包模式的去中心化。向大众寻求设计、营销等方面创意和灵感的众包模式打破了传统的在册员工边界，越来越多的外部自由职业者可以借助云办公等技术参与到价值生态系统的相关活动中，特定的在册员工转变为不特定的在线员工（李海舰、朱芳芳，2017）。价值生态系统是云经济时代包罗万象的新型产业组织，传统的企业演变为价值生态系统中的中枢企业或价值个体。

2. 模糊了产业边界

传统的价值创造机制研究到全球价值链理论时期基本形成了统一的范式，然而全球价值链理论重点关注的跨国公司，如戴尔、大众、福特、波音等企业[①]，仍拥有较为明晰的产业边界，如电脑、汽车、飞机等行业。传统的横向和纵向一体化战略均在所在产业内进行，尽管多元化战略在美国第三次并购浪潮中频繁发生，但是弊端不断暴露的多元化企业在第四次并购浪潮中纷纷进行业务剥离，专

① 以上跨国公司在云经济时代可能部分转型为了价值生态系统。

注于核心业务的经营，即重新回归到一定产业边界内。从几次并购浪潮来看，21世纪初以前的企业或价值链大多在明确的产业边界内，但是云经济时代谷歌、阿里巴巴、腾讯等价值生态系统实践表明几乎所有产业可以在价值生态系统中有机黏合在一起进行价值创造。正因为如此，我们难以界定这些庞大价值生态系统的产业属性。阿里巴巴主要创始人马云一直以来以生态视角来建设阿里巴巴，希望其生生不息。除了淘宝、天猫等电商子系统，还涉足金融、制造、体育、文学等众多行业并开始布局大健康、大娱乐等与人类未来发展密切相关的领域，多个子系统形成了丰富多样的价值种群和群落（见图4－5）。腾讯创始人马化腾也公开表示要携手合作伙伴一起打造“没有疆界、开放分享的互联网新生态”①。腾讯专注做连接，聚焦社交平台、数字内容及金融等“两个半”业务的同时涉足社交、视频、游戏、音乐、购物、交通、团购、房地产、健康等多元领域，致力于建设共享共赢、没有边界的价值生态系统（见图4－6）。

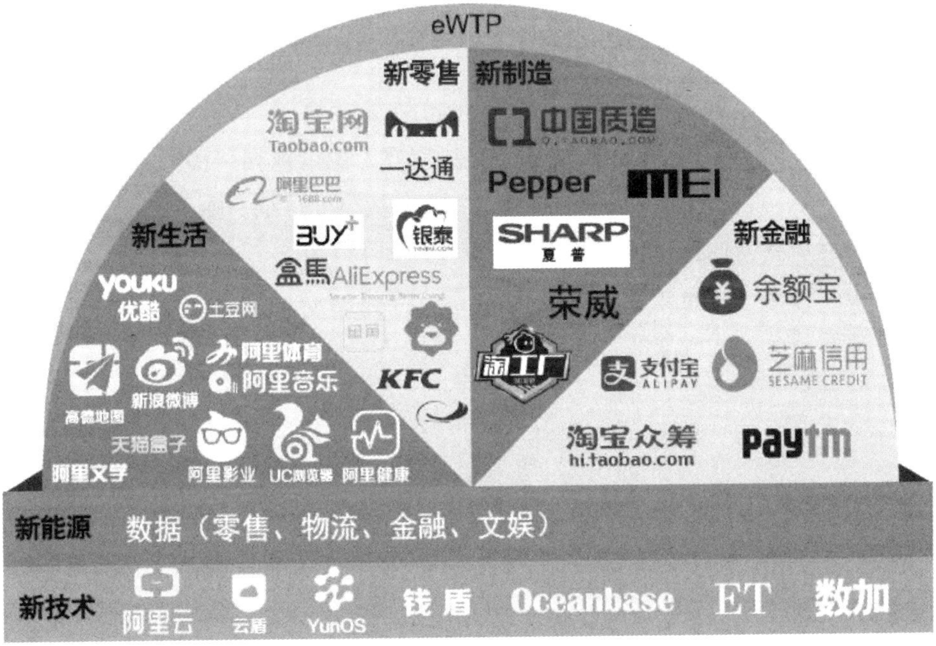

图4－5 阿里巴巴价值生态系统

① 源于马化腾在2015年的《给合作伙伴的一封信》。

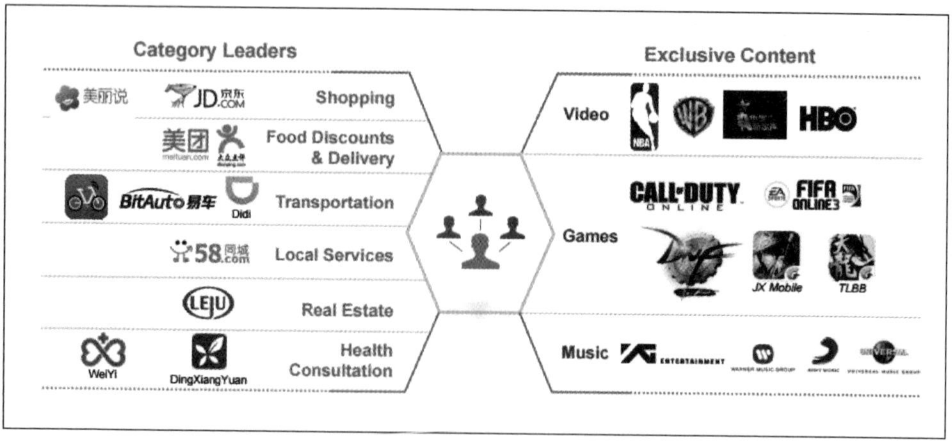

图 4－6　腾讯价值生态系统

价值生态系统下众多子系统涉及各行各业，但是这与多元化战略有所差异。多元化战略最早由安索夫（1957）提出，他从新产品、新市场的角度定义多元化战略，后来这一概念拓展到进入任意一个新的领域，包括相关多元化与非相关多元化。腾讯价值生态系统中子系统大致可以分为“自营”和“连接”两大类。在腾讯从单一的 QQ 产品拓展到微信、腾讯游戏、腾讯视频、腾讯动漫、腾讯新闻、QQ 音乐、微信支付等业务的过程是多元化战略的结果。除了以上自营业务，腾讯逐渐意识到其他行业日益提升的专业性加大了实施多元化战略的风险，所以他们转变了策略，转而做“连接器”。目前，腾讯已经与京东、滴滴、美团、58 同城、携程等公司达成战略合作，共建开放共享的价值生态系统。“连接”不同于多元化战略：①从经营角度看，多元化业务一般属于自营，而“连接”一般不属于自营范围内。②从对企业的影响来看，多元化战略会占用、分散企业自身财务资源、管理资源和人才，而“连接”不会对企业财务资本、管理资源及人才产生影响。③从财务角度看，多元化业务的损益会纳入财务报表中，“连接”仅会把相关的投资损益纳入报表中。

3. 蘖生性

价值生态系统可以持续发展并不断衍生子系统。在中枢企业的引导下，价值生态系统不断扩张，形成类别更加丰富的价值种群和价值群落。价值种群和价值群落内栖息的价值个体数量不断增加，有些价值种群逐渐演变为具有独立生存能力的价值生态子系统，原本的价值生态系统演变为壳系统或母系统。母系统为子系统的成长提供物质和能量支持，子系统的发展壮大进一步夯实母系统发展的根基。商家顾客和消费者顾客在阿里巴巴价值生态系统中沉淀的海量数据为芝麻信用的发展提供了基础，芝麻信用利用顾客多维度信息构建了信用体系。目前，芝麻信用覆盖了越来越多的信用生活场景，如免押金租物、免押金骑行、免押金租车、免押金住宿、信用签证等，在帮助商家提高交易效率和降低风险、优化消费者体验过程中发挥着日益重大的作用。目前，芝麻信用已经成为阿里巴巴价值生态系统发展的重要支柱之一。

4. 顾客翻越柜台，由“外部人”转变为“内部人”

尽管从价值星系理论开始就强调价值创造的核心活动是对顾客需求的捕捉和感知，但是顾客仍然只是作为市场调研的对象，与企业之间横亘着柜台，顾客只是站在企业的边界之外的“外部人”。随着众包这种开放式创新逐渐渗透、蔓延，将顾客实实在在纳入设计、制造等流程中成为越来越司空见惯的事情。创立于2000年，位于美国芝加哥的无线T恤公司将设计工作交给了任意一个想尝试的顾客，不论是设计师、艺术家还是学生，都可以将自己设计的图案上传到公司网站中，然后由顾客进行投票，高票当选的设计会被印制成T恤，这种众包式颠覆创新不仅为T恤设计带来源源不断的创意源头，还获得了比传统服装公司更高的销售量，因为在投票环节已经自动筛选出顾客最喜爱的设计。成立于1856年的标志性英国奢侈品牌博柏利顺应时代潮流走上了数字化的道路，它允许顾客通过自己选择纽扣、针线缝法、内衬厚度、织物来设计专属于自己的衣物，实体旗舰店的设计使顾客感觉如同进入网站，在店里穿行仿佛用鼠标点击现实世界。博柏利的这种创新不仅大幅提高了销售额，还令沉寂已久的伦敦重回世界时尚之都的行列。价值生态系统中，顾客直接参与和主导设计、生产等流程进而成为“内部人”，而这也是捕捉并满足顾客需求最直接、最清晰的方式。

5. 组织结构由金字塔转变为“前端+平台”

传统自上而下、等级森严的金字塔形组织结构在价值生态系统中不复存在，以“自主小前端+大支撑平台”为特点的结构成为有效激活潜能、适应云经济时代需求的新型组织结构。以马克斯·韦伯构建的行政组织体系在工业经济时期的公司制企业中发挥了重大作用，然而随着“经济人”向“自我实现人”的员工属性的转变，组织本位的信息优势被Web 2.0的信息传播碎片化潮流瓦解，组织的功能结构由“信息优势+行政组织”逐渐转变为“资源平台+自主小组”，思科的网络小组制中思科总部只为小组配置资源而不干预其自主决策、自主创造，海尔的自主经营体秉承“自驱动、自创新、自运营”的理念与员工形成共创价值、共享收益、共担风险的创客制。随着物联网和人工智能的发展，这种“自主小前端+大支撑平台”的组织结构将会成为日益普遍的现象且对价值生态系统提出更高的要求，华为利用5G和人工智能技术研发的无人驾驶技术呼之欲出，5G的超低时延特征允许远程驾驶台实时监控、调整驾驶情况，以万物互联为特征的“智能终端[①]+数据平台”将会逐渐风靡世界，为人们的生活带来革命式颠覆。具备自主性、智能性、创造性的前端或小组的蓬勃发展使价值生态系统呈现出“去中心化”的特征，自下而上、多点发展、开放共享的价值生态系统像自然生态系统一样呈现出生机勃勃、生生不息的朝气与活力。

6. 治理方式数据化、协同化、柔性化

云经济时代价值生态系统的治理随着技术的发展、产业组织不断提升的复杂性而展现出了新的特征。①治理手段数据化，大数据和云计算技术的发展帮助价值生态系统对顾客和商家的交易、信用等数据进行精准管理，淘宝、京东等生态系统构建的芝麻信用、小白信用体系在打假、纠纷等问题的解决中发挥重要作用。②治理方式协同化，传统单向、以控制为主的治理逐渐演变为双向互动、以协调为主的治理。微信价值生态系统中嵌入的“举报中心”模块包括旅游投诉、环保举报、诈骗信息举报等功能，这种自下而上、多元参与的治理方式推动着社会的良性发展。③治理原则柔性化，价值生态系统以中枢企业为核心栖息着不计其数的价值个体，如顾客个体、商家个体等，因而中枢企业难以通过与每个或几个较为重要的价值个体签订契约来协调各方利益，所以基于共同认可的规则、可接受的价值分配方式的松散治理是治理的主要特征。

第三节　价值生态系统与平台的关系

价值生态系统最初起源于为顾客设计的交易平台。交易平台由来已久，随着市场经济的发展，部分交易平台呈现出生态系统的特征。平台是价值生态系统的

① 智能终端不仅包括智能手机，还包括智能汽车、机器人、智能摄像头等终端。

锥形，价值生态系统是平台更高层次的进化。

一、平台经济

1. 传统平台

平台经济已诞生一千多年，典型的例子就是古代欧洲和中国的“集市”：在大城市里的街道连接处，商家可以摆设摊位出售商品，但必须支付摊位费给城市主管单位。“集市”规模越大，就会吸引越多的顾客和商家入驻到“集市”中去，商品质量也会因为竞争而有所提高，因而“赶集”一直存续下来。集市平台的建立者即城市主管单位从商家们身上抽取“收入”，从而获得更多资金建设城市。在古代市场存在大量交易费用和信息不对称的背景下，“集市”这一平台有效连接了商家的供给和顾客的需求，约定俗成的交易时间、交易场所以及特定的互动环境为交易的达成带来了便利。随着时代的发展，各式各样的购物商城代替了集市，摆列整齐的物品、干净怡人的环境、明码标出的价格吸引了顾客的到来，反过来又吸引各类品牌商的入驻，购物商城通过连接顾客和各类品牌商促进了交易的繁荣。集市、购物商城在电子商务出现之后退化为“传统平台”，尽管被固定的营业时间、有限的地理辐射范围所限制，但是在新兴平台出现之前，传统平台在社会生活中扮演着重要角色。

2. 新兴平台

随着互联网的发展，线下交易平台逐渐转移到线上，突破了时间和地域的限制而极大拓展了交易范围和交易规模。连接了买方和卖方的淘宝、连接了招聘者与求职者的前程无忧、连接了作家和读者的起点中文网等新兴平台使得多样化供给与多样化需求相匹配，更加显著的网络效应使得平台容纳的顾客数量大大增加。新兴平台对传统平台产生一定冲击和替代作用。最典型的例子是起点中文网、盛大文学网等新兴平台对传统出版业业态的颠覆。传统出版业往往遵循“作者创作—出版社评审—印刷厂印制—中间商—读者”这样的线性流程，但是新兴出版平台省略掉了出版社评审、印刷、中间商等中间环节，为作者和读者提供了一个直接交流互动的平台。对于读者而言，不仅可以以更低的价格、更快的速度阅读到风格多样、题材丰富的文章，甚至可以直接与作者互动，影响其创作思路和走向。对于作者来说，由广泛的读者而非出版社对作品进行评审和裁决更加公平，传统模式下可能被埋没的大量新奇作者的才能得以挖掘，真正实现“百花齐放”的文艺格局。云经济背景下，不仅传统服务业受到新兴平台的冲击，制造业也因为云制造的诞生正经历着革命性颠覆。云制造平台按照一定规则，将软硬件、人、知识等各类资源予以描述、封装成制造云，通过云制造平台满足各种需求（李伯虎等，2010）。云制造过程一改传统价值创造面向设备、面向资源、以订单为驱动的局面，真正实现了面向顾客、由顾客主导的制造过程。

学术界对平台的研究始于法国经济学家 Rochet 和 Tirole（2002，2003），他们开创了模型化方法研究“双边市场”理论的先河。随后平台及双边市场的理论研究引起了极大兴趣，Armstrong（2006）、Rochet 和 Tirole（2006）、Weyl（2010）等进一步研究了垄断平台定价的相关理论，White 和 Weyl（2010）把之前提出的以两边参与数量为变量和隔离定价的方法扩展到平台竞争中，提出了隔离均衡的解概念，建立了平台竞争的一般分析框架。随着 Web 1.0 向 Web 2.0 的演进，新兴平台上的交流、互动、分享日益繁盛，微博、微信公众号、直播等内容平台促进了“自媒体”时代的到来，信息传播碎片化特征日益显著。大数据、云计算、物联网、人工智能等前沿技术的发展为平台的升级革新提供了技术基础。

二、从平台到价值生态系统的演化

不论是传统平台，还是新兴平台，都通过有效连接双方或多方的需求和供给实现了发展。平台借助单边网络效应和跨边网络效应实现了规模的快速增长。如 2008 年 11 月创办的 Groupon，短短一年半时间内市场估值达到 13.5 亿美元，被称为最疯狂的互联网公司。

移动互联网、大数据、云计算等前沿技术的发展使平台逐渐呈现出生态系统的特征，价值生态系统从平台中演化而出。①移动互联网的发展使顾客栖息特征进一步凸显。移动互联网和智能终端的普及提升了人们使用各类平台的便利性和频率，社交虚拟空间的代表——微信朋友圈和 QQ 空间的使用率分别高达 84.3% 和 65.8%[①]。根据贵士移动公司（QuestMobile）发布的《2018 中国移动互联网春季报告》，我国移动互联网用户人均单日使用时长接近 4.5 个小时，人们俨然已经“生活”和“栖息”于移动互联网支撑的虚拟空间中。②种群分化和精益管理。自媒体时代碎片化传播的信息在大数据和云计算等技术的支撑下可以实现对顾客分门别类地管理，地理位置、性别、年龄、职业、偏好、交易记录等蕴含

① 数据来源于中国互联网络信息中心《第 40 次中国互联网络发展状况统计报告》。

巨大价值的信息得以有效整合和精准计量。唯品会设立的六级会员成长体系——铁牌、铜牌、银牌、金牌、钻石、皇冠不仅明确标识出顾客对价值生态系统的贡献程度，也通过赋予不同会员不同的特权和不同的荣耀感吸引顾客向高等级转化。③物种多样性。价值生态系统不像平台那样满足于连接双方或多方群体，而是积极培育物种多样性以实现可持续发展。跨界和多元化在谷歌、阿里巴巴、腾讯等价值生态系统实践随处可见，几乎所有产业都可以在价值生态系统中有机黏合在一起进行价值创造。价值生态系统起源于平台，具备顾客栖息、种群分化、物种多样性等特征的平台逐渐演化为价值生态系统，这是云经济时代研究价值创造机制的重要载体。

三、平台与价值生态系统的区别

需要注意的是，并非所有的平台或者所有的新兴平台都是价值生态系统，除了以上强调的顾客栖息、种群分化、物种多样性三个重要特征之外，平台和价值生态系统还存在以下几个方面的差异。

1. 平台注重供给和需求的连接，价值生态系统注重互利共生

平台打破层层中间商实现了供给方和需求方的直接交流与交易，其实质是市场的具化（徐晋，2013）。平台通过降低供给方和需求方双方的搜寻成本实现了交易成本的节约，提升了交易的便捷性与灵活性。价值生态系统为顾客种群提供了一个可以满足物质、精神文化需要的栖息地，顾客和价值生态系统共同创造价值以支撑系统的功能创新，反过来顾客又可以获得更佳的体验。功能日益强大的价值生态系统与满足感更高的顾客互惠共生，形成一个积极的良性循环。如果说平台致力于达成交易，那么价值生态系统致力于构建系统内良性循环从而实现生生不息的可持续发展。

2. 平台注重撮合交易，价值生态系统擅长沉淀和利用数据

平台最重要的功能在于为多方群体提供了互动和交易的基本框架，利用互联网的优势提高交易效率，降低交易成本。云经济时代，数据逐渐成为竞争优势的主要来源。价值生态系统不仅致力于促进交易，还积极利用大数据、云计算等技术挖掘顾客沉淀的数据中蕴含的巨大价值。中枢企业作为二级消费者，从一级消费者——顾客的消费过程中收集数据，积极利用数据提升价值创造效率，拓展价值空间，促进价值生态系统实现良性循环。

3. 平台以收取服务费和中介费盈利，价值生态系统的盈利方式更加多元

与平台注重撮合交易的功能相对应，平台的主要收入来自中介费、佣金、服务费等。然而这些中介收入在价值生态系统中只占据一小部分，中枢企业利用顾客数据开发多元化盈利模式如开展精准营销、开发增值服务等获取收入。作为云经济时代的“新能源”，数据借助云计算、大数据技术在管理决策、信用体系、社会治理等方面发挥着日益关键的作用，成为推动社会高效化、普惠化、智能化的主要驱动力。

4. 平台的中心化特征显著，而价值生态系统通过“去中心化”挖掘集体智慧

平台往往通过强化总部功能实现服务的改善，如强大的研发团队、不断升级的服务器等。相比平台，价值生态系统更善于利用“众包”（Crowdsourcing）挖掘外部智慧并将其转化为内部创造力。众包的概念最早由 Jeff Howe（2009）提出：一个公司或机构把过去由员工执行的工作任务以自由自愿的形式外包给非特定的大众网络的做法，通过互联网公开发布，依靠开源的生产形式出现。通过众包，价值生态系统呈现出去中心化、多元参与的特征。Bit Torrent 不同于 Akamai 通过增加总部服务器来适应用户规模的增长，而是将每个客户终端变成服务器。Bit Torrent 将电影、音乐等文件被分割为片段，每个下载者均从其他下载完成者的电脑中直接获取带宽和数据，上传下载可以在个人与个人之间完成而不会占用太多总部服务器的资源。在产品研发上，小米价值生态系统没有像其他公司一样由总部精心钻研、设计出一款百分百完美的手机，而是将“半成品”式手机投放市场，通过接收到的顾客反馈来实现手机的改进和迭代，这种“边设计边制造”的模式巧妙利用了外部智慧，提升顾客参与感的同时有助于小米推出顾客真正喜欢的产品。价值生态系统通过关注尾部、连接边缘将外部智慧转变为自身的创意源泉，实现了与顾客共创共享的精诚合作。

5. 平台注重聚集资源，价值生态系统还可以自我孵化优质资源

爱奇艺、腾讯、优酷等视频网站不仅通过购买优质版权资源吸引顾客，还纷纷发力自制网剧、自制综艺。网易云音乐、QQ 音乐不只购买优秀音乐版权，还注重对音乐人的挖掘和培养。这表明价值生态系统不同于传统专注连接供需双方的网络平台，而努力成为支持新生事物成长的孵化者。以网络视频类价值生态系统为例，自我孵化优质资源的积极意义在于：①孵化可以延长文学作品—影视—游戏—周边的产业链，实现价值最大化；②孵化可以创造“独享”的差异化资源，为付费模式的探索打下基础；③孵化可以降低对外部版权的依赖，实现自我

孕育、自我维持，形成欣欣向荣的良性生态。

6. 相比平台，价值生态系统具备更大的规模弹性和自我调控能力

珍爱网、百合网和世纪佳缘网是具有同质性和竞争性的婚恋交友平台，2010年世纪佳缘网在白热化竞争中脱颖而出。究其原因，在2010年这个“80后”步入30岁的关键节点上，用户规模出现猛烈增长，唯有世纪佳缘网凭借良好的规模弹性适应了这一潮流。珍爱网依托的“红娘”以及百合网主打的“专家咨询”由于红娘和专家数量难以随着用户数量实现同步增长而不温不火，唯有世纪佳缘网通过中立机制的设立、较少的人工介入获得了规模弹性和延展性。价值生态系统的蘖生性特征也赋予了其更牢固的发展根基和更广阔的发展前景。

总而言之，相比平台，价值生态系统更加具备动态、包容、开放、共享的概念，也更加贴近中枢企业价值创造的实践。平台是价值生态系统最初的雏形，价值生态系统是平台更高层次的发展和进化。

第五章　价值生态系统的运行机制

价值生态系统的运行目标是维护系统良好运转的同时促进价值生态系统不断成长壮大，并通过盈利模式的探索实现自我维持并获得收益。为了实现以上目标，中枢企业需要通过运营模式不断提升活跃顾客规模和忠诚度，在此基础上探索和开发盈利模式以获取收益。

第一节　理论分析

Slywotzky 等（1998）最早对运营模式进行了研究，指出构成运营模式的四个战略要素是顾客选择、价值获取、战略控制和业务范围，具体含义如表 5 - 1 所示。

表 5 - 1　运营模式的四个组成要素

要素	要解决的问题	具体内容
客户选择	我希望对哪些客户提供服务?	我能够为哪些客户提供价值? 哪些客户可以让我赚钱? 我希望放弃哪些客户?
价值获取	我将如何获得盈利?	如何为客户创造价值从而获取利润? 我采取什么盈利方式?
战略控制	我将如何保护利润流?	为什么我选择的客户要向我购买? 我的价值判断与竞争对手有何不同? 哪些战略控制方式可以抵消顾客或竞争对手的力量?

续表

要素	要解决的问题	具体内容
业务范围	我将从事何种经营活动?	我希望向客户提供何种产品、服务和解决方案?我希望从事何种经营?我打算将哪些业务进行外包或协同生产?

之后很多学者从不同角度对运营模式及其主要构成要素进行了探索性研究，如表 5 – 2 所示。运营模式本身太过笼统和抽象的特点使其很难形成一个权威、一致认可的结论及通用模型。不过综合以往研究成果，顾客选择、收益模式、战略控制及业务范围是四个具有共性和基础性的构成要素。

表 5 – 2 运营模式相关研究总结

时间	学者	运营模式构成要素
1998	Slywotzky 等	顾客选择、价值获取、战略控制、业务范围
2002	Hamel	核心战略、战略资源、客户界面和价值网络
2010	Johnson 等	顾客价值主张、关键过程、关键资源、盈利程式
2011	Osterwalder 等	客户细分、价值主张、客户关系、核心资源、关键业务、重要合作、渠道通路、收入来源和成本结构
2013	李文莲、夏健明	顾客价值主张、价值创造模式、价值传递模式、收益模式
2016	冯华、陈亚琦	收入模式、价值创造模式和要素支撑体系

一、价值链视角下传统企业运营模式特征

工业经济时代，价值创造活动以企业为主体展开，其运营模式的设计牢牢围绕盈利活动，主要具备以下特征。

1. 运营模式的目的是盈利，运营模式即盈利模式

一般而言，了解顾客价值主张是运营模式设计的起点，而传统运营模式在选择顾客时自动排除了不会为企业带来收益的顾客（Slywotzky et al.，1998）。顺着“收入—成本”这一利润创造逻辑，运营模式一方面通过扩大渠道、打造品牌、提升质量、占据高附加值环节等活动尽可能提升收入（Osterwalder et al.，2011），另一方面通过降低库存、减少中间环节、压缩运输成本等手段降低成本。可以说，运营模式是企业为实现盈利目标而采取的方式方法（汪涛、李威，

2003）。罗珉和李亮宇（2015）也认为运营模式是企业通过整合各类资源和能力获取超额利润的一种战略创新意图和制度安排集合。以盈利为指导思想和最终目标的运营模式在工业经济时代天经地义，然而云经济时代免费服务的出现使得运营模式与盈利模式呈现出可分离特征。

2. 运营模式的顾客选择着眼于消费型顾客

消费型顾客即有偿购买产品或服务进而对企业现金流带来直接影响的顾客。这一特征源于传统价值创造机制以产品为价值载体，企业通过为顾客提供产品传递效用从而获得收益，这是强生、宝洁、雀巢、可口可乐等老牌工业企业①的通用做法，即通过顾客消费行为传递效用并获取价值。有形产品“固定成本 + 变动成本”的成本结构将传统企业的顾客选择视野牢牢限制在消费型顾客区域中。随着互联网经济的发展，网络产品“固定成本 + 无限趋近于零的变动成本”的成本结构孕育了“百分之五定律”，揭示了5%的付费用户承载企业所有收入来源，而剩余95%的免费用户承载5%付费用户的现象。互联网时代顾客选择的视野逐渐由消费型顾客拓宽到非消费型顾客，即长尾理论的“尾部”。

3. 运营模式的战略控制

价值链视角下，运营模式的战略控制即保护利润流，维持盈利方式的可持续性。企业的战略控制重在保持对所处高附加值环节的控制，通过构建进入壁垒保持竞争优势和盈利方式的可持续性。Slywotzky 等（1998）认为缺乏战略控制的公司仿佛船底有漏洞的航船。保护利润流不被竞争者侵占、不因顾客流失而降低，是企业可持续经营的前提。

4. 运营模式的设计基于价值链或价值网框架

传统运营模式中，企业确定业务范围的过程即明确自己在价值链或价值网中扮演的角色，需要弄清楚的问题包括（Slywotzky et al.，1998）：与哪些合作伙伴构建价值网络？哪些业务自己承担？哪些业务外包？Hamel（2001）将价值网络视作运营模式的一个要素，Osterwalder 等（2011）将重要合作纳入运营模式均体现出传统价值创造理论对运营模式理论研究的深远影响。

二、价值生态系统的运营模式特征

传统的运营模式随着互联网经济的发展、免费模式的盛行而受到挑战。在云

① 部分传统工业企业在云经济时代已转变为价值生态系统。

经济时代，运营模式的设计必须从传统的价值链思维转变为价值生态系统思维，即传统企业应该转型为中枢企业，构建价值生态系统，培育价值种群和群落，促进价值生态系统的成长。价值生态系统的运营模式相比于传统运营模式，呈现出了全新的特征。

1. 盈利后置性

运营模式的目的在于聚集顾客资源以构建价值生态系统，而盈利是后置的。顾客是价值生态系统运行的基础和前提，唯有聚集更多的顾客作为生产者和消费者，价值生态系统才能建立、成长和运转。谷歌、亚马逊、Facebook、阿里巴巴、腾讯的飞速崛起表明价值生态系统物种爆发效应所创造的价值是传统供应链优化活动难以比拟的，通过运营模式聚集尽可能多的顾客资源是创造价值的首要步骤，也是开发盈利模式的前提。对价值生态系统而言，运营模式重在以“烧钱”的方式聚集顾客资源，以免费甚至补贴等方式吸引顾客，短期内难以实现盈利。京东在 2004 年踏入电商领域，惨淡经营 12 年后，2016 年底活跃用户数达 2.266 亿人并首次扭亏为盈。共享单车的硝烟还在持续，各大公司仍然在以“红包车”“周末免费”等方式吸引顾客进驻自己的价值生态系统中而尚未实现盈利。运营模式和盈利模式的分离反映出价值生态系统对顾客资源的重视和争夺成为构建竞争优势的第一步，而盈利具有后置性。

2. 资源型顾客

运营模式的顾客选择从着眼于消费型顾客转变为资源型顾客。与消费型顾客可直接带来现金流不同，资源型顾客指顾客超越单纯交易关系及购买者角色而成为蕴含更大价值的资源，这种资源具备吸引广告商、招徕付费用户、改进增值服务、沉淀数据等作用从而为企业带来间接收益。数字化产品“固定成本 + 无限趋近于 0 的变动成本”的成本结构允许价值生态系统通过免费服务实现资源型顾客的聚集，而顾客资源化是免费服务大行其道却依然能带来超额利润的内在原因。①大量的顾客资源可以吸引广告商，广告收入一度成为新浪、搜狐、网易等门户网站的主要收入来源，也是视频、音乐类网站利润的重要支柱。②资源型顾客发挥无形的宣传推广作用，众多免费顾客聚集的口碑效应增加了部分顾客尝试付费服务和增值服务的意愿，即支撑起 5% 付费用户的行为。③顾客的个人信息、偏好、历史记录等数据可以为价值生态系统本身或其他组织新产品开发、战略决策提供支撑和参考。

3. 顾客栖息化

对价值生态系统而言，主要的战略控制目标是维持顾客资源，促进顾客“栖息化”。庞大、高黏性的顾客资源是价值生态系统竞争力的主要来源，也是盈利潜力的重要象征。当价值生态系统通过持续的拉新活动实现顾客数量的增长后，还需要通过顾客留存机制、顾客活跃度提升机制等战略控制手段提升顾客的“质量”，减少顾客资源的流失，不断增强顾客的活跃度，延长顾客在价值生态系统的栖息时长。

4. 运营模式与盈利模式分离

顾客是构成价值生态系统的基础，通过运营模式聚集尽可能多的顾客资源是价值生态系统运行的前提。传统运营模式与盈利模式密不可分的关系被各司其职、逐渐分离的关系所取代。价值生态系统的运营模式重在聚集和维持顾客资源，这不仅可能不会带来盈利，反而会耗费大量财力、物力、人力，即以“烧钱”的方式逐渐获得顾客忠诚度。盈利模式指以顾客为基础开发多样化的收益来源，通过吸引广告商、开发增值服务、挖掘大数据价值获取收益。大数据、云计算等技术的发展为盈利模式探索带来了新的视角和机遇。价值生态系统的运营是其开发盈利模式的前提，通过运营聚集的顾客资源越多，盈利潜力越大。腾讯 QQ 自 1999 年推出之后重在扩充用户数量，随着用户数量的增多，人们对于形象的差异化需求逐渐浮现，腾讯顺势推出 QQ 秀这一增值服务并获得了一定的收入。对于大多数价值生态系统而言，实现盈利之前需要长期的苦心经营，正如阿里巴巴、京东、亚马逊等自成立以来，连续亏损多年后才逐渐实现盈利。相比传统企业，价值生态系统的运营和维护需要着眼大局的战略思维和放眼未来的战略眼光。运营模式和盈利模式的分离反映出业界对顾客资源的重视和争夺成为构建竞争优势的第一步，运营模式的战略性投资作用日益突出。

从工业经济时代到云经济时代，价值创造主体由企业逐渐转变为价值生态系统，引发运营模式的演变。关于顾客选择，传统企业着眼于购买产品并带来直接现金流的消费型顾客，价值生态系统不再仅着眼于消费型顾客，还通过免费服务聚集可以吸引广告商、沉淀数据从而带来间接收益的资源型顾客。关于获取收益，传统企业一方面通过提升品牌、扩大渠道获取收益，另一方面通过供应链和资产管理压缩成本，而对价值生态系统而言，收益具有后置性，运营模式重在以免费甚至补贴活动聚集尽可能多的顾客。关于战略控制，传统企业主要通过维持品牌、构建进入壁垒等手段保护利润流，价值生态系统则主要通过顾客留存机制和活跃度提升机制来维持顾客规模和活跃度。就业务范围设计而言，传统企业深受价值链和价值网思维的影响，业务范围局限于行业内，而价值生态系统则在生态思维的指导下，广泛跨界和连接，突破了行业界限。对传统企业而言，运营模式即盈利模式，而价值生态系统的运营模式和盈利模式呈现出分离特征，主要原因在于顾客规模和活跃度成为价值生态系统竞争优势的主要来源和盈利模式开发的前提。表 5 - 3 总结了传统企业与价值生态系统运营模式的主要差异。

表 5 - 3 传统企业与价值生态系统运营模式对比

	传统企业运营模式	价值生态系统运营模式
顾客选择	购买产品、为企业带来直接现金流的消费型顾客	消费型顾客和吸引广告商、沉淀数据的资源型顾客
收益模式	提升收入、控制成本	收益后置，以“烧钱”的方式吸引顾客
战略控制	保护利润流	维持顾客规模和活跃度
业务范围设计	在价值链、价值网框架下进行	全新的生态系统思维
运营模式与盈利模式的关系	运营模式与盈利模式密不可分	运营模式与盈利模式可分离

第二节 价值生态系统的运营模式

顾客资源是价值生态系统的基础和核心，是开发盈利模式的前提。价值生态系统的运营模式注重顾客资源的获取与维持，通过持续的拉新活动、顾客留存机制、顾客活跃度提升机制来提升顾客规模和忠诚度。

一、持续的拉新活动

拉新（“拉动新顾客”）活动是顾客规模增长的源泉，唯有源源不断的新顾客进驻价值生态系统，系统内的顾客规模才得以提升。由于价值生态系统从理论上来看可以容纳任意数量的顾客，所以拉新活动并不是一蹴而就的过程，而需要持续进行。即使淘宝的注册用户已接近五亿人，但 2018 年春节期间仍在通过“帮父母开通亲情账号”的活动吸引“60 后”“70 后”新用户。根据对已有价值生态系统的分析总结，常见的拉新方式主要包括以下几种。

1. 广告宣传

广告宣传方式多种多样，如电视广告、网络广告、广告牌等。通过广告宣传的方式提升品牌的知名度和曝光度有助于更多的人了解相应的产品或服务。开心消消乐、淘宝、聚美优品、58 同城、途牛、唯品会等纷纷在电视上做广告以吸引新顾客。虽然广告宣传这一方式较为传统，但是仍然获得了大多数价值生态系统的青睐。春晚广告作为受众最多、普及最广的宣传方式，成为 BAT 等庞大价值生态系统的必争之地。2018 年春节淘宝斥 3 亿元巨资与央视达成独家互动合作，在春晚直播期间发放了大量的红包福袋和数量众多的高价值特权商品，多位明星参与的“春晚来电”视频互动、“淘宝亲情号”“双屏互动”等活动促使淘宝日活跃用户规模迎来 2 亿人峰值（见图 5－1），淘宝与春晚的此次合作效果显著。

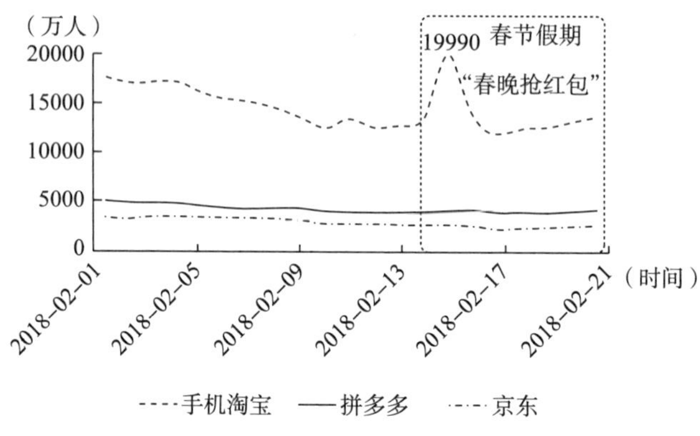

图 5－1　淘宝日活跃用户规模变化

资料来源：QuestMobile 官网。

2. 新媒体运营

新媒体运营即在微信、微博等新媒体中培育“粉丝”，并将“粉丝”逐渐导流到自身所建的价值生态系统中。最典型的是《罗辑思维》创始人罗振宇，他最先在微信中开设“罗辑思维”公众号，以独特的语言风格、丰满的知识品质、引人入胜的讲述方式获得了超过1200万的“粉丝”。在2013年8月，该微信公众号推出了微信会员收费制度，短短6个小时的时间内，5500个会员名额被抢光，创收160万元。2015年《罗辑思维》团队推出的主打知识服务APP一得到上线，注册用户快速上升，其得益于“罗辑思维”公众号“粉丝”的导入。小红书、抖音、西瓜视频等价值生态系统在新浪微博中发起热门话题以吸引公众关注的方式也属于新媒体运营。

3. 线下地推

线下地推是指在人群密集的地方以发传单、扫码赠送礼品、校园大使等线下地面推广活动吸引新顾客的方式。“饿了么”、百度外卖、美团外卖等经常通过分发印制好“满20减15”等字眼、各类外卖美食照片和下载二维码的宣传单来吸引新顾客注册；京东通过赠送CUBA比赛门票的方式吸引人们注册为京东白条的新用户；京东校园大使通过在校园举办赠送活动提高知名度。

4. 以老拉新

以老拉新借助现有顾客的人际网络圈拉动新顾客。常见的有通过物质激励的方式鼓励老顾客主动拉动新顾客。如喜马拉雅FM设置“分享赚钱”的功能鼓励顾客向其他人分享内容链接，在他人购买相关产品或服务时，自己可以获得一定佣金。网易考拉海购的“邀请好友，立刻赚钱”活动规定：首次分享成功之后，最多可以获得10元的现金券；每成功邀请1个新用户领取新人礼包，再获得20元优惠券；被邀请好友完成第一次订单之后，还能获得15元现金券。这种物质激励为顾客提供了自传播的动力，使顾客成为价值生态系统的主动宣传者和推广者。

二、顾客留存机制

拉新活动可以促进价值生态系统内注册顾客数量的增长，但不一定会带来活跃顾客规模的实质性提升。价值生态系统还需要关注和提升顾客留存率以减少顾客流失。如果说拉新活动是开源，那么顾客留存机制就是节流，唯有开源和节流双管齐下，才可以促进活跃顾客规模的不断提升。价值生态系统常用的顾客留存机制主要包括以下几种。

1. 认真聆听顾客反馈并通过微创新提升顾客体验

顾客反馈是改进和完善价值生态系统功能设计的源泉。根据顾客反馈意见，不断进行“微创新”以提升顾客体验是重要的顾客留存机制之一。“微创新”是指从提升信息消费体验角度出发，根据非常微小的顾客需求及顾客需求的微小变化进行的创新（罗仲伟等，2014），如 APP 根据用户需求变化不断进行的版本更新。据统计，微信自 2011 年推出到 2018 年 3 月总共大约有 90 多个版本[①]，版本迭代背后是微信为提升用户体验而持续进行“微创新”活动的努力。微信基于用户需求变化进行的持续创新活动（见表 5 – 4）使其从米聊、易信、陌陌等移动通信社交应用中脱颖而出，吸附了大量拥有高忠诚度的顾客。

表 5 – 4　微信“微创新”历程

时间	版本	主要功能更新	效果
2011 年 1 月	1.0	启动最初始的产品诉求	
2011 年 5 月	2.0	提升载入速度、流量节省、更贴心的语音对讲功能设置	满足顾客对于流畅度、流量节省的需求，语音对讲更加符合用户习惯
2011 年 8 月	2.5	基于 LBS 查看附近的人、漂流瓶功能构建弱关系链	满足拼车等距离社交的需求
2011 年底	3.0、3.5	摇一摇、二维码、微信国际版	增加使用乐趣，方便添加好友、拓展海外市场
2012 年 4 月	4.0	朋友圈	增加使用乐趣和互动分享，对用户关系进行精密的隔离和控制
2013 年 2 月	4.0 ~ 4.5	语音/视频通话、微信网页版、公众账户关注	
2013 年 8 月	5.0	微信支付、微信游戏、京东进驻、滴滴进驻	商业化尝试
2014 年 9 月	6.0	小视频、微信卡包、微信红包、城市服务	丰富微信使用场景、为生活带来更多便利
2015 年 1 月	6.1	新增“更换手机时，自定义表情不会丢失”“搜索”功能	

① 数据来源于安智官网。

续表

时间	版本	主要功能更新	效果
2015 年 9 月	6.2	微信运动、二维码收钱、调整字体	拓展使用场景
2016 年 10 月	6.3	群视频聊天、群主转让	增加用户使用灵活性
2017 年 1 月	6.5	微信小程序	更轻量的 APP，使用方便，用完即走

网易云音乐是网易旗下一款专注于发现与分享的音乐产品，其简约的 UI 设计及体现复古情怀的黑胶唱片可旋转播放器备受好评。网易云音乐主打的“音乐社交”功能更容易引发音乐爱好者的共鸣，个性化推荐功能顺应“打造最懂听众的 APP”理念使音乐爱好者如遇知己，2016 年底推出的“2016 网易云音乐最懂我之用户听歌报告”火爆一时。自 2013 年推出以来，网易云音乐发展迅速，2017 年 11 月 16 日用户规模突破 4 亿人，其月活跃用户规模仅次于酷狗音乐、QQ 音乐、酷我音乐三款腾讯系产品①。网易云音乐的快速发展与其持续的“微创新”活动密切相关（见表 5－5）。

表 5－5 网易云音乐“微创新”活动

时间	版本	主要功能更新	效果
2013 年 9 月	1.0.0	公测版正式上线	
2013 年 11 月	1.1.0	换肤功能、可转动 CD 胶片延续复古风范、提升载入速度	提升流畅度与界面美观度
2014 年 3 月	1.3.0	新增最新音乐、音乐排行榜、全新个性化推荐模块	满足使用者更广泛的需求
2014 年 12 月	1.6.0	新增“音乐云盘”功能，支持本地音乐永久保存	避免使用者本地音乐丢失
2015 年 4 月	1.7.0	新增积分商城、用户等级划分	商业化初步尝试
2015 年 7 月	1.9.0	订购付费音乐包，即可自由畅享 SQ 音质	商业化进一步尝试
2016 年 1 月	2.0.0	全新视觉设计、新增红白官方皮肤、个性推荐	做最懂使用者的音乐 APP
2017 年 5 月	2.2.0	新增专辑和专栏收藏功能、隐私歌单功能，朋友动态支持短视频	满足使用者更加细腻的需求

① 数据来源于 QuestMobile 官网。

2. 精细化运营

价值生态系统内顾客的偏好、兴趣、品位各不相同，因而千篇一律的内容难以对顾客产生持久的吸引力。若可以根据每位顾客自身呈现出的特征，对其进行“一对一”的个性化服务和精细化运营，那么不仅可以提升顾客的使用体验，还可以增强顾客与系统的关系，提升顾客对价值生态系统的依赖。淘宝的“千人千面”计划下，每位顾客看到的淘宝首页都是依据他们的浏览历史、个人喜好独家定制的，这不仅可以缩短顾客的购物路径，提升购物决策的质量，还可以帮助卖家实现精准营销，提升营销的效率。今日头条是智能推荐较早的探索者之一，根据用户特征、用户历史记录、环境特征和内容自身的特征，利用强大算法为用户提供其感兴趣的内容。今日头条日益精准的信息匹配和个性推荐提升了顾客黏性，Trustdata 数据显示，其月人均使用时长居于资讯领域前列，如图 5－2 所示。

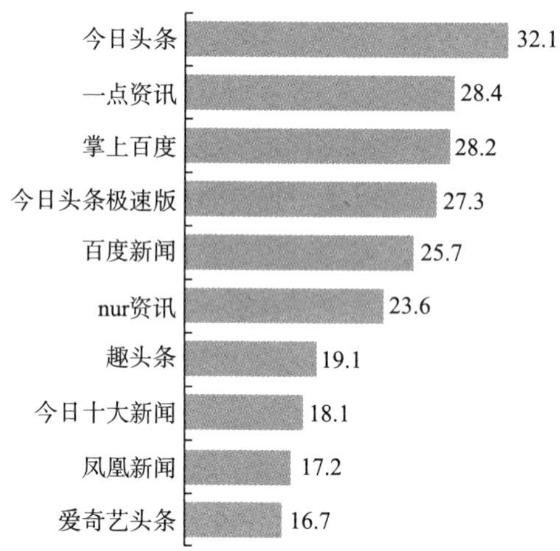

图 5－2　2017 年 12 月今日头条用户日均使用时长 TOP10 新闻应用（单位：分钟）

资料来源：Trustdata 发布的《2017 年中国移动互联网行业发展分析报告》。

3. 恰当的顾客唤醒机制

顾客的注意力是有限且稀缺的，所以顾客在一段时间内没有“造访”价值生态系统是正常现象。这时价值生态系统需要通过恰当的方式唤醒顾客对系统的感受和需求，常见的方式有推送消息、短信、邮件、公众号等。唤醒顾客的方式和时机应当有针对性且符合场景和顾客需求。否则，很容易引起顾客的反感。在小红书中，当顾客加入购物车的东西降价时，顾客便会收到相关的短信通知；在暴风骤雨天气，滴滴为顾客送去专属乘车优惠券；在母亲节，京东为顾客推荐"送给妈妈的礼物清单"。这些满足顾客需求的唤醒方式提升了顾客对价值生态系统的好感度。

4. 社交沉淀

通常而言，微信、QQ、微博等社交类价值生态系统中的顾客活跃度和顾客忠诚度较高，这是因为用户的家人、朋友、同学、同事等社会关系把顾客"锁定"在价值生态系统中。其他价值生态系统如全民 K 歌、网易云音乐、淘宝、今日头条也努力通过增加社交元素来提升用户忠诚度和栖息时长。全民 K 歌鼓励用户添加微信或 QQ 好友，这样用户可以查看好友发布的作品，与好友合唱和 PK 的乐趣、听好友唱歌的需求、自己发布作品想要让好友看到和点评的心理等加深了用户对全民 K 歌的依赖和忠诚度。淘宝鼓励"80 后""90 后"顾客为自己的父母开通亲情账号，通过亲情账号的绑定，父母和子女可以互相发送链接、发起聊天，在父母付款环节可以由子女代付。这种绑定既增加了淘宝价值生态系统中活跃用户的数量，也提升了用户黏性和转换成本。

三、顾客活跃度提升机制

顾客留存机制的设计旨在增强顾客忠诚度，减少顾客流失，使价值生态系统在 DAU、MAU 表现上富有竞争力。除此之外，价值生态系统还需要通过提升顾客活跃度以增强顾客与系统的互动和价值共创，使价值生态系统充满活力，在能量的输入和输出过程中维持相对的稳态。价值生态系统可通过以下几个方面提升顾客的活跃度。

1. 举办促销或优惠活动，激发顾客需求

"双十一"对人们而言已不再是普通日子，而是一年一度的购物狂欢日和囤货日。随着宣传力度和优惠力度越来越大，天猫"双十一"调动了越来越多的顾客参与其中，大大刺激了顾客的购物需求。如图 5－3 所示，天猫"双十一"成交额历年来不断攀升。根据 QuestMobile 数据显示，日下单用户通常浮动在 100 万人左右的天猫，在 2017 年"双十一"当天，日下单用户数上升至 633 万人，用户活跃度明显提升。

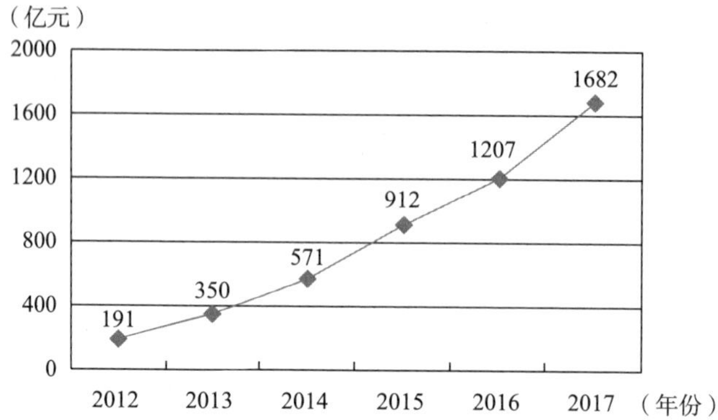

图 5-3　天猫“双十一”历年成交额

“双十一”的购物狂欢吸引了越来越多包括京东、苏宁易购、小红书在内的价值生态系统的加入，而且，“双十二”“6·18”、各类节假日也成为了各个价值生态系统策划活动、提升顾客活跃度的有利时机。2017 年 6 月，京东价值生态系统内参与“京东秒杀”的用户稳定在 400 万人左右，“6·18”当天，“京东秒杀”用户规模达到峰值 1062.95 万人（见图 5-4），用户活跃度大大提升。

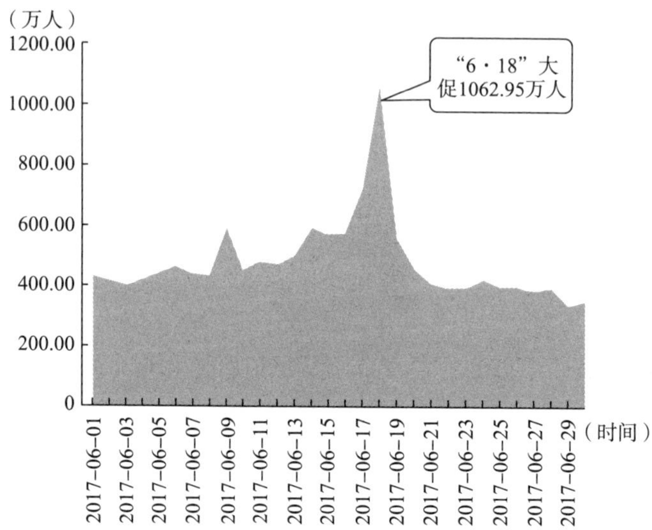

图 5-4　2017 年 6 月京东秒杀用户规模变化

资料来源：QuestMobile TRUTH 数据库，2017 年 6 月。

2. 用户成长体系

用户成长体系是中枢企业将用户在价值生态系统内的各类活动数据化，作为用户对系统忠诚度、贡献度的衡量依据，在此基础上形成分层、分等级的用户结构化体系。用户成长体系的设置不仅可以使贡献度高的用户享受特权、获得满足感，还可以引导低等级用户向高等级用户转化，进一步提升用户忠诚度和贡献度。例如，唯品会根据用户的消费值和行为值设置了“铁牌会员—铜牌会员—银牌会员—金牌会员—钻石会员—皇冠会员”六级会员成长体系，等级越高的会员可以享受更多的特权（见图5－5）。网易云音乐根据用户听歌量和登录天数设置了 Lv. 1 ~ Lv. 10 的十个等级，等级越高的用户可以获得更大的音乐云盘免费容量和更多的积分券。用户为了提高自己的等级，会增加听歌量和登录天数，而网易云音乐的用户使用时长也得以提升。用户成长体系以高等级享有的更多特权鼓励低等级用户向高等级用户转化，在此过程中，用户对价值生态系统的贡献度和活跃度得以提升。

会员特权 \ 会员等级	铁牌会员	铜牌会员	银牌会员	金牌会员	钻石会员	皇冠会员
购物送唯品币	✓	✓	✓	✓	✓	✓
唯品币超值兑	✓	✓	✓	✓	✓	✓
生日惊喜	✓	✓	✓	✓	✓	✓
会员专享价			✓	✓	✓	✓
皇钻专场					✓	✓
尊享客服						✓
生日豪礼						✓

图5－5　唯品会不同会员特权

资料来源：唯品会官网。

3. 便捷的入口

便捷、多样的入口可以提升用户使用相关服务的便利性，提升用户活跃度。京东除了网页版、APP版，还嵌入在微信的“购物”入口和小程序中，为用户使用京东服务提供了多样化渠道。微信中的京东购物入口和京东购物小程序为用户免去了下载、安装 APP 的烦琐步骤，提升了用户使用的便利性。网易严选的用户不仅可以通过独立网站和 APP 进行网上购物，网易邮箱也为其用户购物提供了入口，多样化的入口缩短了用户购物路径，提升了用户购物效率。此外，越来越多的价值生态系统除了自建 APP 和网站外，还在微信中开发了相应的小程序，借助微信庞大的用户基础和强社交关系链来拓展用户。

第三节　价值生态系统的盈利模式

价值生态系统通过运营模式聚集和维持了大量顾客资源，为开发多样化盈利模式奠定了基础。价值生态系统发展初期的重点是以“烧钱”的方式聚集尽可能多的顾客，对财务资本的需求较大，严重依赖外部融资。盈利对价值生态系统摆脱外部资本依赖、实现自我维持至关重要，是价值生态系统实现可持续运行的关键。目前，价值生态系统开发的主要盈利模式包括以下几种类型。

一、以营销媒介获取广告收入

价值生态系统聚集的大量顾客资源使其成为天然的营销对象，大数据、云计算技术对顾客信息的准确捕捉和分析将传统以报纸、电视为媒介的盲目营销转变为可以按照年龄、性别、地区、偏好等信息进行的精准营销，大大提升了营销活动的回报率。新浪微博具有极高热度的“微博热搜榜”成为名人、电影、电视剧、综艺节目宣传炒作的重要场所，广告收入成为新浪微博重要的收入来源。美国团购网站 Groupon 在成立当年便实现 5000 万美元的收入，真正让其从竞争者中脱颖而出并获得高额利润的原因在于它并非单纯作为商家的一个新渠道，而是作为营销场所与精准营销方案的提供者。一方面 Groupon 的“创意团队”为网站上售卖的商品编写富有创意、生动有趣的文案，吸引更多消费者的关注；另一方面，Groupon 通过对顾客消费行为信息的收集、偏好的分析帮助商家拟定营销方案。极大的商品折扣吸引着越来越多的顾客进驻 Groupon，顾客消费行为沉淀的数据支撑着其作为营销媒介的作用，从而获得源源不断的利润。

二、以增值服务获取付费收入

爱奇艺、网易云音乐等通过为会员提供增值服务并收取一定费用来盈利。提倡“轻奢新主义”的爱奇艺 VIP 会员收费标准分为 4. 99 元/月及 19. 8 元/月两种，会员享有跳过广告、超清高速、下载加速、免费会员库等特权从而获得更加清晰流畅的观看体验、更多更优质的观看内容以及更便捷贴心的会员服务。让 VIP 会员大放异彩的是会员同步看、非会员一周后看的播放设置，独播剧《盗墓笔记》《来自星星的你》《太阳的后裔》等的火爆大大刺激了会员数量的上升。据 2017 年 6 月 8 日爱奇艺创始人、CEO 龚宇在 2017 爱奇艺世界大会的演讲，爱奇艺广告收入和会员收入实现 1∶1 的领先格局。① 2015 年 7 月，网易云音乐重磅推出 SQ（super quality）无损音质，8 元/月的普通会员可以享受无损音质、300 首付费歌曲额度等特权，12 元/月的豪华会员可以享受无损音质、500 首付费歌曲额度、个性皮肤、会员特价商品、抽奖等特权。随着人们收入水平的提高，对精致、格调、质感的追求也逐渐提升，增值服务是具备无限挖掘潜力的盈利方向。

三、以数据挖掘获取其他收入

以海量、多来源、非结构化、实时处理、高价值为特征的大数据正逐渐成为社会和企业的核心资产（李文莲、夏健明，2013），对社会治理、商业活动、个人工作和生活方式产生革命性影响。Bughin 等（2011）提出的“数据驱动的竞争优势”反映出大数据在价值创造过程中的关键作用。①大数据支撑的数据服务。淘宝上沉淀的海量交易记录数据在阿里云的数据挖掘和分析作用下发挥了巨大价值。阿里云通过强大的数据存储和分析能力为淘宝卖家和其他电商网站提供优化工具和解决方案，2017 年第二季度，云计算付费用户超过 100 万人，云计算收入同比增长 96% 至 24. 31 亿元。② 此外，阿里云在全球各地部署高效节能的绿色数据中心，利用清洁计算为万物互联的新世界提供源源不断的能源动力。京东追求极致的物流服务，堪称业界标杆，京东物流子集团于 2017 年 4 月 25 日正式成立。借助大数据和云计算，京东物流为合作伙伴提供包括仓储、客服、售后的

① 和讯商学院，http：//bschool. hexun. com/2017 －06 －09/189565425. html.

② 数据来源于阿里巴巴官网。

正逆向一体化供应链解决方案服务、物流云和物流科技服务、商家数据服务、跨境物流服务、快递与快运服务等全方位的产品和服务，这成为助力京东收入增长的重要动力之一。②大数据与金融。小微企业融资难的问题由于信息不对称、缺乏相应的信用评估体系等原因而难以得到有效缓解，大数据的应用为这一问题的解决提供了全新的思路。蚂蚁金服通过大数据模型判断放贷风险，提升贷款审核效率的同时有效降低了风险和成本，促进了小微企业的生存和发展，创造了不可估量的社会效益。京东金融依托京东生态平台积累的交易记录数据和信用体系，向社会各阶层提供融资贷款、理财、支付、众筹等各类金融服务，促进金融普惠化。

云经济时代的盈利模式虽然多样化，但是对价值生态系统而言，盈利模式的选择仍然是一个慎重严肃的决策。若选择的方式或切入点不当，会对价值生态系统产生致命性影响。以广告收入为例，过多的广告插入可能会影响顾客的使用体验，引起顾客的厌烦心理甚至退出价值生态系统，顾客资源的流失会使价值生态系统逐渐萎缩、衰落。腾讯在早期盈利模式探索过程中也走过弯路，将原本免费的 QQ 号码注册转变为收费，这不仅为竞争对手提供了机会，还引发了公众的强烈不满，差点为腾讯带来致命性打击。

案例分析：运营模式良好但盈利模式乏力的美图公司将走向何方？

美图公司成立于 2008 年 10 月，是中国领先的移动互联网公司，围绕着“美”创造了美图秀秀、美颜相机、美颜相机海外版（BeautyPlus）、潮自拍、美妆相机、美拍、美图手机等一系列软硬件产品，不仅让用户轻松实现影像变美，也使自拍文化深入人心。截至 2016 年 12 月 31 日，美图的影像及社区应用矩阵已在全球 11 亿台独立设备上激活，月活跃用户总数为 4.5 亿人。根据 App Annie 的权威数据统计，美图已在 2014 年 6 月 ~2017 年 1 月多次与阿里巴巴、苹果、百度、Facebook、谷歌、微软及腾讯等全球互联网巨头一起跻身全球前八位 iOS 非游戏应用开发商之列。2016 年 12 月 15 日，美图公司在香港联合交易所主板挂牌上市。

美图旗下美图秀秀、美颜相机等产品在摄影美图类 APP 中占据半壁江山。QuestMobile 统计显示（见图 5－6），美图秀秀和美颜相机的月度总使用次数和总使用时长遥遥领先于其他竞争者。4.5 亿人的月活跃用户规模和领先的用户使用时长显示出美图价值生态系统运营模式的成功，聚集了大量的顾客资源并在维持顾客资源方面表现出色。

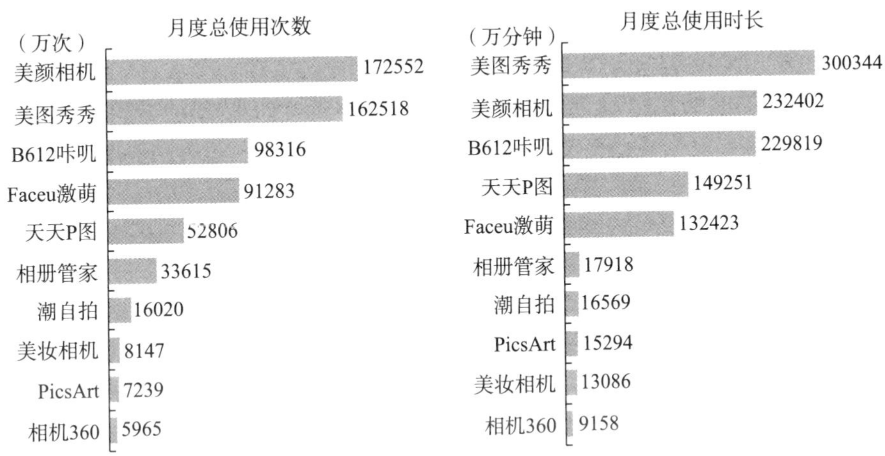

图 5－6　2017 年 8 月图像服务典型 APP 用户月度总使用次数和时长

资料来源：QuestMobile TRUTH 数据库，2017 年 8 月。

但是不容忽略的一个事实是美图自创立至今仍处于巨额亏损中，庞大且活跃的用户基础难以为公司带来可观的利润。美图对盈利模式的探索不尽如人意：①美图系产品属于工具型应用，这类应用本身存在盈利难的问题。②广告收入方面，由于美图系产品移动端应用占多数，狭小的手机屏幕缺乏合适的广告位，对广告商吸引力较小。而且为避免伤害用户体验，广告投放也较为有限、谨慎。③增值服务方面，不仅用户已经形成免费使用的习惯，而且免费服务也能够满足大多数用户的需求，所以市场对增值服务的需求较小。④硬件收入方面，为了增加用户使用频率，更深入地与用户捆绑，美图 2013 年推出美图手机。美图手机在竞争激烈的手机市场表现平平，一方面美图手机定价在 2000 元以上，缺乏价格优势，另一方面 OPPO、vivo 等手机也具备良好的拍照功能，美图手机的差异化定位优势不足。据美图招股说明书披露，自 2013 年以来，广告收入占比逐渐降低，硬件收入占比逐渐上升，但是每年二三十万的手机销量目前还难以支撑起美图的商业化诉求。乏力的盈利模式使美图难以实现自我维持，严重依赖外部融资，仿佛一个自身缺乏造血功能、依赖“输血”的病人。这样的美图显然是危险的，对盈利模式的探索仍然任重道远。

第四节　价值生态系统的价值空间及分享

价值生态系统是价值创造活动的组织载体，其价值空间既包括能够以货币计量的财富，也包括为顾客创造的精神文化财富，从而在广度上超越了传统产业组织的价值空间。在价值生态系统的组织下，精神文化产品借助于云技术大量涌现，为人们提供了丰富的精神文化体验，栖息于网络朋友圈、社交网站等行为甚至成为占据第一位的精神文化活动。由于信息成为独立生产要素，价值生态系统比任何传统产业组织都能更有效地配置资源，因而也在深度上拓展了价值空间。中枢企业与顾客之间的共生关系是价值空间存在的基础，通过分享价值空间，顾客满足了服务、物质或精神文化需求，中枢企业获得了收益并实现了发展。

一、价值空间的理论模型

产业组织的价值空间是由流程、交易和服务构成的三维空间，其结构如图 5－7 所示，图中 X、Y、Z 分别代表流程、交易和服务三个维度，箭头代表创新方向。流程和交易是价值空间的基本维度，流程是价值创造活动的组织方式，影响着价值创造效率；交易是价值创造活动的内容，也是劳动、土地、资本、知识技术、信息等资源共同作用的结果，通过交易可以满足各种各样的需求[①]（自

① 本书使用的交易是一个广义概念，泛指价值交换的方式和内容，既包括交易的过程，也包括交易的对象。

给自足的小农经济除外）。服务的作用是充分实现或提升交易价值，在云经济时代之前，服务一直未取得独立维度的地位，或作为流程的一部分，在价值创造活动中起辅助作用；或作为有价格的产品构成交易的一部分①。价值生态系统使服务在价值创造活动中的作用发生质的变化，大量服务不再以有价格产品的方式出现，免费服务成为云经济时代的潮流。服务在产品生产中也不再仅仅发挥辅助作用，而是转变为引导力量。服务逐渐从流程和交易中分离出来成为价值空间的独立维度。

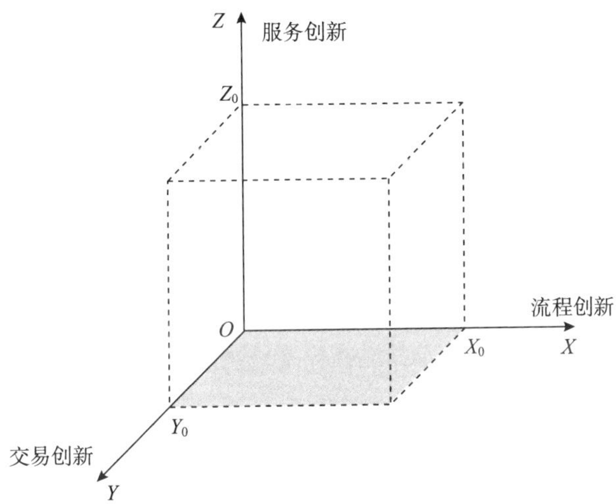

图 5－7　价值空间的三维结构示意

某种经济环境下，每个维度都存在一个基本水平，在图 5－7 中分别用 X_0、Y_0、Z_0 表示。由 OX_0、OY_0 决定的矩形区域表示特定时刻由流程和交易的基本水平决定的二维价值空间，同样 OX_0、OZ_0 和 OY_0、OZ_0 决定的矩形区域分别表示由流程和服务、交易和服务决定的二维价值空间。第三个维度的基本水平决定了三维价值空间的大小，这是与特定经济环境水平相对应的。任何产业组织拓展价值空间都要通过在一个或多个维度进行创新实现。从长期来看，经济环境的进化促进了每一个维度基本水平的延伸，从而扩大了基本的价值空间。理论界对价值空间的认识也有一个演化的过程，创新最快的维度首先纳入研究视野。最初的价

① 即使没有明确的独立价格，也是作为有价格产品的附加部分出现，具有隐形的价格。

值链分析从流程一个维度展开，价值星系和价值网理论主要从流程和交易两个维度[①]阐述了价值创造活动，分析的目的是寻找恒星企业实现利润或价值最大化的发展战略。进入云经济时代，服务创新借助云技术为顾客创造了巨大的物质财富和精神文化价值，上升为价值创造的主要驱动力，从而使价值空间的三维结构更加显著，标志着价值创造活动达到一个新高度。

二、价值空间的拓展

1. 交易创新

产业组织演化可以节约交易成本的现象受到理论界长期重视，纵向一体化理论（Williamson，1985）、组织生态学理论（Hannan and Freeman，1977）、产业集群理论（Porter，1986）、企业战略联盟理论、商业生态系统理论（Moore，1996；Moore，1998）的研究都发现企业之间以某种形式进行合作可以节约交易成本。上述理论以产品的制造过程为出发点进行研究，交易成本的节约主要发生在“柜台”的企业这一侧，企业与“柜台”另一侧的顾客之间由于信息不对称造成的交易成本远没有得到有效降低。价值生态系统的运行可以大幅降低微观层面的交易成本，传统模式下由于交易成本过高而无法实现的交易被开发出来。价值生态系统不仅拆除了“柜台”，而且借助云技术可以为任意数量的顾客提供信息传递和信息共享的平台，在很大程度上消除了 Klaes（2000）所描述的“经济摩擦”。交易中的搜寻成本——顾客搜寻供给者的成本和供给者搜寻顾客的成本都得到有效降低，很多价值创造活动因交易成本大幅降低而出现。云经济时代的制造过程在价值创造活动中的地位不断下降，导致了企业的生产组织和管理、产权界定和产权交易等过程的重要性减弱，微观层面的管理型交易成本变得不再重要，在社会交易成本中所占比重不断降低。云制造实现了制造资源跨企业、跨区域的集成和分配，作为价值生态系统的云制造服务平台通过云技术手段组织制造过程，部分替代了原有的企业内部管理，实现了以最低的成本、最快的速度和可靠的质量为顾客提供所需的个性化产品。

产品创新是交易创新的另一种形式。传统理论在发展中逐渐认识到人本身具有的多元性，从最初的“（理性）经济人”“社会人”理论，不断深化衍生出

---

① 价值网理论使用了低位资源（土地、资本、劳动力等）、中位资源（技术、知识等）和高位资源（组织能力、技术标准、品牌、商誉等）的概念，但这些因素都可以归属于流程管理和交易管理两种管理活动。

"自我实现人""复杂人"等新理论。尽管人的个性被逐渐认识，但受技术条件限制，"私人定制"式的个性化需求无法普遍得到满足，产品总是为一批人设计和生产，并且产品如何满足具有相似特征的"一批人"存在一定盲目性。企业之间也存在大量的难以实现或实现成本过高的交易，一方面，中小企业难以有能力生产自用的非标准化设备或产品零件；另一方面，知识、信息、设备等制造资源广泛分散在诸多大企业中，这些资源的使用和配置在客观上存在闲置。因此，由个人或企业需求构成的社会总需求，受技术条件限制难以完全实现，不仅存在大量交易成本，而且交易总是不充分。进入云经济时代，信息传播碎片化成为彰显社会多元性和需求个性化的重要现象，价值生态系统依托大数据处理技术，不仅可以轻易获取碎片化信息中包含的顾客信息数据，而且可以迅速对这些含有意义的数据进行专业化处理，使产品的供给者不再盲目面对需求者，而需求者也可以创造新需求，并不断传递给信息供给者，为供给者提供创新产品的思路。腾讯公司是受益于大数据管理的代表，通过 QQ、微信、微博等产品构建的价值生态系统拥有数亿名常驻顾客，公司将顾客的海量信息汇聚在一起并挖掘出具有价值的关于兴趣爱好、归属地、社会关系等信息。这些信息不仅因具有"精准营销"价值而吸引广告投放，而且通过"微博账号""朋友圈"等工具为顾客之间的交易创新提供高效平台。在制造业领域，云制造不仅极大地促进了社会资源配置效率的提高，而且可以低成本完成原来不存在或难以完成的产品生产，如生产中小企业的非标准化设备以及消费者自行设计的充分展现个性化的产品。

2. 流程创新

进入云经济时代，传统产业组织的"研发—生产—营销"式的线性价值创造流程将逐渐淡出历史，流程非线性化成为价值创造活动的主要特征。线性流程的特点是价值创造活动按照既定的逻辑顺序展开。无论价值星系的恒星企业还是价值网的核心企业，都掌握着价值创造流程的关键环节，决定着产品从研发到生产再到营销这个流程的钥匙，其他企业则各司其职，分担着价值创造流程的特定环节。价值星系或价值网都宣称以顾客为核心，尽管顾客需求能被及时捕捉甚至顾客被纳入到价值创造流程的部分环节中，但顾客仍然是"柜台"之外的"局外人"，是需求信息的提供者。随着信息技术的发展和应用，传统流程逐渐出现了非线性化趋势，特别是某些环节内部出现了明显的非线性化特征，如研发环节从传统的直线式研发演化为并行研发。价值网理论也发现了价值创造流程的非线性化趋势，因此提出虚拟价值链与物质价值链共同完成价值创造过程。但云经济时代到来之前，线性化是价值创造流程的主要特征，非线性化处于“量变”的状态。

价值生态系统为价值创造流程非线性化进行“质变”提供了技术条件和组织基础。“柜台”消失后，价值生态系统的栖息者互为顾客，具有同等地位，价值创造流程的各个环节逐渐分解，顾客大量嵌入到与使用过程相关的环节。既定的逻辑顺序不复存在。以营销为例，传统价值创造活动中作为产品提供者的企业负责营销环节的主体工作，不仅成本高，而且精准性低。进入云经济时代，栖息于价值生态系统的顾客自发形成具有类特征的价值群落，从而为精准营销奠定了基础，大量为顾客提供免费服务的平台以提供精准营销为获利方式，因此价值生态系统天然是一个优良的营销载体。营销环节从传统的价值创造流程中分离出来，嵌入到价值生态系统的运作中，促进了价值创造流程的非线性化。在制造业领域，云制造过程从顾客需求出发，研发和生产都是在云制造服务平台的组织下完成，价值生态系统担任着组织者的角色，既不拥有制造资源，也不直接参与制造过程。流程的非线性化使得顾客的使用成为价值创造的原动力，顾客可以“以我为主”参与价值创造流程，不再是价值创造活动的旁观者。从价值链到价值星系、价值网，再到价值生态系统的演化过程，也是价值创造活动由线性流程向非线性流程进化的过程。

3. 服务创新

云经济时代的价值创造活动，既存在着使用过程取代制造过程成为价值创造核心环节的趋势，也存在着服务创新取代技术创新成为价值创造主要驱动力的趋势。服务创新被认为是创造和开发人类自身价值的重要活动，每一个产业领域都存在着服务创新的需求。服务创新一般嵌入到顾客的使用过程中，具有无形性特点，因此尽管服务创新的内涵和重要性早已被认识（Donald，1983；Barras，1986），但以制造过程为核心的传统产业组织难以实现系统性的服务创新。传统的服务创新以企业为主体，顾客信息难以及时有效融合到服务创新的过程中，因此创新低效是其难以克服的缺点。服务创新的基础是顾客信息，推动力是人的智慧和创意，对资本和技术的依赖较低，这正是价值生态系统进行服务创新的优势所在。在价值生态系统的组织下，顾客可以参与甚至主导服务创新过程，服务创新成为所有人都可参与的活动。价值生态系统可以通过对顾客和周边环境信息的管理，不断发现和创造顾客的新需求，并以最快的速度寻求解决方案，从而实现服务创新。《福布斯》公布的2013年最具创新力公司排行榜中，居于全球首位的

Salesforce、亚洲首位的百度以及亚马逊、腾讯等均是构建价值生态系统并以服务创新闻名的企业。Salesforce 是全球按需提供 CRM 解决方案的领导者，百度和腾讯以最初的搜索引擎系统和即时通信系统为起点创建了庞大的价值生态系统帝国，吸引了数以亿计的长期栖息者。

在云经济环境下通过产品制造过程提高竞争力的空间已经非常狭小，而服务创新受时空和成本限制较少，因此通过构建和完善价值生态系统实现服务创新能够拓展价值空间。携程网一度长期占据中国在线旅游订购服务的首位，为数千万名常驻栖息者提供服务。不过在线旅游相关服务易于模仿，当其他相似价值生态系统纷纷出现时，携程网的业务受到严重冲击。在已经拥有的大量顾客基础上，携程网增加了签证、点评、信息管理等服务，通过服务创新拓展了价值空间，重新取得了领先。服务创新为传统企业构建自己的价值生态系统创造了条件，加快了价值创造活动的进程。价值生态系统通过服务创新可以满足栖息者多元化需求，因而服务创新也可以直接创造物质财富和社会精神文化财富，并且价值生态系统的规模越大，其创造的价值越大。在文化产业领域，《中国好声音》《中国达人秀》等新型电视节目聚集了大量观众，以节目为平台构建了价值生态系统，不断吸引具有文化需求的“粉丝”以及对“粉丝”们进行精准营销的厂商进驻并栖息，形成了场内场外、线上线下多样化的价值群落，其创造价值的能力和速度均远远超越了传统传媒。传统企业必须充分重视服务创新对云经济的推动作用，通过构建价值生态系统为服务创新创造条件，实现持续发展。

4. 三个维度的相互作用

（1）流程创新—交易创新的分析。流程创新是从企业内部开始，科学管理创始人泰勒发现了管理活动与生产活动的差异，将价值链划分为基本活动与辅助活动，Hammer（1990）提出的流程重组被称作美国企业获得竞争力的法宝，价值星系或价值网将流程创新延伸到企业之间，成员企业分别专注于自己擅长的环节。进入云经济时代，流程创新出现了更深层次的特征——制造者负责制造过程，价值生态系统走到前台组织交易并提供管理服务，这是对价值创造流程的整体性重组。每一次流程创新都促进了专业化分工的发展，优化了资源的配置方式，不仅创造了新产品，而且提高了交易的速度和效率，推动了交易创新。交易创新也同时促进了流程创新，新产品、新技术的开发与交易为产业组织进行流程改进提供了条件。云制造是流程创新与交易创新相互作用的典型：制造资源的组织与实际的交易过程分离，为快速高效地生产个性化产品提供了可能；反之，人们对个性化产品的无限追求促使云制造不断改进流程，优化资源配置。

（2）服务创新—交易创新的分析。价值创造活动中的交易存在长期化趋势，一次性交易越来越少，服务创新通过深化交易和延伸交易在交易长期化进程中扮演着重要角色。随着顾客对服务的需求上升，制造业领域的企业不再局限于产品交易，纷纷创新服务甚至转型为服务提供商。企业最初只向顾客提供产品，后来还向顾客提供附加服务，具有战略思维的企业则转而向顾客提供“产品—服务包”并在市场竞争中胜出（Vandermerwe，Rada，1988）。进入云经济时代，服务创新成为价值创造的引导力量，价值生态系统通过提供免费服务平台聚集的顾客达到了空前规模，这将对价值创造机制的未来演变产生深刻影响。社会交易不充分的一个重要原因是金融支付、物流运输、信息资源等服务无法满足交易需要，而云技术支撑下的在线支付、在线地图等服务和第四方物流等管理方法的出现，激活了大量原来只能处于设想中的交易。交易创新也深刻影响着服务创新，社会分工的深化使得每个人都专注于一个细分的领域，产品越来越复杂，很多产品在整个生命周期内都需要为用户提供服务，因此服务必须不断创新，才能充分实现交易价值。

（3）流程创新—服务创新的分析。价值创造流程的非线性化使顾客更广泛地嵌入到生产、研发、营销等环节中，顾客体验甚至决定了产品的成败，因此顾客参与或主导的流程创新成为提高市场竞争力的重要手段。服务创新也加速了流程创新的实现，两者相互融合、相互促进。如第四方物流通过提供专业规划和信息管理服务，为优化价值创造活动中与物流相关的流程提供了支持。价值生态系统通过服务创新整合社会资源，资源整合过程与流程创新相互融合，特别是云制造对制造资源的整合过程也是制造流程的重组过程。

三、价值空间的分享

1. 价值空间分享的依据

中枢企业是价值生态系统的组织核心，也是云经济时代价值创造机制的关键要素。在一定技术手段支撑下，中枢企业把具有利益关联的顾客用价值创造机制“黏”在一起，黏合程度取决于各方对所获取价值的认可程度。尽管价值生态系统从广度和深度上拓展了价值空间，但中枢企业与栖息者之间是共生关系，因而并不能在价值空间分享机制中占有过多的份额。价值生态系统要实现动态平衡或者不断增长，中枢企业就必须与栖息者按照各方认可的方式共同分享价值空间。

作为价值生态系统的构建者、控制者和维护者，中枢企业与系统的栖息者之间并不需要也不可能签订传统意义上的契约以固化关系，因此进驻的顾客可以随时评估其在价值生态系统中获取的价值，并决定继续栖息于此或者进驻其他价值生态系统。这种自愿结合的非正式契约关系，实际上是靠共同利益予以维系，共同利益来自于各参与方为价值生态系统的运行发展做出贡献，并能从中获取增值或满足需要。由于某种原因导致各方共同利益弱化或者消失时，栖息者一般会自行迁离或进驻其他价值生态系统，原有的价值生态系统则会消亡。

在同一领域或相近领域，多个价值生态系统之间存在激烈竞争，顾客在获取价值的方式上可以主动选择，而反向选择——中枢企业自由选择顾客则只有在该价值生态系统具有超强垄断优势时才会出现，因而中枢企业与价值生态系统的栖息者之间呈现的是一种弱化的共生关系。中枢企业的最优选择是制定各方共同认可的规则分享价值空间，通过不断创新维持并稳固与栖息者的共生关系。如腾讯公司率先推出基于智能手机的微信服务，尽管其母系统提供了强大的顾客资源，但其领先地位仍然是依赖不断的服务创新来维系的，否则难以应对来自其他相似服务的竞争。价值生态系统是中枢企业与顾客共生的组织载体，通过提高社会资源配置效率，一方面能够为顾客创造巨大价值；另一方面为中枢企业积累大量财富。如果价值生态系统衰落或崩溃，则中枢企业与栖息的顾客都将丧失原有的价值。

2. 价值空间分享的理论模型

价值生态系统通过交易成本节约和流程创新与服务创新完成价值创造过程，但是从这三个维度去研究价值空间则存在理论难度和现实的不可操作性，必须寻找理论与现实都可行的方法进行分析。既然使用过程成为价值创造活动的核心，因此可以从顾客的角度分析价值创造活动产生的价值。价值创造过程中的投入相对容易确定，可以从制造过程和交易过程两个方面进行分析。价值生态系统创造的价值可以用公式表示：

$$V = U - C$$

其中，V 是价值生态系统创造的价值，U 是价值生态系统的顾客在使用过程中获取的价值，C 是顾客通过价值生态系统获取产品过程中各参与方投入的成本之和。U 是顾客自由选择的结果，是顾客最终认可并选择某价值生态系统的服务而实现的价值。如奇虎 360 为电脑使用者提供免费杀毒软件，许多制造业和服务业企业愿意进驻奇虎 360 的价值生态系统并愿意支付费用发布广告，从而为自己创造有形或无形效益。企业愿意支付的广告费水平就是其体验价值。消费者从京东商城或苏宁云商购买产品，U 就是消费者愿意支付的价格，C 是各方投入的成本，其中包括产品在制造过程中发生的成本和价值生态系统为提供服务而产生的交易过程成本以及诸如信息收集、加工、发布等活动中付出的代价。价值生态系统并不直接参与产品的制造过程，因此价值创造模型可以减去制造过程发生的成本：

$$V = U - C = (U_1 + C_0) - (C_1 + C_0) = U_1 - C_1$$

其中，C_0 为制造过程产生的成本，U_1 和 C_1 分别为除去制造过程成本的顾客体验价值和交易过程中投入的成本。V 用以代表中枢企业的价值空间，价值空间由中枢企业和栖息于价值生态系统的顾客共同分享。假设顾客之间存在个体性差异，每个顾客分享的价值存在不同，则用下式表示价值空间的分享机制：

$$V = U_1 - C_1 = P + R_1 + R_2 + \cdots + R_n = \mu_0 V + \sum_i \mu_i V = V(\mu_0 + \sum_i \mu_i)$$

$$\sum_{i=0}^{n} \mu_i = 1, i = 0, 1, \cdots, n$$

其中，$0 < \mu_i < 1$，μ_i 表示参与方分享价值 V 的比例且 $\sum_{i=0}^{n} \mu_i = 1, i = 0, 1, \cdots, n$，n 为顾客的数量，$P$ 表示中枢企业分享的价值，R_i 表示第 i 个顾客分享的价值。顾客分享的价值也可以称为顾客剩余，表示价值空间中顾客分享的部分。中枢企业分享的价值 P 表示平台除去开展信息收集、加工、发布等活动中支出的劳动力、设备等成本后获取的收益。因此，价值生态系统创造的价值也可以表示为顾客剩余与中枢企业所获收益之和。

3. 价值生态系统各参与方的博弈

作为利益主体，价值生态系统的各参与方都有自己的利益诉求。分享价值空间的比例是通过博弈确定的。合作博弈建立在各参与方达到共同理性的基础上，而非合作博弈的基础则是各参与方的个体理性。与非合作博弈相比，合作博弈参与方可以进行信息沟通从而实现共同利益的最优化，即达到帕累托改进。

中枢企业与进驻价值生态系统的顾客之间是弱化的共生关系，这种关系没有权威或刚性契约予以维系，但各方存在共同利益，也存在分享共同利益的个体诉求。价值空间分享的博弈以合作博弈为主，非合作博弈不是必然选项。在促进价值生态系统良性运转创造价值方面，各方进行合作博弈；在价值空间分享方面，各方进行讨价还价或非合作博弈。非合作博弈即使存在均衡解，也不一定出现，这是因为顾客有自由选择价值生态系统的权利。尽管合作博弈是一种“双赢”博弈，然而“双赢”的实现需要一定条件，即博弈各方必须首先就利益的分配达成一个有约束力的协议。在价值生态系统的运行中，中枢企业处于主动地位，进驻并栖息的顾客数量众多且不确定，因此合作博弈以中枢企业主动发布协议声明承诺事项、绝大多数顾客选择认可协议为主，如奇虎 360 宣布杀毒软件对用户永久免费即是一个有约束力的协议，奇虎公司与使用奇虎 360 杀毒软件的顾客必须遵守此协议框架。顾客与中枢企业的讨价还价过程需要较长时间，因为只有足够的顾客进行充分选择，中枢企业的承诺事项才具有现实意义。

栖息于价值生态系统的顾客之间存在一定差异，如自然人顾客以满足个体物质文化需求为主，而企业顾客的目的比较复杂，包括搜寻顾客信息、品牌推广等方面。进驻价值生态系统的企业顾客具备比自然人顾客强的谈判能力，他们与中枢企业可以进行面对面谈判并签署相关协议，实现合作共赢。当某一方特别是中枢企业的谈判力量存在明显变化时，博弈的均衡状态可能被打破，需要重新寻找新的均衡。如淘宝网与入驻商户之间在某些情况下存在严重分歧，最终一方或双方必须做出让步才能达成新的协议。在价值生态系统的运行中，各参与方的共生关系以及栖息者的自由选择权决定了在价值空间分享的博弈中，合作博弈必然存在均衡解。

第六章　价值生态系统的演化

第一节　价值生态系统演化的动因

一、生态系统的演化

生态系统的发展是一个动态过程，往往经历幼儿期、成长期、成熟期和衰退期等阶段。处于幼儿期的生态系统主要依赖外部的营养物质进行生物生产，尚未形成通过内部循环实现自我维持的能力，物种多样性较低，同时食物链结构较为简单，多是线状的。随着生态系统的发展壮大，生物生产所需的营养物质对内部循环的依赖逐渐大于对外部供给的依赖，物种多样性逐渐提高，食物链变得复杂，向网状形态发展；稳态方面，成长期的生态系统内部共生稳态逐渐发达，熵值逐渐降低，对外界干扰的抵抗力不断增强。对于成熟期的生态系统而言，生物生产主要依赖内部循环，系统内部可以实现“自给自足”和自我维持，食物链形成复杂的网状结构，生物与生物之间、生物与环境之间联系较为紧密，整体处于良好的稳定状态。受自然环境或人为因素的影响，生态系统会遭到重大破坏从而进入衰退期。这一阶段，破坏或波动程度超过了生态系统自身可以调节的“生态阈限”，原本稳定的食物链和物质循环被打乱，生态平衡受到影响，一些动植物面临灭绝的风险，生态系统由于无法自我维持而走向灭亡。武昌东湖在 20 世纪 50 年代还是个大型水生植物茂盛、水质清新、有机质含量低的草型湖泊。鱼产量也相当低，后因过量放养草鱼，使水草趋于绝迹，破坏了湖泊的生态平衡，在大量氮、磷等营养物质的输入下，促使浮游生物大量繁殖，使东湖逐渐演变成“富营养——蓝藻、绿藻型”的湖泊，即由以大型水生植物为主要生产者的生态系统，演变为以浮游植物为主要生产者的生态系统。

生态系统的健康发展依赖于生态平衡，而保持生态平衡的关键是通过良性循环实现自我维持。生态系统既坚强又脆弱，坚强在于生态系统具有一定的自我调节功能，在面临外界波动时可以通过自我反馈和调节恢复稳态；脆弱在于生态系统的整体性使其“牵一发而动全身”，一个环节遭遇的致命性打击会破坏整体的生态平衡。

二、价值生态系统演化的主要动因

对价值生态系统而言，也存在与自然界生态系统类似的演化过程，经历初创期、成长期、成熟期、衰退期等阶段。价值生态系统演化的动力机制主要包括两方面：一是顾客嵌入程度，包括顾客数量与顾客嵌入深度；二是中枢企业的盈利能力。

顾客是价值生态系统的基础和核心，所以顾客数量规模和顾客嵌入深度的增减变化是价值生态系统演化的重要动力。处于初创期的价值生态系统，需要中枢企业不断“输血”，才能获得顾客的关注，否则极可能面临夭折。处于成长期的价值生态系统，顾客数量快速增长，顾客嵌入深度不断提升，因而使得价值生态系统能够不断“长大”。进入成熟期后，顾客数量增长放缓或者趋于稳定，顾客嵌入的深度可以持续提升，从而可以继续夯实价值生态系统发展的基础。顾客“量”的增长是成长期价值生态系统的主要特征，而成熟期主要表现为“质”的改善和提高。而由于某种内部或外部原因，顾客数量和顾客嵌入深度的下降极有可能意味着价值生态系统进入衰退期。

中枢企业是价值生态系统演化的主要内在动力。中枢企业的盈利能力是价值生态系统实现自我维持的关键因素，处于初创期和成长期的价值生态系统往往以“烧钱”的方式聚集顾客资源，这个时期对财务资本需求很大，严重依赖外部融资，尚未实现自我维持。随着价值生态系统向成熟期过渡，顾客数量达到较大的规模，中枢企业利用沉淀的顾客资源可以开发出多样化的盈利模式并逐步实现盈利，从而价值生态系统得以自我维持并不断发展。每个价值生态系统的发展都面临着承载环境的饱和，随着市场竞争的加剧和外部商业模式的创新，中枢企业及价值生态系统都面临着走向衰落的可能，如何避免衰落需要多方位的创新。

第二节　价值生态系统的生命周期阶段

Haire（1959）最早从生命周期的角度研究企业问题，指出组织的诞生、成长、成熟、衰退至死亡的过程与自然界有机体类似，Kimberly（1981）、Adizes（1989）进一步发展了企业生命周期理论。一般而言，企业发展大致经历初创期、成长期、成熟期和衰退期等阶段。在吸收日本明治大学藤芳诚一的蜕变理论基础上，陈佳贵（1995）意识到衰退并不必然导致死亡，企业还可以通过蜕变获得重生。这种蜕变可以发生在经济形体层面（合并、分立、上市），也可以发生在实物形态层面（技术升级、设备改造）以及产品层面（新产品开发）。以往对企业生命周期的划分标准集中于企业规模、市场占有率、利润率、管理制度完善程度等一个或多个维度，带有明显的工业经济时代色彩。云经济时代，价值生态系统的发展也存在生命周期，并呈现出与传统企业生命周期不同甚至超生命周期的特征。

一、价值生态系统的生命周期阶段划分

通常而言，价值生态系统往往经历幼儿期、成长期、成熟期、衰退期等阶段。一些具有长远战略眼光和前瞻能力的价值生态系统可以通过孵化子系统的方式延长生命周期，或以子系统的身份融入到其他实力更强、规模更大的价值生态系统中，寻求长远发展。

1. 幼儿期

处于幼儿期的价值生态系统，顾客数量较少，顾客嵌入深度较低，中枢企业对栖息地相关功能的设计还处于改进和完善阶段，运营模式还处于探索中。由于价值生态系统通常构筑在信息技术支撑的虚拟空间中，所以相比传统企业，价值生态系统对启动资本的需求较低，不需要购置生产设备、招募生产工人、建厂房等活动，创新和创意就能够主导价值生态系统的成长。最初构建价值生态系统的中枢企业可以是规模大、实力强的实体企业，也可以是拥有创意的新创企业，如大众点评网，其成立之初只有一台服务器。幼儿期的价值生态系统需要依赖外部的资金支持获得成长，同时风险资本也往往热衷于对这一阶段的中枢企业予以关

注和投资以获得高的回报。

2. 成长期

度过幼儿期的价值生态系统，会迎来快速增长的成长期。处于成长期的价值生态系统往往具备以下特征：①顾客数量呈现指数级增长；②顾客嵌入深度不断提升；③对财务资本需求量大，严重依赖外部融资。抖音是今日头条旗下的短视频软件，用户可以通过背景音乐选择、动作编排和特效加工创作自己的短视频，自 2016 年 9 月上线以来，以有趣、炫酷、魔性、好玩等特点吸引了大量年轻用户。图 6－1 展示了抖音 2017 年前三个季度月活跃用户的爆发式增长态势。处于成长期的抖音，在今日头条母系统的资金和能量支持下，通过吸引明星进驻、广告植入、发起热门主题和专题活动等方式吸引着源源不断的新用户。

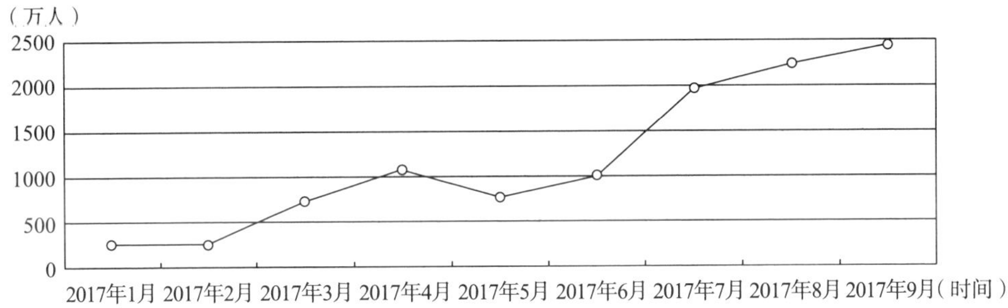

图 6－1　抖音 2017 年前三个季度 MAU 增长趋势

资料来源：易观千帆。

3. 成熟期

成熟期的价值生态系统，顾客数量增长放缓，顾客嵌入深度持续提升，中枢企业的运营重点由促进量的增长到注重质的提升。价值生态系统进入成熟期的另一个标志是中枢企业开始盈利，这意味着价值生态系统的价值创造活动逐渐摆脱了对外部资本的依赖，实现了系统内部的良性循环和自我维持。微信 2017 年底月活跃用户数量高达 9.8 亿人，超高的用户规模和用户增速放缓预示着微信即将进入成熟期。对微信而言，增强用户嵌入深度是运营的重点。一方面，微信通过持续的版本更新完善用户体验，增强顾客黏性。另一方面，微信通过小程序的连接和开放为其他优质服务提供平台，进一步提升用户对微信的使用次数和使用时长。据 QuestMobile 统计，小程序月活跃用户数量在短短一年时间内突破 4 亿人，

2018 年 3 月在微信中的渗透率为 43.9%，未来增长空间巨大。

4. 衰退期

激烈的市场竞争中，层出不穷的新创企业、不断创新的商业模式、巧妙的创意设计在持续吸引和分散顾客的注意力和时间，价值生态系统可能由于较高的价格、缺乏创意的功能设计、顾客观念和需求转变等原因而对顾客的吸引力下降，原本栖息其中的顾客可能流失，转而迁移到其他价值生态系统中。价值生态系统与顾客之间关系的松散性及较低的转换成本加速了这一过程。随着顾客的流失，中枢企业基于顾客资源获得的销售收入、广告收入、增值服务收入及数据收入的基础不复存在，利润逐渐被竞争者侵蚀，难以实现自我维持且难以从外界获得能量支持，从而快速走向衰落。当当网的主营业务是图书，以优惠的价格、丰富的品类吸引了大量顾客。2010 年，京东开始涉足图书领域并通过价格战争抢顾客的时候，已经在美国上市的当当网由于投资者和报表的压力而无法与京东进行价格战，且业务范围拓展缓慢，导致顾客逐渐流失，当当网遂在电商大军中掉队。

云经济时代，很多价值生态系统具备居安思危的忧患意识，在处于成长期或成熟期的时候就积极布局未来、孵化子系统以防止进入衰退期。目前，小米是全球第四大智能手机制造商，2010 年成立以来快速发展，截至 2018 年 5 月拥有 1.9 亿名 MIUI 月活跃用户。小米的发展没有局限在智能手机行业和移动互联网时代，而是通过广泛投资生态链企业并进军物联网积极布局未来。目前小米已经投资了 90 多家生态链企业，围绕手机业务构建起手机配件、智能硬件、生活消费产品三层产品矩阵。小米通过投资生态链企业孵化多样化子系统，与子系统一起努力成为数字时代新生活方式的创立和推动者。多个子系统将帮助小米价值生态系统拥有更广阔的边界、更稳健的根基，实现更长远、更稳定的发展。

实力较弱的价值生态系统可以作为子系统融入到实力强大的价值生态系统中，与其他价值创造者进行价值共创，增强自身对外部竞争和风险的抵抗力。在线视频领域竞争激烈，为用户提供优质的内容是吸引和留存用户的关键。不论是外购版权还是自制内容，都需要大量的财务资本投入。爱奇艺、腾讯视频、优酷土豆等中枢企业的“烧钱大战”愈演愈烈，在用户免费使用习惯已经养成的背景下，各大中枢企业对盈利模式的探索举步维艰，均长期处于巨额亏损状态。2015 年 10 月，优酷土豆投入阿里巴巴的怀抱，被其全资收购，成为阿里巴巴生态版图中的重要一环。在阿里巴巴母系统的支持下，优酷土豆不仅可以获得更多财务资源、关系资源等方面的支持，增强自身在市场竞争中的抵抗力和竞争力，还可以与阿里巴巴旗下其他子系统产生协同效应，发挥更多数据、用户方面的联动作用。

二、价值生态系统生命周期的特征

1. 活跃顾客数量成为衡量价值生态系统生命周期的重要维度

活跃顾客即在价值生态系统内发生主动操作行为、具备活性、产生价值而非名存实亡的顾客或用户，例如，微信的活跃用户指发过一条以上微信、发过朋友圈、登录过游戏中心等其他主动操作的用户。按照统计周期划分，活跃用户可分为日活跃用户（DAU）、周活跃用户（WAU）、月活跃用户（MAU）。活跃用户数量是价值生态系统中真正生活着的“生物”数量，比注册用户数量更具有现实意义。价值生态系统最核心的竞争力源于顾客资源，即活跃用户数量，所以这一指标对于确定价值生态系统的生命周期至关重要。以 QQ 和微信为例，QQ 自 1999 年诞生至 2012 年月活跃用户数量高速增长，2012 年底接近 8 亿人，如表 6－1 所示。2005～2012 年，用户年增长率均在 10% 以上，这段时间为 QQ 的成长期。从 2013 年开始，活跃用户数量增长放缓，增长率低于 5%，总用户维持在 8 亿～9 亿人，可以将 2013 年至今划分为成熟期。

表 6－1　QQ、微信月活跃用户数量变动

年份	QQ		微信	
	月活跃人数（百万人）	增长率（%）	月活跃人数（百万人）	增长率（%）
2004	134.8			
2005	201.9	49.78		
2006	232.6	15.21		
2007	300.2	29.06		
2008	376.6	25.45		
2009	522.9	38.85		
2010	647.6	23.85		
2011	721	11.33		
2012	798.2	10.71	247	

续表

年份	QQ		微信	
	月活跃人数（百万人）	增长率（%）	月活跃人数（百万人）	增长率（%）
2013	808	1.23	355	43.72
2014	815.3	0.90	500	40.85
2015	853.1	4.64	697	39.40
2016	868.5	1.81	889.3	27.59
2017	783.4	-9.80	988.6	11.17

注：微信用户数量为微信与 WeChat 合并月活跃用户数量。

资料来源：根据腾讯历年年报整理。

微信自 2011 年推出以来一直保持迅猛的增长态势，2013～2015 年用户增长率高达 40% 左右。虽然近两年增速有所放缓，但是总用户规模不断上升，2017 年底月活跃用户数高达 9.8 亿人，可以说微信仍处于成长期且即将进入成熟期。图 6-2 为 QQ 和微信的月活跃用户数量变化趋势图。

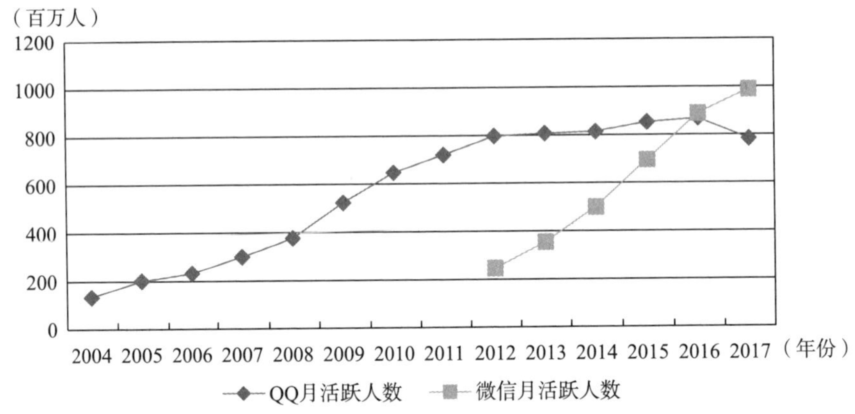

图 6-2 QQ、微信月活跃人数变化

资料来源：根据腾讯历年年报整理。

2. 价值生态系统生命周期各阶段界限不明显

传统企业的生命周期主要以产品为纽带，高度依赖资本、原材料、劳动力等传统生产要素，其成长和成熟过程受产品的有限供给、地域限制下的有限需求的影响而发展缓慢，产品的推出、火爆、过时决定着企业各个发展阶段之间存在较为明确的界限。以体验为价值载体的价值生态系统也经历幼儿期、成长期和成熟期阶段，但是对原材料、劳动力等传统要素的依赖程度退居次要位置，其发展往往呈现阶段性爆发式增长。新浪微博自 2009 年 8 月推出的半年内用户规模突破 5000 万人，不到两年的时间内突破 2 亿人，这种疯狂式增长加快了从幼儿期到成长期的过渡，也模糊了两个阶段的界限。成立于 1998 年的谷歌在不到 20 年的成长期内市值超过埃克森美孚、强生、摩根大通等百年企业，飞速成长的价值生态系统各发展阶段明显缩短且界限不明显。

3. 价值生态系统结构稳定性差

在传统的价值链、价值星系、价值网中，恒星企业或领导企业以契约为纽带维系与供应商、合作伙伴的关系，其扩张和崩溃具有一定黏性。云经济时代，价值生态系统可以容纳任意数量的顾客，中枢企业难以通过刚性双边契约对顾客进行约束，当价值生态系统面临危机时，栖息的顾客会快速流失从而导致价值生态系统迅速崩溃。曾经盛行并吸引大量读者的电子书阅读器，在平板电脑和智能手机的冲击下，迅速被读者抛弃，由于反馈系统未能有效建立新的顾客吸引机制，中枢企业无力挽救价值生态系统的命运。此外，顾客的多属（Multi－homing）行为为价值生态系统的崩溃提供了加速度。在竞争激烈、“跑马圈地”仍在紧张进行的音乐、视频、直播、共享单车等领域，顾客多属行为普遍存在，如网易云音乐和 QQ 音乐的重合用户达 1500 万人①，摩拜和 ofo 用户重合率高达 30%②。多属行为降低了顾客脱离某一价值生态系统的成本，为顾客提供了更大限度的进退自由，同时在价值生态系统面临危机时加速了系统的崩溃。酷骑单车曾是共享单车大军中引人注目的一员，2016 年 11 月 18 日成立以来用户规模不断上升，在不到 1 年的时间内注册用户突破 1600 万人。然而随着共享单车领域竞争的白热化程度提高与资金缺口的扩大，2017 年 8 月下旬，酷骑公司面临资金链断裂的困境，押金难退等现象频频发生，酷骑单车面临危机，栖息其中的用户迅速流失，最终酷骑单车构建的价值生态系统难逃崩溃的命运。

4. 物种多样性可促进超生命周期发展

自然界中物种多样性越高的生态系统，抵抗力稳定性和恢复力稳定性越高。

① 数据来源于《QuestMobile 2017 年在线音乐应用行业洞察报告》。

② 数据来源于《QuestMobile 2017 年共享单车市场报告》。

价值生态系统同样遵循这个“越复杂越难被破坏”的规律。阿里巴巴超越传统的电商角色，陆续在金融、物流、制造、体育、健康、影视、音乐、云计算等领域开疆拓土，建立庞大的价值生态系统帝国。电商、金融、阿里体育、阿里健康、阿里影业、阿里音乐等子系统多点支撑、共同支持阿里巴巴价值生态系统的成长。在商业模式快速迭代、竞争日益激烈的云经济时代，专注于某一行业很容易受行业生命周期的过度影响而导致经营风险的加剧，努力拓展物种多样性、广泛涉足发展前景良好的领域是越来越多中枢企业的选择。腾讯致力于与合作伙伴共同打造“没有疆界、开放分享的互联网新生态”。在保持自身社交领域的巨大优势基础上，不仅进军金融、娱乐、资讯、工具、平台、人工智能等领域，还与京东、滴滴、美团、58 同城、携程等公司达成战略合作，共建开放共享的价值生态系统。京东 2004 年进入电商领域，之后借助电商平台积累的交易数据记录和物流记录开始提供融资贷款、理财、支付、众筹等各类金融服务以及仓储、运输、配送等物流服务。电商、金融、物流成为支撑京东集团发展的三大支柱。知名的智能手机生产商小米正在构建生态链，致力于成为“科技界的无印良品”。紫米科技的小米移动电源、华米科技的小米手环、智米科技的小米空气净化器、云米的智能家居等展现出小米构建价值生态系统的愿景。单个企业或行业本身的生命周期特征较为明显，但是跨行业、超越个体的价值生态系统具备超生命周期的特征，价值生态系统的发展不随某一行业的兴衰起伏而发生明显波动，从多个支撑点、多种利润源中获得较为长久的发展，实现如同自然界生态系统的生生不息。

第三节 价值生态系统的分蘖与衍生

价值生态系统的发展是一个动态的、持续扩张的过程，不仅可以通过增加顾客数量实现扩张，还可以通过子系统的衍生进行扩张。强大的子系统可以带动整个系统的发展，延长母系统寿命。以腾讯为例，在 PC 互联网向移动互联网变革之际，面对横空出世的米聊，腾讯抓紧布局智能终端的移动通信。2010 年 10 月，微信立项，张小龙带着一支从 QQ 邮箱团队拆出的 10 人小分队开始进行产品开发。借助母系统提供的 QQ 好友关系链以及手机通讯录关系链，微信用户高速增长，接收QQ离线消息、QQ邮箱提醒、漂流瓶等QQ功能延伸至微信，母系统尽可能对微信子系统进行着资源和能量支持。微信非但不负众望，还成为腾讯由PC互联王者向移动终端王者转型的基础，占据2016年和2017年网民最经常使用的APP榜首。[①] 微信子系统成为腾讯布局移动互联网的先锋队与主力军，是腾讯战略级核心产品。母系统衍生子系统的方式多种多样，大致可分为内源性分蘖与外源性衍生。

一、内源性分蘖

"分蘖"为植物学名词，指禾本科等植物在地面以下或接近地面处所发生的分支。本书以分蘖来表示母系统从自身母体中发育、培养出子系统。内源性分蘖子系统是母系统内部孕育而生、与母系统一脉相承的子系统，与母系统之间存在直接的"血缘"关系。其中，内源性分蘖方式又可分为关系性分蘖与数据性分蘖。

关系性分蘖是指基于一定关系产生的分蘖子系统。典型的如QQ与QQ邮箱，2002年QQ邮箱的推出基于QQ用户之间存在邮件联系的需求，嵌入在QQ面板的邮箱快捷方式增加了用户使用的便捷性。最初的QQ邮箱仅限于在域内发送邮件，随着网易邮箱、新浪邮箱等的崛起，QQ邮箱也随之进行革新，实现可以向外域发送邮件。QQ与微信也属于关系性衍生。QQ帮助腾讯在PC互联网时代称霸通信社交市场，微信则承载腾讯在移动互联网时代的社交抱负与使命，借助QQ好友关系链，微信用户规模实现快速增长，微信中嵌入的QQ邮箱提醒、漂流瓶等功能增强了用户对微信的使用习惯与熟悉感。淘宝与支付宝也存在关系性衍生的关系。为了方便淘宝用户的购买和支付，2004年支付宝应运而生。淘宝最初的支付方式大多为网银支付，不仅流程烦琐而且安全性差，大大影响了用户消费体验。为了增强支付的便捷性与安全性，支付宝横空出世并迅速普及。后来支付宝逐渐拓展到生活缴费、城市服务、公交卡、校园服务等多元领域，参与到更加丰富的生活场景中。截至2016年底，支付宝实名用户高达4.5亿人。由支付宝起步的蚂蚁金服发展为具备独立生存能力的强大子系统，对阿里巴巴旗下淘宝、天猫等子系统的发展起着重要的支撑作用。

数据性分蘖是基于母系统沉淀的数据而分蘖的子系统。淘宝与芝麻信用、蚂

---

① 数据来源于CNNIC发布的第39次《中国互联网络发展状况统计报告》。

蚁金服，京东与小白信用、京东金融之间的关系属于数据性衍生。芝麻信用基于顾客在淘宝价值生态系统中的身份、履约、历史、人脉、行为等信息，通过云计算、机器学习等技术计算个人和企业的芝麻信用分，构建的芝麻信用体系为顾客贷款、酒店、租车、租房、公共服务等提供了便利，简化了审核流程，提升了顾客满意度。蚂蚁金服基于芝麻信用得分确立的信用体系建立了金融服务平台，为面临“融资难”问题的小微企业和个人提供了融资渠道，促进了金融普惠化。

小白信用是京东集团根据顾客的身份属性、资产能力、信用产品的使用及履约情况、信用历史、购物及投资理财的行为和偏好、社交关系等多个维度的数据，通过大数据算法对顾客信用水平给出的综合评估。与“淘宝—芝麻信用—蚂蚁金服”之间的关系类似，“京东消费数据—小白信用—京东金融”也是数据层层沉淀、层层挖掘利用的衍生性关系。顾客在京东中沉淀的历史数据为小白信用体系的构建奠定了基础，小白信用又进一步支撑了京东金融的发展。京东金融力图为用户提供“一站式金融生活移动平台”，现已建立十大业务板块，分别是供应链金融、消费金融、众筹、财富管理、支付、保险、证券、金融科技、农村金融和海外事业。京东金融子系统自 2013 年 10 月独立运营以来不断成长、壮大，依托京东集团强大的资源，发挥整合和协同效应优势，将传统金融业务与互联网技术相结合，探索全新的互联网金融发展模式。

二、外源性衍生

外源性衍生子系统是指并非母系统自产而是通过战略投资、并购形成的子系统。例如，2014 年 3 月，阿里巴巴全资收购 UC 浏览器；2015 年 11 月，阿里巴巴全资收购优酷土豆；2017 年 3 月，阿里巴巴全资收购大麦网。UC 浏览器、优酷土豆、大麦网等子系统构成阿里巴巴集团数字媒体及文娱板块，助力价值生态系统帝国的发展（见图 6－3）。

外源性衍生子系统与母系统相互支撑、互惠共生。对于母系统而言，一方面，外源性衍生是价值生态系统丰富物种多样性、增强稳定性的重要战略环节。中枢企业的精力和能力都是有限的，而任何行业想要做精做深都需要很强的专业知识和专业能力，所以外源性衍生是价值生态系统扩张过程中的重要环节。另一方面，在“数据”成为核心资产的云经济时代，外源性子系统沉淀的数据是对母系统数据的重要补充。通过各类资源和数据联动，母系统可以获得更加精准的顾客画像。以阿里巴巴收购优酷土豆为例，优酷土豆上沉淀的顾客偏好、品位、

图 6－3　阿里巴巴业务板块

资料来源：2017 年 9 月阿里巴巴季度报告。

兴趣等数据对淘宝、天猫的电商交易数据而言是有效的补充。对于价值生态系统而言，通过多种渠道获得全方位、多角度、实时更新的顾客信息是最有价值的资产。对于外源性衍生子系统而言，不仅可以获得母系统资金、技术等方面的支持，为顾客提供更佳的体验，增强顾客黏性，还可以共享母系统的数据资源，为做出更符合顾客需求的设计、更精准的营销奠定基础。更重要的是，在母系统的支持下，子系统在应对激烈市场竞争时拥有更多的资源支持和更强大的抵抗能力。通过内源性分蘖和外源性衍生，母系统培育出多种多样的子系统，形成庞大的价值生态系统帝国，实现了更为稳定和持久的发展。

案例分析

当当网成立于 1999 年，以图书起家，与淘宝共同作为最早入局电商行业的先驱。在成立后的十年内，当当借助电子商务的东风和在图书领域的深耕，实现了飞速发展，进驻当当的顾客快速增长。2005 年，其图书销量就已超过当时中国图书销量最大的单体书店，2009 年，当当成为中国最大的网上书店，年销售图书超过 100 亿元。2010 年 12 月，当当网在美国纽约证券交易所成功上市，成为中国第一家完全基于线上业务、在美国上市的 B2C 网上商城。在淘宝、京东、唯品会等网上商城飞速扩张的过程中，当当网的顾客不断流失，盈利能力难以维持，2016 年 9 月从纽交所退市，日渐式微的当当网在 2018 年 4 月被海航收购。从“中国亚马逊”到被收购，当当网的发展历程值得反思。

当当网的初创期：1999 ~ 2000 年，当当创始人之一俞渝在美国体验到在亚马逊网上购物的便捷性，当她回到北京去实体店买书遇到不便时，心中萌生了创建网上书城的想法，与李国庆一同开启了当当网的创业之路。他们艰苦摸索，凭借李国庆对图书行业的轻车熟路以及俞渝出色的融资能力，成功创业。

当当网的成长期：2001 ~ 2008 年，越来越多的顾客在当当网上买书，“在当当买书便宜”成为人们的共识。当当网的营业额迅速增长，同时融资需求不断提升。2004 年 2 月，当当网获得第二轮风险投资，著名风险投资机构老虎基金投资当当网 750 万美元。2006 年 7 月，当当网获得第三轮风险投资，著名风险投资机构 DCM、华登国际和 Alto Global 联合投资当当网 2700 万美元。

当当网的成熟期：2009 ~ 2010 年，当当网的业务模式逐渐成熟，顾客数量上升至 2000 万人左右且增长放缓。2009 年，当当网成为我国最大的网上书店，且扭亏为盈，2010 年，净利润进一步增长。2010 年底，成功赴美上市。

当当网的衰退期：2010 ~ 2018 年，2010 年京东进入图书领域，并以激烈的价格战争夺顾客，刘强东甚至提出“五年内不允许京东图书部盈利”，以“跨界破坏者”的姿态对当当网的主营业务带来冲击。受制于上市公司的报表压力和稳健的经营习惯，当当网没有对京东的价格战大力还击，导致顾客数量和销售额逐渐减少。当当网以图书起家，并一度在图书领域做得风生水起，过度依赖图书业务而忽略了全品类发展，在淘宝、天猫等竞争者的夹击下，当当网的图书领域遭受冲击的同时也难以从其他品类的发展中获得缓冲，最终逐渐衰落（见图 6 - 4）。当当网从纽交所退市的时候，市值仅为 5.36 亿美元，不到上市时市值的 1/4。当当网最终以被海航收购潦草结尾。

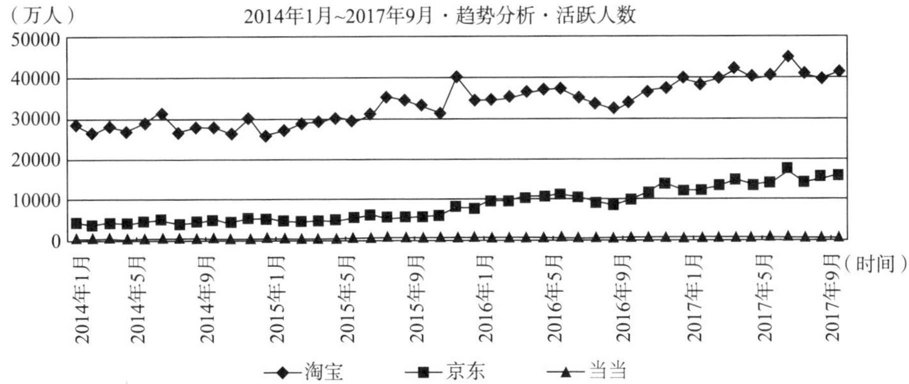

图6-4 淘宝、京东、当当的活跃人数增长趋势对比

资料来源：qianfan. analysys. cn。

当当网的没落大致可以归结为以下几个原因：①由于未及时进行品类扩张，核心优势转变为核心刚性。当当网凭借在图书领域的优势实现了快速发展，在淘宝、京东等平台纷纷上线综合类商品的时候，当当网仍然只专注于图书，等到管理者幡然醒悟时为时已晚。当当网过度依赖图书的特点使其在面对京东图书"价格战"的时候不堪一击，市场份额快速下降，图书带来的核心优势转变为核心刚性，限制了当当网的发展。②过度强调成本控制，忽略了顾客嵌入深度的提升。互联网和云经济时代，价值载体由产品转变为体验，企业经营的产品思维应转变为顾客（用户）思维。当当网仍然在以工业经济时代的产品思维经营，强调成本控制和供应链管理，而京东却以"烧钱"的方式进行品类扩张、建设物流体系，不断优化顾客的购物和物流体验，提升顾客嵌入深度，将顾客拉向自己的价值生态系统中。当当网忽略了顾客的重要性，缺乏通过战略投资布局未来的长远眼光。③创始人对失去控制权的担忧使其在融资时过于谨慎保守，影响了当当网的发展。对创业企业而言，创始人的控制权会随着系列融资活动逐渐稀释。当当网创始人李国庆为了牢牢掌握控制权，而拒绝了亚马逊、腾讯等公司抛来的投资"橄榄枝"，间接阻碍了当当网的进一步发展。殊不知，阿里巴巴、京东的创始人团队纷纷通过特殊的公司治理制度设计打破了控制权随财务资本进入而稀释的"自然规律"。

阿里巴巴合伙人制度、京东的双层股权结构设计都帮助创始人团队将控制权锁定在自己手中，传统财务资本主导的公司治理范式逐渐被以创业企业家为代表的智力资本主导的公司治理范式所取代，而李国庆却仍然停留在传统的思维范式中。

第七章 价值生态系统的竞争战略

云经济时代，企业与企业之间的竞争上升为价值生态系统之间的竞争。波特基于价值链分析提出的三大竞争战略——成本领先战略、差异化战略、专一化战略在工业经济时代发挥了重要作用，但是在云经济时代，其所适用的环境正在逐渐弱化。价值生态系统需要寻找和思考新的竞争战略以适应云经济时代的发展要求。

第一节 波特三大竞争战略

一、波特三大竞争战略的提出

波特认为决定企业盈利能力的两大因素是行业的营利性与企业在行业中的竞争地位，而行业的营利性是由每个行业内企业面临的五种竞争力决定的，即波特五力模型（见图7－1）。供应商议价能力、买方议价能力、新进入者的威胁、替代品的威胁与现有竞争者之间的竞争影响着企业的盈利能力，而企业竞争战略的选择和实施反过来将进一步影响这五种力量，所以深刻理解企业面临的五种竞争力是竞争战略选择和制定的核心。

企业在行业中的竞争优势主要体现在低成本或差异化，这两种基本形式的竞争优势结合其意图选取的活动范围形成了可以帮助企业获得高于行业平均水平收益的三种基本战略：成本领先战略、差异化战略和专一化战略。

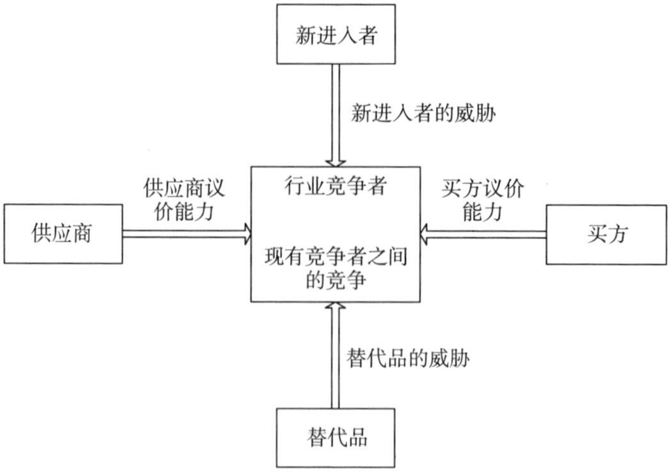

图 7-1　波特五力模型

1. 成本领先战略

成本领先战略是指企业专注于控制成本，力图实现开展价值创造活动累积的成本低于竞争对手，处于行业领先水平从而获得高于行业平均水平的超额利润。在实施成本领先战略时，企业需要对发生的所有成本进行系统而综合地分析，为此波特提出了成本驱动要素（Cost Driver）的概念。成本驱动要素影响着企业价值活动的相对成本地位，主要包括规模经济、关联、学习、相互联系、一体化或分拆、时机、地理位置等。

（1）规模经济：规模经济指随着生产规模和销售量的扩大，基础设施、管理费、研发费用、广告费等共同费用所分摊的单位成本降低所带来的成本节约。规模经济是有一定限度的，当生产规模的过度扩大增加了工作复杂度和协调成本，可能会出现“规模不经济”。

（2）关联：关联可以分为价值链内部的关联和与供应商、渠道之间的纵向关联。价值链内部的协调和优化活动可以降低成本，如采购与生产之间的有效协调可以显著降低存货水平，减少存货对资金的占用。纵向关联方面，供应商的原材料交付时效、质量等因素影响本企业的存货储备与产品质量，下游渠道的促销行为可能降低本企业销售成本，在寻求可以使双方成本共同降低的途径基础上进行关联管理有助于企业获得成本优势。

（3）学习：学习是历次微小的改善之和，专有知识的学习可以帮助企业获得可持续的成本优势。管理者的不断学习可以促进效率提升和调度改善，员工的“干中学”可以提升生产效率，加强对学习的引导和鼓励可以帮助企业无形中降低成本。

（4）相互关系：企业内不同业务部门之间的相互关系影响着成本。不同业务部门之间的共享和交流活动既有助于专用性、隐性知识传递，还有助于形成凝聚力和团结意识，共同为实现组织一致目标而奋斗。

（5）一体化或分拆：恰当采用一体化或分拆策略有助于降低成本。当供应商的议价能力较强，与之进行合作或关联管理收效甚微，后向一体化可以避免过度受外部市场的牵制，增强企业经营活动的主动性与灵活性。当企业自身承担物流业务比外包需要花费更多的成本时，选择外包有助于获得成本优势。一体化、分拆并不绝对会带来成本的降低，企业需要结合自身实际情况与外部环境做出恰当的决策。

（6）时机：先发优势或后发优势可以为企业带来成本的节约。较早进入市场并因此获得品牌认知度可以降低打造和维持品牌所需的巨大成本，如美国嘉宝食品获得的先发优势。后来者在某些方面也可以获得成本优势，如避免先行者承担的高额研发成本、市场开发成本等。

（7）地理位置：不同国家和地区的土地、劳动力、原材料、能源的价格不同，法律、气候、文化、消费者偏好不同，这些因素直接或间接地影响着企业成本管理的方方面面。劳动力密集、能源密集型产业由发达国家转移到成本更低的发展中国家是利用地理位置降低成本的典型实例。

成本领先战略的实施需要一定的前提条件：①顾客对价格较为敏感，竞争对手之间价格竞争激烈；②产品基本是标准化的；③企业具备有效控制成本的资源和条件。波特还指出成本领先的战略逻辑强调“先下手为强”，以规模经济或技术创新等手段成为行业内的成本领先者。企业的低成本不仅帮助其在面对议价能力较强的买方时保留一定的弹性利润空间，还可以在一定程度上帮助企业抵御新进入者和替代品的冲击。

2. 差异化战略

差异化战略是指企业通过为买方提供有价值的独特产品或服务而获得高于行业平均水平的溢价或销售额，该战略的核心是独特性。实施差异化战略不容忽视的两大前提是：第一，产品的独特性对买方具有价值，预期可以获得买方的认可和接受。第二，差异化产品的溢价超过实施差异化战略过程中付出的成本。只有满足了这两大前提，差异化战略的实施才可能为企业带来超额利润和竞争优势。

在实施差异化战略过程中，对“买方价值”的理解和重视至关重要。波特认为企业主要通过两种途径为买方创造其愿意额外加价的独特价值：①降低买方成本。这里的成本不是指买方购买过程中付出的成本，而是买方使用过程中发生的成本，如时间成本、安装成本、学习与适应成本、便捷性、维修成本等。超级省电的冰箱、省时省力的吸尘器、轻便易携的笔记本电脑、经久耐用的电视机等都为买方的使用提供了便利，节省了使用成本。②提升买方绩效，即提高买方的满意度，为买方带来心理和精神上的满足与愉悦。耐克、阿迪达斯等运动鞋品牌本身的差异化可以满足顾客对彰显个性、追求时尚的需求，奢侈品品牌可以满足顾客对展现自身形象和地位等方面的需求，这使顾客心甘情愿接受产品的高溢价。差异化战略的可持续性取决于买方感知价值的持久性以及无竞争对手模仿，在买方看重的独特性基础上进行持续创新有助于企业保持可持续的竞争优势。

3. 专一化战略

专一化战略是指企业专心服务于行业内的某个细分领域或某个顾客群，通过在该领域内构建成本优势或差异化优势而比竞争对手更好地服务于目标细分市场从而获得竞争优势。实施专一化战略的前提在于目标市场与行业中其他市场之间存在显著的差异性，而且目标市场的差异性需求尚没有得到充分关注和满足。与成本领先战略和差异化战略着眼于整个行业范围不同，专一化战略主要面向行业内某一特定的目标市场。

长期以来，基于价值链分析的三大竞争战略占据战略管理研究的主流，价值星系、价值网、全球价值链理论深化了三大竞争战略的内容，却没有产生新的战略思想。如虚拟价值链和价值网理论认为降低成本与优化资产是企业管理永恒的主题，价值星系、价值网理论认为了解顾客需求并提供满足其需求的差异化产品是主要的竞争战略。近些年来对竞争战略的分析也牢牢围绕这三大战略展开（董小英等，2014；柴才等，2017）。

二、波特三大竞争战略面临的挑战

云计算、大数据、物联网等技术的发展推动社会从工业经济时代进入云经济时代，随着价值生态系统这一新型产业组织的出现和发展，传统竞争战略逐渐失去应用环境和基础，局限性日益凸显。

1. 竞争战略分析视角局限于行业内

工业经济时代，企业的行业属性较为清晰，企业面临的竞争主要是行业内的竞争，所以波特对竞争战略的研究视角集中于行业内部。成本领先战略要求企业成为行业内的成本领先者，差异化战略鼓励企业在行业内确立自身独一无二的地位，专一化战略集中于行业内较小的细分市场。云经济时代，随着企业间竞争上升为价值生态系统的竞争，价值生态系统产业边界模糊的特征要求将竞争战略分析视角拓展到行业边界以外。使传统书店举步维艰的不是行业内其他书店，而是亚马逊、当当网等网上书店；使 MP3 播放器逐渐消失的不是质量更好的 MP3，而是智能手机；使传统家居企业面临冲击的不是更优质的家居生产商，而可能是进军物联网市场的小米。“跨界破坏者”以颠覆式创新冲击着传统的产业格局，新技术、新业态、新商业模式的涌现要求管理者站在行业边界外思考竞争优势的获取与保持问题。传统纸媒公司浙报传媒没有局限在报纸行业内思考问题，而是积极推动产业融合，努力打造集新闻资讯、生活服务、互动娱乐于一体的服务平台（蔡宁等，2015），近期又致力于构建大数据产业生态圈，在其他报刊机构纷纷倒闭时蜕变为综合性数字文化产业集团。

2. 仅注重产品层面的竞争

工业经济时代，价值的载体主要表现为产品，企业通过一次性、即时性的交易将产品销售给顾客完成价值的传递。企业力图通过价值链的管理和优化以获得成本优势和差异化优势，竞争战略的执行着眼于产品制造过程。云经济时代，价值的载体由产品转变为体验，顾客的使用过程超越产品制造过程成为价值创造的核心活动。谷歌的浏览器应用打败了网景的浏览器产品；在线音乐网站取代了磁带和激光唱片；在线词典 APP 取代了厚重的词典书。“采购—生产—销售”的生产流程在一些行业逐渐瓦解，持续地对顾客服务过程进行创新成为拓展价值空间和提升竞争力的主要驱动力。价值载体的变化使顾客与企业之间的关系逐渐从短期性的交易关系转变为长久性、稳定性的互惠共生关系，以持续的创新活动优化顾客体验，增加顾客黏性和忠诚度是价值生态系统竞争的焦点（见表 7－1）。

表 7-1　云经济时代构建竞争优势着眼点变化

产业组织	价值载体	价值传递	构建竞争优势着眼点
价值链	产品	销售	制造过程
价值生态系统	体验	顾客使用	持续服务过程

3. 停留在“柜台”一侧，忽略顾客的作用

传统三大竞争战略的制定和实施停留在企业“柜台”一侧，即主要发生在企业内部。云经济时代，随着顾客对价值创造活动嵌入程度的加深，“柜台”逐渐消失，顾客在价值创造过程中发挥日益重要的作用，但是顾客在竞争战略制定和实施过程中的作用却没有得到充分重视。首先，顾客翻越顾企之间的“柜台”，逐渐成为价值创造的主体。没有一辆自有出租车的 Uber 却调动了数量众多的私家车；没有一处自有房产的爱彼迎（Airbnb）却激活了大量的民间私有住房；使新浪微博快速成长的不是其自身的内容制作者，而是数以亿计的用户。UGC 引领的自媒体时代正在调动和激发大众的力量。尽管 QuestMobile、猎豹大数据等民间智库机构已经意识到“活跃用户规模”和“人均使用时长”是衡量价值生态系统竞争力的主要指标，但是目前尚未被纳入理论研究范畴。其次，顾客信息和数据借助大数据、云计算等技术的发展有效拓展了价值空间，逐渐成为价值生态系统的核心资产。蕴含巨大价值的大数据被称为云经济时代的“新能源”，而获取这种“新能源”的主要途径是吸引尽可能多的顾客。最后，传统三大竞争战略对顾客成就感、满足感、归属感等精神文化体验没有予以充分关注。火爆的网络影视如《中国好声音》等创新型文化娱乐节目为人们带来的精神文化价值难以计量，但对社会生活产生的深远影响不应被忽略。顾客栖息于朋友圈、微博、音乐圈等虚拟空间中，通过分享、点赞、评论等活动展现自我、互动交流从而获得愉悦、满足等心理体验。这种心理体验对顾客能否长久栖息于价值生态系统、与中枢企业进行价值共创有重要影响。传统三大竞争战略仅仅把顾客当成产品的购买者，没有意识到顾客的重要作用，也没有对顾客的精神文化体验予以充分关注。

4. 以获得超额利润为落脚点

不论是成本领先、差异化还是专一化战略都以获得高于行业平均水平的超额利润为目标，按照“利润 = 收入 - 成本”的逻辑最大化利润。成本领先战略通过压缩成本提升利润，差异化战略要求企业在以独特性价值提升收入的同时

严格控制成本，否则差异化溢价无法为企业带来超额利润。云经济时代，大行其道的免费服务甚至补贴活动颠覆了传统的“价值获取”逻辑。奇虎360杀毒软件以免费服务打败了瑞星、江民等老牌企业，免费的淘宝打败了收费的ebay，“饿了么”、美团的红包优惠，西瓜视频火爆一时的“百万英雄”[①]活动以补贴顾客的方式吸引新用户。获得利润固然是价值生态系统的最终目标，但是免费甚至补贴活动的盛行表明聚集尽可能多的顾客资源成为价值生态系统构建竞争优势的第一步和必要环节，这是致力于吸引顾客进驻并栖息的亚马逊、京东等价值生态系统虽连续亏损多年却仍然备受资本市场青睐的内在原因。庞大的活跃顾客数量不仅是价值生态系统旺盛生命力的重要表现，也是开发盈利模式的前提。越来越多的企业意识到价值生态系统种群爆发效应创造的价值远远高于传统的价值链优化活动，故以“烧钱”的方式聚集尽可能多的顾客资源成为实务界共识。

云经济时代，价值生态系统这一新型产业组织发展和竞争过程中呈现出的新特点要求我们对传统三大竞争战略进行批判性思考。基于价值链分析的三大竞争战略在解释和指导价值生态系统竞争过程中作用逐渐减弱。①成本领先战略适用于以大规模流水线生产标准化产品的工业经济时代，云经济时代顾客日益强烈的个性化需求动摇了这一战略的适用基础。而且，价值生态系统以“烧钱”的方式聚集尽可能多的顾客资源，以大量的投入不断优化顾客体验，这冲击着成本领先战略。京东斥巨资建立的自建仓配一体的物流体系以高效、快速的配送服务为顾客带来了绝佳的购物体验，也为京东带来了竞争优势。若京东一开始秉承成本领先理念，则很可能选择将物流服务外包以降低成本，而难以为顾客带来优质体验从而获得竞争优势。②差异化战略被赋予新的内涵。传统的差异化战略执行过程中，差异化内容由企业决定。云经济时代顾客翻越“柜台”参与到价值创造流程中，快速发展的信息技术允许顾客自身决定差异化内容。3D打印的火爆使顾客可以自行设计任何形状和样式的东西，英国奢侈品品牌博柏利允许顾客自行选择纽扣、针线缝法、内衬厚度、织物来设计自己的衣服，云制造真正实现由顾客主导价值创造流程。在价值生态系统中，移动互联、智能制造、物联网等技术的发展允许栖息其中的顾客充分表达和实现自身的个性

① 西瓜视频、今日头条等APP推出的全民知识互动游戏，每场12道题目全部回答正确的人将瓜分百万奖金。

化和差异性需求。③专一化战略专注于为某一特定市场或顾客群服务，实施该战略的前提在于目标市场与其他市场存在显著的尚未被满足的差异化需求。云经济时代这一战略的应用基础日益薄弱：一方面，云经济时代信息技术的快速发展打破了地域限制，使世界日益“平坦化”，特定地域市场的差异化需求逐渐减弱，任何地区的人都可以通过互联网接触到来自世界各地的商品；另一方面，相比特定目标市场的差异化需求，更值得关注和重视的是每位顾客的个性化需求。综上所述，实践的发展要求我们对适应新时代、适用新型产业组织的竞争战略进行创新性探索和思考。

第二节　从组织嵌入到顾客嵌入

云经济时代，企业与企业之间的竞争上升为价值生态系统之间的竞争。根据以上分析，在研究云经济时代竞争战略的时候应该注意：①价值生态系统跨行业的特征要求我们的研究视角不能局限于行业内，而要放眼全局，高瞻远瞩。②使用过程超越制造过程成为价值创造的核心环节，故需将构建竞争优势的着眼点从产品制造过程转移到顾客使用过程。③充分重视和发挥顾客的作用和价值，尤其关注顾客的精神文化体验。④聚集顾客以构建价值生态系统是开发盈利模式的必要前提，利润可能不是价值生态系统竞争的近期目标。

一、研究视角选择

对价值生态系统而言，顾客是最重要的资源。其中，顾客既包括自然人顾客，也包括企业顾客，因为它们以平等的身份进驻并栖息于价值生态系统，一定情况下两者互为顾客。①顾客是重要的生产者。以用户信息交互传播为特点的Web 2.0时代，顾客不仅是网络内容的浏览者，更是网络内容的创造者。人人都是自媒体，人人都是价值创造的主体。传统的制造业也逐渐向“云制造”转型，允许顾客主导制造过程。②顾客是主要的消费者。自然人顾客和企业顾客的“消费”行为在价值生态系统的物质循环和能量流动中占据首要地位，顾客的“消费”行为“激活”了价值生态系统，是价值生态系统运行的重要动力。③与顾客相关的数据蕴含巨大价值。云经济时代背景下，数据和信息一改过去作为监督和控制生产流程的辅助角色而成为云经济时代的“新能源”。以万物互联为特征的物联网的蓬勃发展将“死数据”转变为在线的“活数据”，技术的发展大大降低了数据的收集、处理、分析的成本，从而在管理决策、信用体系、社会治理等方面发挥着日益关键的作用。顾客成为价值生态系统的核心资源与竞争优势的主要来源，以一定方式聚集和维持顾客资源是价值生态系统构建与运行的目标。

嵌入理论指出，组织通过市场交换通常只能获得一般性资源，而组织最为依赖的关键资源是依靠嵌入关系获得的，嵌入创造了其他方法很难模仿的积极效果（潘旭明，2010）。源于社会学的嵌入理论为价值生态系统顾客资源的获取与维持提供了有益的视角。①嵌入理论可以解释顾客对特定产品或体验的偏好（Mende，2013），正是嵌入引导顾客从价值生态系统“访客”到“栖息者”的转变。②嵌入使顾企关系从一次性、即时性的交易关系转变为长期性、稳定性的互惠共生关系，顾客忠诚度大大提升。嵌入度和满意度较高的顾客形成竞争对手难以模仿的异质性资源（姚山季、王永贵，2012），从而形成价值生态系统独特的竞争优势。③顾客嵌入便于价值生态系统中信息的交流分享和显性知识、隐性知识的传递，进而激发创新，促进价值生态系统形成健康、可持续发展的良性生态。

传统产业组织基于市场份额、成本领先等的竞争战略在云经济时代逐渐失去基础，价值生态系统专注于对“活跃用户规模”“用户使用时长”等顾客嵌入度相关指标的竞争。顾客嵌入度的衡量既包括顾客嵌入广度，也包括顾客嵌入深度。顾客嵌入广度指在价值生态系统中嵌入的顾客数量，活跃顾客数量越多，价值生态系统的生命力和生产力越强。顾客嵌入深度指顾客对价值生态系统的依赖程度和偏好程度，主要反映顾客的忠诚度。顾客对价值生态系统嵌入越深，价值生态系统的稳定性越强。综合反映价值生态系统竞争力和稳定性的顾客嵌入深度和广度成为云经济时代分析价值生态系统竞争战略的重要基础。云经济时代，企业与企业的竞争、价值链与价值链之间的竞争上升为价值生态系统之间的竞争。传统竞争战略难以适应时代发展要求，顾客嵌入度为价值生态系统竞争战略的研究开辟了视角，故本节以顾客嵌入度为基础研究价值生态系统的竞争战略。

二、嵌入的概念和类型

嵌入（Embeddedness）最早由 Polanyi（1944）在《大变革》一书中提出，他指出经济活动嵌入在一定的社会环境中，受到特定环境的影响。Granovetter

(1985) 将嵌入划分为关系性嵌入 (Relational Embeddedness) 与结构性嵌入 (Structural Embeddedness) 两种,在此基础上 Nahapiet 和 Ghoshal、Tsai 和 Ghoshal 又补充了第三种嵌入——认知性嵌入。关系性嵌入是指人们在长久的、个人的、情感性的互动过程中建立的关系,这种嵌入可以产生信任、信誉、友谊等人格化资产。关系性嵌入根据互动频率、联系紧密度、持久性、信任程度等维度可以划分为强连带与弱连带。强连带主体之间较高的信任程度和默契程度有助于学习和协作效率提高,而弱连带允许行动者以较低的成本和冗余获得多元化、持续更新的信息资源。结构性嵌入强调行动者由于嵌入到一定的社会或组织网络中而形成的互动和联系,网络结构、网络密度、网络层级、位置中心性等指标可以衡量结构性嵌入的程度。结构性嵌入与关系性嵌入的主要区别在于社会互动与个人互动,同事、上下级的关系属于结构性嵌入,而朋友、家人属于典型的关系性嵌入。认知性嵌入指基于一致的见解与信念。三种嵌入类型如表 7-2 所示。

表 7-2　嵌入的三种类型

嵌入类型	嵌入层面	主要属性
关系性嵌入	个人层面	互动频率、联系紧密度、持久性、信任程度
结构性嵌入	社会层面	网络结构、网络密度、网络层级、位置中心性
认知性嵌入	心理层面	共同的愿景、价值观形成共享的语言符号、默会知识、一致的见解与信念

三种嵌入高度相关,相辅相成:①结构性嵌入促进关系性嵌入。信任关系起源于社会互动 (Gulati, 1995)。结构性嵌入为社会互动提供了框架和载体,而持续、频繁的互动为个人关系的发展提供了环境。频繁、紧密的社会互动促进人们相互了解、分享自身的见解从而逐渐形成友谊、信任等私人关系。②认知性嵌入推动关系性嵌入。信任根植于一致的价值观中。共同的愿景、价值观、信仰可以促进利益关系的和谐化,降低机会主义行为和自利行为发生的可能性,从而促进信任关系的形成。③结构性嵌入提升认知性嵌入。社会网络内部的互动在形塑组织共同目标和价值观的过程中扮演重要角色。在社会互动过程中,共享的组织语言、代码符号逐渐形成并渗透到每位组织成员中,一致的价值观和愿景逐渐清晰并得到普遍认可。

三、价值生态系统的嵌入关系

1. 传统价值创造组织中的企业嵌入

以往对嵌入理论的研究重点关注企业对价值网络的关系性嵌入。Uzzi（1997）指出合作企业之间通过关系性嵌入形成的亲密关系使彼此更深切地体察对方的交易需求和目标，更高层次的信任关系有利于信息和隐性知识的交流分享。Andersson 等（2002）认为关系性嵌入形成的企业社会关系联结对提高知识分享程度有积极作用。实证研究方面，Dhanaraj 等（2004）发现母子公司之间的嵌入性关系明显促进了显性和隐性知识的传递，进而提升了企业的业绩表现。McEvily 和 Marcus（2005）发现企业与供应商、合作伙伴之间的信任可以实现高质量信息的共享和共同解决问题，从而提升企业竞争力。

价值星系和价值网实质上是企业对价值创造网络的嵌入。以价值星系为例：①行星企业的结构性嵌入帮助价值星系获取经济外部性。行星企业依据自身的专业特长嵌入到价值创造网络中，负责价值创造流程的特定环节，这种结构性嵌入使价值星系可配置的资源范围变大，市场响应速度提高，从而实现以更低的成本和更高的效率生产产品和服务。②价值星系成员企业在业务上的交易与合作关系为其潜移默化地关系性嵌入到价值创造网络中提供了土壤。一方面，业务往来为发展友谊、进行情感性交流提供了机会；另一方面，年度经销商大会、供应商见面会、年会等会议增强了企业之间的互动和交流。关系性嵌入增强了价值创造网络的稳定性和灵活性（如赊销），一定程度上降低了市场波动带来的不确定性。③企业的认知性嵌入主要表现为价值星系的价值观吸引力（罗珉，2006），一致的愿景和价值观是价值星系成员企业合作的前提，也是企业之间交易摩擦的润滑剂。

价值星系、价值网通过企业嵌入获得了难以模仿的竞争优势。①企业嵌入增强了价值创造网络的稳定性。与一次性、短暂性的市场交易相比，嵌入通过建立成员间稳定、持久的关系有效降低了外部不确定性，提升了对市场变化的适应性。②企业嵌入增强了协同效应。不同企业优势互补、信息共享有助于提高协作效率，发现新的市场机会。③企业嵌入有助于默会知识的传递。与显性、通用性知识相比，默会知识可能蕴含更大的价值。企业嵌入不仅可以提高信息的传递效率，还可以通过共享默会性知识挖掘更深层次的价值。④企业嵌入有助于降低机会主义行为，促进专用性资产投资。企业嵌入尤其是关系性嵌入增强了彼此的信任，降低了自利行为发生的可能性，有助于促进各方专用性资产投资和整体价值最大化的实现。

2. 价值生态系统的顾客嵌入

相比价值星系、价值网有限数量的企业嵌入，价值生态系统力图实现任意数量的顾客嵌入①。推动顾客嵌入规模的扩大以及嵌入程度的加深是价值生态系统的首要运营目标。从价值链到价值星系、价值网再到跨国企业的全球价值链反映出传统价值创造机制极力扩大企业嵌入规模的努力。虽然经济全球化使越来越多的企业嵌入到价值创造网络中，但是顾客却由于技术、观念、环境等因素的限制而难以实现嵌入。云经济时代，移动互联、智能手机的普及应用逐渐打破了顾客嵌入价值创造过程的固有限制。另外，顾客嵌入的重要意义逐渐被发觉，提升顾客嵌入程度以实现顾客“栖息”成为价值生态系统的运行目标。

关于顾客嵌入，已有一些研究表明顾客以一定方式参与价值创造流程可以为企业带来竞争优势：①研发过程中，姚山季和王永贵（2012）、张欣等（2014）发现顾客参与新产品开发可以显著提升新产品上市速度和新产品创新程度进而提高新产品销售量。②生产过程中，Prahalad 和 Ramaswamy（2004）基于价值共创视角指出让顾客成为共同生产者有助于价值创造。③营销过程中，传统基于 4Ps（Product、Price、Place、Promotion）理论的交易营销逐渐转变为基于 4Rs（Relevance、Reaction、Relationship、Reward）的关系营销。云经济时代到来之前，顾客对企业的嵌入没有得到充分关注。一方面是因为受技术条件限制顾客的参与程度和嵌入程度不深，另一方面是因为工业经济时代以研发、生产、营销为主体的制造过程占据价值创造的核心活动，顾客使用过程常常被企业忽视。随着信息网络技术尤其是云计算、大数据技术的飞速发展，顾客参与价值创造活动的环境和条件得到极大改善。顾客使用过程超越制造过程成为价值创造的核心活动，顾客“栖息”于价值生态系统创造的虚拟空间中，嵌入程度大大加深。强调用户交互性、参与性、分享性的 Web 2.0 加强了顾客的关系性嵌入；基于共同价值观形成的各类“社群”反映出顾客的认知性嵌入；诸多如社交、购物、饮食、出行、支付等传统线下活动转移到线上，价值生态系统以更优质的环境、更高效的服务促进了顾客的结构性嵌入。活跃用户规模、人均使用时长等顾客嵌入度相关指标成为价值生态系统竞相追逐的目标。

---

① 顾客包括企业顾客与消费者顾客。

顾客嵌入对价值生态系统的价值创造而言意义重大。①顾客嵌入打破了传统供给和需求相分离的状态，一定程度上成为价格调节机制的替代品。尽管价值创造载体不断升级，从价值链升级为价值星系、价值网、全球价值链，但是这些传统价值创造机制仍然停留在供给这一端，与顾客的需求之间横亘着坚硬的“柜台”。价值生态系统逐渐撤销“柜台”，真正实现由顾客参与并主导价值创造流程，并努力营造一个顾客栖息的空间。供给和需求之间的“距离”由于顾客嵌入到价值生态系统中而被无限缩短甚至完全消失，原本由于供需不对称和信息不对称带来的交易成本和摩擦成本也大大降低，传统由价格调节的市场交易中存在的时滞问题也得到有效缓解。在栖息着众多卖家和买家的淘宝生态系统中，买家可以花更低的成本“货比三家”并买到物美价廉的产品，卖家也可以将产品销售给世界各地的人，共同形成一个接近于信息完全的自由竞争市场（罗珉、杜华勇，2018）。②顾客嵌入便于价值生态系统中信息的交流分享和显性知识、隐性知识的传递进而激发创新，促进价值生态系统形成可持续发展的良性生态。例如，一些政府用户嵌入到新浪微博构建的价值生态系统中，在应对突发事件、开展舆论引导、增强政民互动等方面发挥了重要的积极作用。③QuestMobile、猎豹大数据等民间智库机构意识到现有价值生态系统的竞争围绕“活跃用户规模”“人均使用时长”“人均打开次数”等指标，而这些指标可以以顾客嵌入广度（规模）和顾客嵌入深度予以理论概括和升华。提高顾客嵌入度不仅是开发盈利模式的前提，还是价值生态系统的“命脉”。

从顾客嵌入视角对价值生态系统竞争战略展开研究具有科学性和贴切性，主要表现在：

（1）顾客嵌入的多种类型及顾客多重角色嵌入与价值生态系统的跨行业特征可兼容。开放包容的价值生态系统培育和发展各行各业的多元化子系统和价值种群，分散整体风险的同时实现顾客的多重角色嵌入以增强顾客的转换成本，增强价值生态系统发展的稳定性。价值生态系统培育子系统的过程是提升顾客多重角色嵌入的过程，正是因为顾客多重角色嵌入，所以多个行业可以在价值生态系统的有机黏合下共同创造价值。

（2）顾客嵌入与价值生态系统构建竞争优势应着眼于顾客使用过程相契合。传统三大竞争战略关注成本、关注价值链优化的特点与工业经济时代制造过程占据价值创造核心地位一脉相承。云经济时代顾客使用过程成为价值创造的核心环节，关注顾客使用频率、使用次数、使用体验的顾客嵌入度应该在制定竞争战略时得到充分关注和重视。价值生态系统致力于将顾企一次性、即时性的交易关系转变为长久性、稳定性的互惠共生关系，顾客嵌入到价值生态系统中并成为“内部人”是长期互惠关系的基础。这种持久的关系互动有助于增强顾客对价值生态系统的偏好和忠诚度，提升价值生态系统的竞争优势。

（3）以顾客嵌入展开竞争战略的研究对顾客在价值创造中的作用和顾客心理体验予以充分关注，克服了传统竞争战略忽视顾客作用的不足。顾客的结构性嵌入帮助其满足自身需求，关系性嵌入通过社交、信任等使顾客产生愉悦、满足等心理，认知性嵌入通过共享的价值观和愿景使顾客产生归属感、成就感等体验。传统的竞争战略仅仅关注以货币计量的交易价值，顾客的关系性嵌入和认知性嵌入通过关注情感、心理等软需求将顾客精神文化体验纳入价值范畴中，丰富了价值的内涵。

（4）顾客嵌入视角重点关注顾客资源的获取与维持，不以短期利润为落脚点，与价值生态系统盈利的后置性相契合。对于处于成长期的价值生态系统而言，最重要的目标是吸引尽可能多的顾客进驻而非获得短期利润，提升活跃顾客规模、培养顾客使用习惯是开发盈利模式的前提。相比传统企业，价值生态系统需要更大的前期资本投入和更长远的战略眼光。

价值生态系统的竞争力源于栖息其中的顾客数量与顾客忠诚度，即顾客嵌入度。顾客嵌入度的衡量既包括顾客嵌入广度，也包括顾客嵌入深度。顾客嵌入广度指在价值生态系统中嵌入的顾客数量，活跃顾客数量越多，价值生态系统的生命力和生产力越强。顾客嵌入深度指顾客对价值生态系统的依赖程度和偏好程度，主要反映顾客的忠诚度。顾客对价值生态系统嵌入越深，价值生态系统的稳定性越强。云经济时代，价值生态系统的竞争战略主要包括提升顾客嵌入广度和提升顾客嵌入深度。

3. 传统组织嵌入与价值生态系统嵌入的差异

价值链、价值网等传统价值创造组织以企业嵌入为主，通过不同企业优势互补和资源共享提升价值创造的效率，但是传统组织的刚性特征容易导致企业“嵌入过度”从而产生负面影响。①传统组织的中心化特征加剧了企业风险。过度嵌入使价值网络成为企业成员赖以生存的基础，一旦价值网络出现破裂、缝隙，企业成员将无所适从，从而走向衰落。②传统组织以严格的契约或协议对嵌入其中的企业进行约束，这一封闭性特征容易产生“锁定”。嵌入虽加深了价值网络内部成员企业的合作，但是过度嵌入容易使成员企业的行动、思维方式、信息渠道牢牢“锁定”在价值网络中，阻碍了对新机会的发现以及对新知识、新信息的获取，对创新及变革等活动产生抑制效应。③传统组织只能容纳有限的、特定的企业嵌入其中，过度嵌入会导致趋同。当某一企业过度嵌入到其所在的价值网络中时，由于网络关系局限于其内部有限数量的合作伙伴，原本协作的基础——多样性逐渐发展为同一性从而引起协作效率的降低。

不同于价值链、价值网等传统的刚性组织，价值生态系统是具有更强柔性和活性的生态化组织（见表7-3）。①价值生态系统致力于“去中心化”，中枢企业不再是价值创造过程的主导者和指挥者，而努力为进驻其中的企业与顾客自行进行价值创造提供服务和支持。②价值生态系统具备开放性特征，允许顾客自由进出。价值生态系统与栖息的顾客之间不需要也不可能签订传统意义上的契约以固化关系（金帆，2014），所以顾客并不会被硬性约束在价值生态系统内。③价值生态系统可以容纳任意数量的顾客和企业栖息，系统本身跨行业、跨地域的特征不会导致传统组织过度嵌入带来的趋同问题。以淘宝为例，它实现了行业更加多元、形式更加丰富、领域更加广阔的卖家和买家的聚集，他们的互动和交易不仅不会促使其同一化，还可能会激发更加多元、更加丰富的创新组合。价值生态系统的以上特征表明系统中的顾客嵌入不会像传统组织那样产生嵌入过度的负面影响，所以价值生态系统不仅不需避免“嵌入过度”，还应致力于提升顾客嵌入程度以提升系统发展的稳定性和竞争力。

表7-3 传统组织与价值生态系统的嵌入差异

	结构特征	网络特征	开放程度	规模
传统组织	刚性结构	中心化	封闭性 严格契约约束	规模有限
价值生态系统	柔性结构	去中心化	开放性 无硬性契约约束	规模无限

第三节 基于顾客嵌入度的竞争战略

对价值生态系统而言，提升顾客嵌入度可以增强系统的稳定性和竞争力。顾客嵌入度按照顾客规模与顾客忠诚度可以划分为顾客嵌入广度和顾客嵌入深度。云经济时代的竞争战略，以提升顾客嵌入度为主线展开。

一、基于顾客嵌入广度的战略

顾客嵌入广度是指活跃在价值生态系统中的顾客规模，这反映出价值生态系统的基本吸引力。顾客嵌入广度通常以活跃顾客规模衡量，活跃顾客即在价值生态系统中进行主动操作、为系统带来价值的用户。活跃用户数量越多，价值生态系统的生产能力和价值创造能力越强。活跃用户数量按照统计周期可划分为日活跃用户数量、周活跃用户数量、月活跃用户数量，其中由于月活跃用户数量波动小、普适性强、更加客观真实等特点而成为主流分析指标，并得到贵士移动公司、易观智库等权威智库机构的充分关注。

提升活跃顾客规模的两个主要途径是吸引顾客和留存顾客，前者是活跃顾客规模增长的原动力，后者是减少顾客流失以保持活跃顾客规模的主要途径。相比前者，后者需要付出更持久的努力。

1. 吸引顾客

新顾客是活跃顾客规模增长的源泉，由于价值生态系统从理论上来看可以容纳任意数量的顾客，所以拉取新顾客并不是一蹴而就的过程，而需要持续进行。活跃用户规模已经上亿的新浪微博、淘宝、支付宝等价值生态系统仍然在持续吸引新用户。常见的拉取新顾客的方式主要包括：

（1）免费服务。随着奇虎 360 免费杀毒软件击败瑞景、江民的收费杀毒软件，一举攻占安全软件市场；谷歌的免费浏览器应用战胜网景的收费浏览器软件；音乐软件提供的免费音乐资源打败磁带、唱片，通过免费服务聚集顾客逐渐成为一种潮流甚至是一种全新的商业模式。基于互联网的数字经济背景下，趋近于零的变动成本允许数字化服务无限量复制、分享，为“全民免费”创造了可能。免费服务降低了顾客的尝试成本，增强了顾客进驻价值生态系统的积极性。

（2）以“新人礼包”“红包”吸引新用户。天猫、京东、苏宁易购分别以天猫 388 元新人礼包、京东新人专享 188 元礼包、苏宁易购新用户 199 元大礼包等吸引新用户注册；摩拜、ofo 的推出的“红包车”吸引了大量有闲暇时间的中年人；主打“能赚钱”的火山小视频的新用户上传小视频即可领红包；今日头条、西瓜视频等推出的“参与答题、瓜分百万现金”活动在短时间内实现了用户规模激增。诸如此类的“诱惑”增加了价值生态系统对新用户的吸引力。

（3）利用“粉丝”效应拉动用户规模增长。主打“名人效应”的新浪微博以“明星进驻”吸引了大量“粉丝”的到来；专注母婴类闲置品的交易平台——“花粉儿”希望通过孙俪、董璇等明星用户的进驻吸引更多新用户的注册；《罗辑思维》团队推出的知识服务平台——“得到”借助创始人罗振宇的“粉丝”效应获得了一批忠实用户；饭局狼人杀 APP 借助《饭局的诱惑》节目及马东、颜如晶、肖骁等网红用户的带动实现了快速发展，晋升狼人杀 APP 的前三强①。小红书邀请范冰冰进驻，短时间内范冰冰“粉丝”快速上升至 700 万人，强大的“吸粉”能力可见一斑。

（4）发挥基于人际圈的网络效应产生用户规模“裂变”。价值生态系统通常采用“邀请有礼”的方式以老用户带动新用户，Uber 的“推荐有奖”鼓励老用户赠送给朋友 15 元乘车优惠，当朋友首次乘车成为新用户时，老用户也可以获得 15 元现金奖励。ofo 的邀请好友活动与之类似。2018 年春节期间，淘宝重磅推出“亲情账号”活动鼓励“80 后”“90 后”的“淘宝达人”为自己的父母开通淘宝账号，“孝心”驱动下的责任感、自发性以及现金红包、首单优惠等福利驱使年轻人帮助自己的父母开通新账号，此次活动将帮助淘宝拥有更多的“60 后”“70 后”用户。这种使自身和家人、朋友均受益的行为使人们乐此不疲。借助用户庞大的关系网络、天然的内生动力和信任机制，这种方式显得卓有成效。此外，一键分享到朋友圈、微博及各类集赞行为也属于利用人们的关系网络进行的宣传和“拉新”活动。物质激励或精神需求为顾客提供了自传播的动力，主动成为价值生态系统的宣传推广者。

除了吸引顾客，价值生态系统还需要通过持续的创新活动为顾客提供优质的服务或体验以留存住现有顾客，减少顾客流失。否则，当流失顾客大于新进顾客，那么“拉新”活动只会起到事倍功半的效果。

2. *留存顾客*

顾客留存率不仅可以反映出价值生态系统对顾客需求的持续满足程度，还可以体现出价值生态系统的竞争力和盈利潜力。在价值生态系统发展初期，顾客留存率比注册用户总数更能反映出价值生态系统的发展潜力。云经济时代，较低的进驻成本和转换成本允许顾客同时进驻于多个同类价值生态系统，顾客普遍存在的多属行为提升了留存老用户的重要性。由于顾客对价格普遍较为敏感，所以价

① 数据来源于猎豹大数据《2017 年中国 APP 报告》。

格战是同类价值生态系统争夺顾客常见的手段，如摩拜与 ofo 的价格战。

价格战Ⅰ：免费。2017 年 6 月，摩拜推出了重磅福利，免费骑行 1 个月。ofo 不甘示弱，一个月后也推出免费周卡、“月卡 0 元抢”的活动。

价格战Ⅱ：红包。2017 年国庆期间，ofo 推出了“红包车”活动。10 月 1～8 日，ofo 全国所有用户均可享受免费骑行小黄车的服务，并且在每天的 7：00～23：59，只要骑行 ofo 小黄车的时长超过 3 分钟并且距离大于 200 米，都有机会领取金额在 100 元以内的红包。摩拜在“十一”期间也开展了“‘十一’红包大派送”活动，在 10 月 1～5 日，用户打开摩拜单车 APP，即可看到大量带有“红包”图标的摩拜红包车，只要有效骑行时间超过 2 分钟即可获得现金红包。

价格战Ⅲ：免押金。ofo 联合芝麻信用陆续在多个城市开展信用免押金的服务，用户芝麻信用分值达到 650 分及以上均可享受信用授权免押金的骑行服务。2017 年 12 月，摩拜与腾讯信用合作，在广州范围内，腾讯信用分高于 630 分的摩拜新用户可享受免押金骑行，申请成功同时赠送摩拜免费骑行月卡一张。

摩拜与 ofo 的激烈竞争降低了顾客使用成本，但也对共享单车并不清晰的盈利模式构成挑战。而且，以补贴、低价等易被模仿的方式培养的顾客忠诚度较低且不易持久。价值生态系统留存老顾客的主要途径是以持续的“微创新”活动优化顾客体验，持续满足顾客需求。“微创新”是指从提升信息消费体验角度出发，根据非常微小的顾客需求及顾客需求的微小变化进行的创新活动（罗仲伟等，2014）。据安智网统计，微信自 2011 年推出到 2018 年 3 月总共推出了 90 多个版本，版本持续更新迭代背后是微信为提升用户体验而持续进行微创新活动的努力。微信基于用户需求变化进行的持续创新活动使其从米聊、易信、陌陌等移动通信社交应用中脱颖而出，吸附了大量高忠诚度的顾客。微信的成功告诉我们以持续的创新活动为顾客创造优质的体验是提高顾客忠诚度、留存顾客的主要途径。微信基于顾客需求持续进行的产品改进和版本更新为顾客提供了良好的体验，培养了顾客使用习惯，形成稳定、良性的生态格局。除了微创新活动，提升顾客嵌入深度也有助于提高顾客转换成本和留存率。顾客对价值生态系统的嵌入程度越深，转换成本便越高，顾客离开系统的“惰性”越高。

二、基于顾客嵌入深度的战略

按照 Nahapiet 和 Ghoshal、Tsai 和 Ghoshal 的划分，嵌入可以分为结构性嵌入、关系性嵌入、认知性嵌入。易朝辉（2012）指出结构性嵌入主要涉及社会网络的非人格化层面，如以学生的身份嵌入到学校、以员工的身份嵌入到公司等。关系性嵌入主要偏向社会网络的人格化层面，强调人们在长期互动过程中形成友谊、信任等个人关系。认知性嵌入则是通过成员之间共享特定的语言符号、愿景、价值观来实现。这三个维度的划分为价值生态系统增强顾客嵌入深度提供了有益的视角。顾客在价值生态系统中的嵌入类型可以划分为：①结构性嵌入，顾客以消费者、生产者、缴费者、收款者、车主等社会角色嵌入到价值生态系统中。②关系性嵌入，价值生态系统中顾客与顾客之间、顾客与系统之间通过互动产生友谊、信任等人格化资产。③认知性嵌入，价值生态系统中顾客拥有共享的、带有特定含义的语言符号和一致的信念、价值观和愿景。

1. 增强顾客结构性嵌入程度

顾客通常在价值生态系统中扮演多种角色，如需求者、生产者等，巩固顾客作为消费者的基础角色、鼓励顾客成为生产者、丰富顾客角色以实现多重结构嵌入可以增强顾客结构性嵌入程度。

（1）供给创新。巩固顾客作为消费者的角色，这需要价值生态系统不断创新、优化供给，为顾客提供优质体验。在一些搜索引擎、视频类价值生态系统中，顾客作为需求者和受众的角色是主要的，因此系统为顾客提供的资源至关重要。根据资源基础理论（Resource - based View）（Wernerfelt，1984），Barney（1991）构建了 VRIN 理论框架，他认为有价值（Valuable）、稀缺（Rare）、难以模仿（Imperfectly Imitable）、难以替代（Non - substitutable）的资源是企业竞争优势的来源，这对价值生态系统而言同样适用。价值生态系统对独特、关键资源或技术的掌握助力其内核特异性不断增强，如百度、谷歌凭借成熟且强大的搜索技术占据国内外的搜索市场，新浪微博对明星用户这一关键资源的占有帮助其打败腾讯微博、搜狐微博等同类竞争者，高德强大的电子地图测绘技术和电子地图数据库使其成为国内屈指可数、技术领先的 LBS 服务提供商。大数据、云计算、物联网、无人驾驶、VR/AR 等前沿领域的竞争还在激烈进行中，掌握最先进技术或技术标准的价值生态系统将获得显著的竞争优势。

各大视频网站对优质 IP（Intellectual Property）资源的争夺、音乐网站对音乐版权资源和优秀唱作人资源的重视、直播平台对网络红人的争抢大战都反映出关键资源对价值生态系统的重要性。在视频和音乐类价值生态系统的竞争过程中，一个显著的趋势是：关键资源由原来的外购逐渐转变为自我孵化。网络视频网站纷纷发力自制剧，在线音乐网站注重对音乐人的挖掘和培养，这表明价值生态系统不同于传统专注连接供需双方的网络平台，而努力做一个支持新生事物的孵化者。

案例分析：腾讯视频、爱奇艺视频、优酷视频之间的激烈竞争

QuestMobile《2017 年中国移动互联网年度报告》显示，在 MAU 表现上，腾讯视频、爱奇艺视频、优酷视频位于网络视频的第一阵营，形成三足鼎立之势。腾讯视频与爱奇艺之间差距较小，优酷排名第三，三者之间竞争激烈。优质的内容是在线视频的核心竞争力，购买和争抢优质版权一直以来是各家视频网站的主要竞争手段。随着对盗版打击力度的增强和版权意识的提高，版权费不断“水涨船高”，自制剧逐渐成为各家视频网站的主要发力点。

版权之争

腾讯视频借助腾讯雄厚的资金实力掌握了较为全面和丰富的视频资源。电影资源方面，腾讯视频与迪士尼、福克斯影业等著名公司达成战略合作；电视剧方面，腾讯实现了与东方卫视、北京卫视以及江苏卫视的合作联动；国外资源方面，腾讯掌握了美剧、韩剧、泰剧的大部分资源。

爱奇艺与国内银润传媒、鹿鸣影业、完美世界影视、上海新文化传媒集团等合作，掌握了优质的国产影视资源。此外，2017 年爱奇艺与好莱坞六大影视公司之一的华纳兄弟国际电视发行公司达成海量内容深度合作关系，确定华纳每年将向爱奇艺输送两百余部优秀片库影片，其中包含《哈利·波特》系列、《了不起的盖茨比》等经典大片。爱奇艺力图保持中国最大最全的好莱坞电影片库覆盖。

优酷在 2013 年宣布与英国知名制作公司 Shine 达成战略协议，加上与 BBC、ITV 以及 Endemol 的合作，优酷手中已经掌握了主流的英剧资源。此外，2016 年优酷与德云社签署了独家战略合作，这也体现出优酷对喜剧资源的重视。

纷纷发力自制剧

腾讯视频的自制路线自企鹅影业和腾讯影业成立以来不断拓展。2015 年，腾讯成立了阅文集团，将盛大文学以及起点中文、红袖添香等网站收入囊中，阅文集团成为国内最大的 IP 源头，为自制网剧和自制电影奠定了深厚的基础。《鬼吹灯》《拜托了冰箱》以及正在筹备的《三体》网剧等吸引了大家的关注和讨论。

爱奇艺自制的《河神》《无证之罪》不仅在国内获得口碑和流量，还“出海”北美市场。综艺方面，爱奇艺自制综艺《奇葩说》红极一时，为爱奇艺带来了很大流量。爱奇艺越来越注重 IP 孵化，打造文学、漫画、影视、游戏、周边的完整产业链，追求价值最大化。爱奇艺将通过“云腾计划”充分发挥爱奇艺文学丰富的 IP 资源以及平台造血功能，将文学 IP 与网络大电影、网剧、游戏、周边衍生品等环节有效串联，推动原创文学作品价值最大化释放。

优酷自制的《白夜追凶》堪称 2017 年现象级网剧，以其缜密的逻辑、紧贴现实的剧情以及环环相扣的悬疑案件紧抓观众眼球。根据优酷平台播放数据显示，仅 9 月 28 日一日该剧单天的播放量就超过 1 亿次。此外，《春风十里不如你》《火星情报局》等自制作品也获得了良好的市场反响。

三家视频网站的竞争还在激烈进行中，优质自制内容的挖掘与孵化将是主要的竞技场，持续创新服务、优化内容仍然是未来的发展趋势。

（2）强化顾客参与程度。鼓励顾客成为生产者和提供者，提高顾客参与价值共创的程度。Airbnb 不只为顾客提供住宿服务，还鼓励顾客将个人房屋出租，成为房东；滴滴不只服务于有出行需求的顾客，还鼓励顾客当司机；新浪微博中顾客不仅是内容浏览者，也是内容发布者和制作者；Bit Torrent 的用户不仅是下载者，也是上传者，减少了总部服务器的占用；火山小视频以赠送火力值（10 火力等于 1 元钱）的方式吸引顾客分享和上传自己生活中的短视频；哔哩哔哩视频不只为顾客提供丰富多样的视频，还鼓励顾客成为视频创作者（up 主），目前该网站上 70% 的内容来自用户自制或原创视频，活跃视频创作者超过 100 万人[①]。这正是张康之和向玉琼（2014）指出的：在流动的网络空间中，社会的中心—边缘结构失去了存在的根基，进入一个“去中心化”过程。“去中心化”通过激发个体的自主性和能动性实现在更广阔的范围内调动和配置资源，使多元化的需求和多元化的供给相匹配，极大地优化了资源配置，提升了社会整体效率。在顾客成为生产者和提供者时，不仅可能会获得一定的物质收益，还可以获得满足感、成就感等心理体验。这将鼓励他们不断优化自身提供的服务或内容，与此同时其他顾客也获得了更佳的体验和享受，他们与中枢企业共同形成长久的互惠共生关系，促进价值生态系统竞争力的提升。

（3）丰富顾客角色。丰富顾客角色以实现多重结构嵌入，这需要价值生态系统不断拓展应用场景，丰富功能模块。价值生态系统提供的功能越丰富，顾客在其中扮演的角色越多，顾客的结构性嵌入程度越高，价值生态系统的稳定性越强。每个人都在社会生活中扮演多种角色：作为手机用户，我们需要到营业厅进行话费充值；作为生活缴费者，我们需要到指定的缴费处缴水电费；作为学生，一卡通充值时需要到学校指定的充值机排队；作为保险购买者，我们需要到保险机构办理相关业务等。支付宝的出现改变了一切，其日益丰富的板块使顾客实现收款者、付款者、理财者、手机充值者、电影票购买者、学生、生活缴费者、车主、出行者、求职者等角色的多重嵌入。顾客无需为了办理各个业务东奔西跑，只需在支付宝中进行相关操作即可，大大提升了顾客的办事效率，节约了顾客时间。这种多重角色嵌入增加了顾客在支付宝系统中的栖息时长和活跃次数，当顾客感受到某一功能的高效性与便利性，便很有可能尝试其他功能，顾客使用的功能越多，角色的多重嵌入程度越深，顾客的黏性和转换成本就越高。

作为生活服务平台的领导者，美团在2017年12月月活跃用户数量接近2亿人[②]，周人均打开次数高达75.3次[③]，较高的活跃规模和打开次数得益于美团实现了顾客的多重角色嵌入。美团多元化的业务模块使顾客以美食寻求者、外卖需求者、住宿需求者、出行者、休闲娱乐者、健身者、装修者等多重身份嵌入到美团价值生态系统中，并凭借全品类、高品质的服务成为顾客吃喝玩乐的“首选”，美团正在从方方面面为顾客打造全新的互联网生活方式。

实现顾客多重角色嵌入的主要途径是丰富使用场景，例如，微信为了进一步

① 数据来源于哔哩哔哩官网。

② 数据来源于 QuestMobile 发布的《2017 年中国移动互联网年度报告》。

③ 数据来源于猎豹大数据发布的《2017 年中国年度 APP 报告》。

拓展使用场景，增加了微信游戏、京东购物、微信支付、城市服务、扫一扫等功能，2017 年小程序的推出进一步延长了微信所涉场景的半径。微信为小程序提供平台和流量支持，小程序进一步丰富微信的使用场景，增强微信用户黏性并帮助微信获得更加精准的顾客数据，两者互惠共生，相互促进。美图公司旗下美图秀秀、美颜相机、潮自拍、美拍等软件产品吸附了 4.5 亿人左右的月活跃用户，但是受制于工具型应用的属性，用户的使用频率和打开次数不高。为了改善这一点，美图进军手机市场，试图通过硬件和软件捆绑提高用户活跃度，其实质是在用户作为软件使用者的角色基础上，增加用户手机购买者和使用者的角色嵌入，更深程度地增加顾客结构性嵌入度。小红书不仅是一个电商平台，还是一个分享护肤和美妆经验的网络社区。顾客不只是购买者，还是笔记的发布者、分享者和评论者。即使顾客没有发生实质消费行为，但是也可以通过分享、交流自身经验活跃价值生态系统，为其他顾客和价值生态系统创造价值。通过顾客多重角色嵌入，价值生态系统丰富了顾客使用场景，增强了顾客对系统的黏附程度，提升了系统的稳定性和竞争力。

2. 提升顾客关系性嵌入程度

以往对关系性嵌入的研究主要集中在企业间的关系性嵌入，Uzzi（1997）、McEvily 和 Marcus（2005）、Gulati 和 Sytch（2007）以及许冠南等（2011）主要从共同解决问题、信息共享、信任三个效应指标展开研究，张芳华（2010）、向永胜等（2016）从互动频率、关系强度、关系持久度等特征指标进行研究。姚山季和王永贵（2012）首次将关系性嵌入延伸到顾客参与新产品开发的研究，并且将效应指标界定法与特征指标界定法相结合，从共享活动、共同解决问题、联系强度、相互依赖性四个维度对关系性嵌入进行研究。由于本节的研究重点——顾客嵌入与 Gulati 和 Sytch（2007）关注的企业嵌入、姚山季和王永贵（2012）研究的顾客参与新产品开发的浅层嵌入存在不同特征，所以需要对以上维度进行重新思考和选择。本节着重于提升顾客对价值生态系统的关系性嵌入度的研究，所以从特征指标切入，以提高互动频率、提升关系强度和关系持久度展开研究较为科学。同时，信任作为一种重要的强关系，建立并维持顾客与价值生态系统、顾客与顾客之间的信任对价值生态系统提升竞争力具有重要意义，故本节将从提高互动频率、提升关系强度、延长关系持久度、增强信任四个维度展开研究。

（1）增强互动频率。增强顾客与系统、顾客与顾客之间的互动频率。互动是发展社会和私人关系的框架和基础，增强互动频率是提升顾客对价值生态系统关系性嵌入程度的首要步骤。①主动与顾客保持联系，以推送消息、短信、邮件等形式提醒顾客。人们的生活日益忙碌，五花八门的应用争相吸引顾客的注意力和时间，这使得价值生态系统主动与顾客进行互动显得十分必要。提醒顾客的时机和方式应该恰当准确，否则会引起顾客的反感而远离价值生态系统。推送消息、短信、邮件中的内容也应该精准、应景、满足顾客需求，如在下暴雨的时候，滴滴为顾客送去专车五折优惠券，这样顾客便很乐意接受优惠券并选择坐滴滴专车。提醒顾客的主要目的是重新唤起顾客对价值生态系统的感受和需求，提升顾客的使用频率和次数。②认真聆听顾客反馈，与顾客共同解决问题。由于顾客使用过程成为价值生态系统价值创造的核心环节，所以及时了解顾客对产品和服务的使用反馈并积极解决是不断完善系统、提升顾客体验的关键环节。每次收到顾客反馈并积极回应都是很重要的互动机会，微信创始人张小龙坚持认为用户反馈意见是完善产品的源泉，并在 2018 年微信公开课中提到他们团队会认真阅读每一位用户的反馈意见，并通过团队讨论、与用户沟通等方式妥善解决问题。③以签到打卡机制培养顾客使用习惯，增强互动频率。价值生态系统可以通过为坚持签到的顾客提供奖励的方式提高顾客活跃度，如在开心消消乐 APP 中，连续签到可以获得游戏道具，提高通关的概率；在掌阅 iReader 中，用户连续签到可以获得"阅饼"，降低看书的成本。由于签到成本较低，所以用户为了得到签到奖励，会有意识地每天进行签到，这对价值生态系统提升用户活跃度和培养用户使用习惯有重要作用。④丰富顾客互动场景以提升顾客间互动频率，淘宝中顾客不仅可以在"评价"区与其他顾客交流，还可以通过"问大家"对产品的质量、尺码等问题进行询问。淘宝设置的多互动场景为顾客间交流提供了便利，也为顾客购物决策提供了更全面的信息支持，提升了顾客决策质量和购物体验。

（2）加强关系强度。加强顾客与顾客之间、顾客与系统之间的关系强度。顾客进驻价值生态系统的基本目的是满足自身的需求，但是仅仅满足顾客需求还不足以促使其成为"栖息者"。增强顾客之间、顾客与系统之间的关系强度可以增强顾客的关系性嵌入程度与心理上的依赖感、归属感。①引导顾客在价值生态系统中建立初级关系，增强顾客间关系强度。王思斌（1996）指出人际关系按照交往密切程度可以划分为初级关系和次级关系，前者是建立在感情基础上的亲密关系，如家人、朋友关系，是作为利他主义而存在的，后者是基于事缘的非亲密关系，如同行关系。初级关系比次级关系更加亲密、稳定、持久，所以引导顾客在价值生态系统内建立初级关系有助于增强顾客的关系性嵌入度，如为顾客优先推荐将同在价值生态系统中的亲人、朋友。微信为顾客推荐通讯录好友，小红书中设置了“查看通讯录好友谁在小红书”的功能。当顾客的初级关系在价值生态系统中越稳定、越全面，顾客在价值生态系统中的归属感越强。②促进价值生态系统中次级顾客关系初级化，即强化普通用户之间的关系。新浪微博中“关注”和“特别关注”功能的设置通过提升普通用户之间的互动频率和关注度将一般的用户关系转变为更紧密、更持久的私人关系。“关注”功能为微博用户提供了一个过滤器，用户关注着自己感兴趣的博主并与之互动交流，逐渐形成了惯性和长期稳定的关系。

促进顾客关系初级化的另一个典例是主打“音乐社交”理念的网易云音乐。在竞争激烈的在线音乐领域，网易云音乐异军突起，目前其活跃用户规模仅次于酷狗音乐、QQ 音乐、酷我音乐三款腾讯系产品。网易云音乐的快速发展与竞争力保持与其主打的“音乐社交”理念紧密相关，这是在其版权资源不够丰富的情况下仍然能够获得大量忠实用户的主要原因。网易云音乐意识到了音乐本身作为情感交流的纽带属性并以社交元素将情感的共鸣激发、放大。网易云音乐每首歌下面的精彩评论都是用户情感的抒发、交流与碰撞，表达自我、感同身受、如遇知己等心理体验增强了用户之间的好感度，使普通用户关系转变为情感性、共鸣性关系。③以会员机制增强顾客与系统之间的关系性强度。价值生态系统可以以会员优惠吸引顾客付出一定成本开通会员，如用户每年付 139 元开通京东 PLUS 会员便可以享受会员价、专属购物节、24 小时专属客服、免费上门退换货、折扣券、运费券等优惠。会员价等优惠的吸引以及用户“要让付出的成本赚回来”的心理作用会促使用户产生购物需求时，优先选择京东。会员机制以更全面的服务、更深入的接触使顾客与系统的关系更加紧密，有助于培养顾客忠诚度。④大数据、云计算等技术支持的个性化推荐功能是增强顾客与系统关系强度的新方式。工业经济时代，企业为顾客提供的产品或服务大多是标准化的，即所谓的“千人一面”。云经济时代，数据的大爆炸以及技术的飞速发展使价值生态系统呈现出“千人千面”，即可以向不同特征、偏好、需求的顾客推荐个性化的内容。“千人千面”使价值生态系统转变为顾客的“知己”或“朋友”，增强了顾客对价值生态系统的喜爱度。

网易云音乐强大算法支持的“个性化推荐”功能可以根据用户的听歌历史，为用户推荐符合其口味的歌曲，使用户产生“懂自己”的愉悦感受。网易云音乐 2018 年初推出的《2017 网易云音乐用户年度听歌报告》细心为用户整理了过去一个年度的听歌记录，比用户自己还清楚其听歌习惯和风格，为用户带来温暖的回忆。借助关系性嵌入，网易云音乐超越了单纯作为音乐播放器的本质而成为情感交流、寄托的载体，获得了难以模仿的竞争优势。支付宝的年度账单、新浪微博的年度大数据都借助大数据，通过悉心为用户整理和保留回忆增强了系统与用户的关系强度。

京东从“关联推荐”到“个性化推荐”再到“智能推荐”不断升级的推荐系统持续提升了流量效率和用户体验。这一方面得益于京东持续捕捉顾客从登录到搜索、浏览、选择商品、页面停留时间、评论阅读、是否关注促销，以及加入购物车、下订单、付款、配送方式的完整数据链，获得了精准的顾客画像；另一方面源于快速发展和不断迭代的机器学习、深度学习、人工智能、云计算等数据挖掘和处理技术。个性化推荐不仅可以挖掘顾客潜在购买需求，还可以缩短顾客购物路径，提升顾客购物决策效率和质量，综合提升顾客购物体验。对顾客而言，京东不仅是购物平台，还是自己的专属购物“助理”，帮助自己更高效、更快捷地做出购物决策。顾客与京东不断增强的关系强度增强了顾客的忠诚度和黏性，提升了京东的竞争优势。

（3）提高关系持久度。提高顾客与顾客、顾客与系统之间的关系持久度。顾客在价值生态系统中栖息的时间越长，价值生态系统的稳定性和价值创造能力越强。价值生态系统可以从以下几个方面提升顾客与顾客、顾客与系统之间的关系持久度。

1）基于互联网形成的网络效应可以产生顾客“锁定”，这将提升顾客转换成本（傅瑜等，2014），增强顾客关系性嵌入的持久度。顾客多属行为源于较低的进驻成本和转换成本，基于网络效应产生的“锁定”可以增强顾客的非物质转换成本，减少顾客多属行为。以微信为例，我们的家人、朋友、同学、同事等大部分社会关系都嵌入在微信中，离开微信似乎与全世界断绝了联系，所以我们不会轻易离开微信，这种“锁定”效应增强了顾客与顾客、顾客与系统的关系持久度。价值生态系统利用“锁定”效应的前提是活跃顾客达到一定规模以至于顾客的大部分社会关系都嵌入在系统中，所以聚集尽可能多的顾客资源是价值生态系统的首要目标。傅瑜等（2014）经实证研究发现互联网产业较高的集中度证实了这种“锁定”效应，这种效应不仅增加了顾客转换成本，也为付费模式的探索打下了基础。

2）设置激励机制，延长顾客与系统的关系持久度，常见的有积分、等级、勋章制度的划分。高等级的精神激励和“不甘示弱”的心理作用促使顾客长久栖息于价值生态系统中。近期火爆的手游《王者荣耀》设置了倔强青铜、秩序白银、荣耀黄金、尊贵铂金、永恒钻石、王者荣耀由低到高六个段位，好胜心普遍较强的游戏玩家们为了达到或保持永恒钻石、王者荣耀的高段位，会长久地“沉迷”于游戏中。京东根据顾客消费金额、次数、购物年限、信誉、活跃度等计算的“京享值”将顾客划分为铜牌会员、银牌会员、金牌会员、钻石会员，高等级会员享有的更多类型的特权、更贴心的服务、更优惠的价格吸引着低级会员的成长和升级，鼓励顾客不断延长自身的购物年限，提高消费金额和次数。随着越来越多的顾客由低等级向高等级转化，高等级会员所占比重越来越大，价值生态系统的稳定性越强。

（4）加深信任度。加深顾客之间、顾客与系统之间的信任度。Gulati 和 Sytch（2007）认为信任是一种心理的预期（Expectation），预期对方将会可信赖地履行其应尽的义务，表现出可预期的行为，即使在存在机会主义可能性时也可以良好地表现且能有效与之协商。信任是交易和合作的前提，也是建立持久关系的基石。①增强顾客之间的信任。Airbnb 为了帮助房东和房客之间更好地建立信任，为每位房东提供 500 万元人民币的房东保障金和保额 100 万美元的保障险，为每位房客提供第三方责任险提供的入住安全保障。[①] 此外，所有房东和房客均需要通过证件审核和芝麻信用进行实名验证，为自己增加信任值。这种信任机制的建立有助于降低顾客对风险的顾虑，鼓励更多的顾客作为房东和房客的角色嵌入到 Airbnb 中，从而促进交易的达成与和谐生态的构建。②增强顾客与系统之间的信任。微信成功的背后是创始人张小龙及其团队的殚精竭虑，其基于对用户隐私的严格保护、对用户意愿的充分尊重建立并维持与用户的信任，这是微信发展过程中不可动摇的基石。其一，严格保护用户隐私。在 2018 年微信公开课中，微信创始人张小龙谈到保护用户隐私是微信的底线。有些用户希望聊天记录可以上传到云端，永久保留，但是这违背了微信从不查看、从不保存用户聊天记录的原则。秉承保护用户隐私信条的微信让用户使用得舒心、放心。其二，尊重用户意愿。张小龙提到有些用户质疑微信会为小程序导流，他特别做出了澄清：微信从来不会特别推荐某些小程序，不会去左右用户，而是让优秀的小程序自己被用户发现，自动“浮出水面”。这种信任减弱了用户在使用微信时的各种顾虑，提

① 数据来源于 Airbnb 官网。

升了用户使用体验和忠诚度。

美团为建立顾客对美团的信任，自 2010 年上线以来推出了“团购无忧”消费者保障计划。2014 年 3 月，保障服务升级，所有在线售卖的团购单均享受“随时退”和“过期退”服务，2016 年 5 月再次推出升级服务“过期自动退”。凡页面表明支持“过期自动退”的团购单，在美团券过期后，对用户未消费的美团券进行自动退款。不断升级的消费者保障服务逐渐建立了顾客对美团的信任，降低了顾客对风险的顾虑，提升了顾客使用的便利性和安全性。

支付宝芝麻信用推出的信用免押活动是以信用代替押金建立信任机制的典范。支付宝用户的芝麻信用分达到一定标准后便可以享受免押骑行、免押租房、免押租车、免押租物、免押住宿等服务，一方面帮助商家简化了服务流程，提高了服务效率，另一方面也让用户享受到了信用的便利，无形中促使用户努力维持并提高自身的信用值。支付宝的芝麻信用体系是商家与用户建立信任的基础，也是大数据技术在商业模式创新中的重要应用。

3. 提升顾客认知性嵌入程度

认知性嵌入指基于共同的价值观、愿景、共享的语言符号、默会表达而发生的嵌入。价值生态系统中用户共享的语言和特定符号促进了信息交流，默会和隐含表达增加了交流的乐趣。诞生于淘宝的“淘宝体”红极一时，并成为淘宝卖家共用的语言。“亲”“请……哦”等词汇以可爱的风格而得到广泛传播。微信中各式各样的表情包成为用户共享的语言符号，这两个表情由于“用在什么时候都很合适”而受到微信用户的普遍喜爱。新浪“微博热词”如“我们”①“城会玩”“然并卵”“吃瓜群众”“打 call”“比心”“freestyle”“蓝瘦香菇”“吃土”等词汇成为全网共享的诙谐表达。作为价值生态系统的“方言”，顾客共享的语言符号既是沟通交流的载体，也促进了顾客对价值生态系统的心理认同和文化认同。

共同的愿景和价值观是聚集和长期保持顾客的隐形力量。价值生态系统的超大规模、超高包容性与开放性使其相比传统企业拥有更广阔、更宏大的世界观与未来观。价值生态系统基于人们对公益、环保、和谐社会的普遍追求而引导顾客认知性嵌入，不仅可以从心理层面增强顾客的嵌入深度，还可以鼓励顾客为人类共同的美好愿景贡献出自己的力量，促进整体社会的进步。

① 2015 年 5 月 29 日，范冰冰、李晨发布微博“我们”公开恋情，“我们”体全网走红。

案例分析

阿里巴巴引导顾客基于“公益”的认知性嵌入

秉承“人人都有社会责任，在网络化的便捷环境下，人人也有能力履行社会责任”的社会责任观，阿里巴巴通过公益宝贝、公益网店、公益广告联盟、公益众筹、公益拍卖、闲鱼公益、充值公益等平台的教育助学、扶贫助困、救疾救灾、动保环保等公益项目唤醒人们的同情心与善意。阿里巴巴无处不在的、内生于商业模式的公益担当逐渐成为淘宝卖家和买家共同的价值观，根据阿里巴巴 2017 年 9 月发布的《天更蓝、心更暖——2017 阿里巴巴集团公益报告》，2017 财年，阿里巴巴公益平台推动了全社会近 47 亿人次参与，累计有超过 3.1 亿买家、177.8 万卖家通过阿里巴巴平台投身公益。公益逐渐成为阿里云、淘宝、菜鸟、农村淘宝及蚂蚁金服的内在基因，价值生态系统中价值个体基于“公益”的认知性嵌入也在不断增强。通过参与公益项目，顾客在帮助他人和社会的同时获得了自身心灵上的充实与升华，社会责任感、成就感等心理体验促进了顾客的认知性嵌入。

支付宝引导用户基于可持续发展愿景的认知性嵌入

蚂蚁金服响应“绿色经济”的号召大力发展“绿色金融”，其推出的蚂蚁森林服务获得了良好的顾客响应。在支付宝中“蚂蚁森林”中，顾客可以通过行走步数、共享单车、公交车、绿色包裹、电子发票等环保行为获得绿色能量，当获得的绿色能量足够多时可以由公益机构在现实中种下一棵树。截至 2017 年 8 月底，蚂蚁森林用户超过 2.3 亿人，累计减排 122 万吨，在内蒙古阿拉善、库布其，甘肃武威等地累计种植真树 1025 万棵[①]，对阻止沙漠扩张、保护自然环境有重要意义。绿色与环保是支付宝价值生态系统内成员的普遍追求与共同的价值观，构建可持续发展的社会是共同的愿景。支付宝通过这种认知性嵌入不仅提高了顾客对支付宝 APP 的使用次数与使用时长，增强了顾客黏性，也在努力聚集大众的力量为社会环境保护贡献出自己的力量，共同促进人类社会可持续发展。

① 阿里巴巴集团，http：//csr. alibaba. com/content/16932.

Airbnb 基于"没有陌生人"的顾客认知性嵌入

Airbnb 扮演的角色远不只是连接房东和房客的民宿预订平台，它正积极致力于构建一个相互信任、没有陌生人、非歧视无偏见、充满人文关怀和温度的世界。①没有陌生人。2015 年 Airbnb 在 Twitter 上发布"不再有陌生人"（No More Strangers）的主题标签，其电视广告开场白为"亲爱的陌生人"，其推出的"少一个陌生人"（One Less Stranger）活动都在从认知层面鼓励顾客嵌入到 Airbnb 建造的价值生态系统中。②非歧视无偏见。爱彼迎（Airbnb）的非歧视政策规定：A. Airbnb 房东不得基于种族、肤色、民族、国籍、宗教、性取向、性别认同或婚姻状况等，拒绝任何房客或区别对待。B. Airbnb 房东不得在法律禁止的情况下，基于房客的年龄或家庭情况强加任何区别性的条款或条件，或者拒绝预订。C. Airbnb 房东不得基于任何实际的或可感知的残障而拒绝房客。Airbnb 还通过对歧视行为的举报机制设计管理、减少歧视行为。Airbnb 专设的多样性和归属感总监戴维·金说："如果我们可以帮助减少平台上的偏见行为，我们就能真正构建一个以跨文化交流和营造归属感为常态的全球空间。每一位房东都可以成为变化的驱动力。"这种认知性嵌入鼓励每一个人为构建非歧视、温暖的全球空间而付出努力和行动，同时使参与者获得成就感和自豪感。

顾客基于共同愿景和价值观的认知性嵌入是较高层次的嵌入，具有长期稳定性、顾客自发性、不易模仿等特点。当价值生态系统实现了顾客较为深度的认知性嵌入，顾客忠诚度将大大提升，价值生态系统也将获得强大的竞争优势。

三、基于顾客嵌入度的竞争战略

顾客对价值生态系统的结构性嵌入、关系性嵌入、认知性嵌入三者高度相关，相辅相成（见图 7－2）。①顾客结构性嵌入基于交易需求，顾客作为消费者、生产者等多种角色嵌入到价值生态系统中，价值生态系统一方面应该优化供给和体验以满足顾客交易需求，巩固其需求者、生产者的角色；另一方面需要不断拓

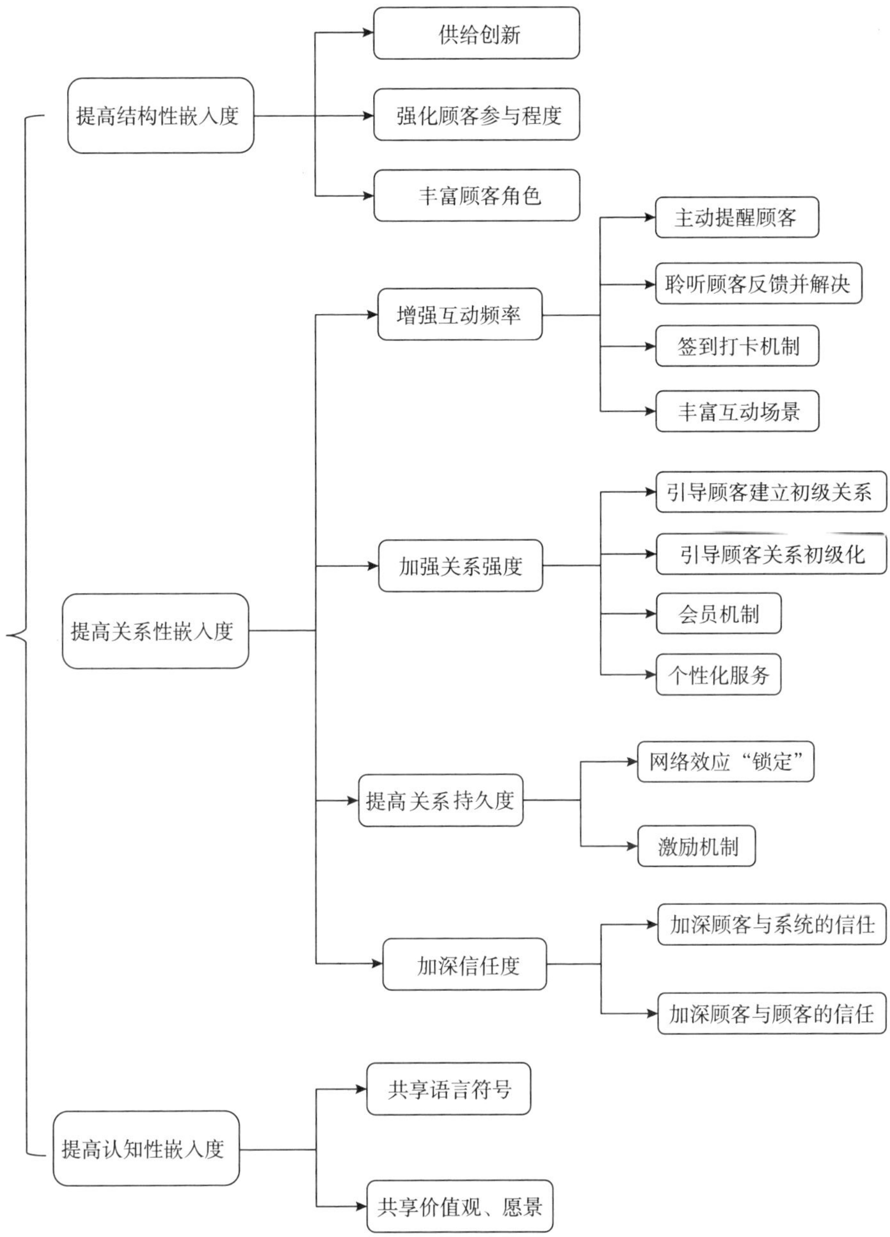

图7－2　提升顾客嵌入深度的总体框架

展使用场景以实现顾客多重角色嵌入。②顾客关系性嵌入是在结构性嵌入基础上的延伸与拓展，增强顾客与顾客之间、顾客与系统之间的互动频率、关系强度、关系持久度和信任是提升顾客关系性嵌入度的重要途径。关系性嵌入程度的加深一方面可以深化和延伸交易，促进顾客的结构性嵌入，另一方面可以增强顾客对价值生态系统的心理依赖程度和非物质转换成本。③顾客认知性嵌入着重于精神和心理层面的嵌入，价值生态系统内共享的语言和符号形成系统群落特有的外貌，倡导的共同愿景和价值观引导顾客共同为构建更美好和谐、更绿色环保的世界而努力，从中获得的参与感、成就感为顾客主动栖息于价值生态系统提供了内生动力。

通过结构性、关系性、认知性全方位的嵌入，价值生态系统不再仅仅是满足顾客交易需求的平台，而是一个有温度、有情怀的情感寄托。用户在微信朋友圈表现自我、分享生活、保存记忆，徜徉于网易云音乐的音乐世界中，自由翱翔于阅读类、知识类 APP 提供的精神家园中，在蚂蚁森林中为共建绿色地球贡献出自己的力量，在阿里公益平台上实现自己的公益情怀……价值生态系统正在调动和激发每个个体的力量，努力实现从离散到聚集、从混乱到统一、从低效到高效、从冗余到整合的提升，提高社会资源整体配置效率的同时提升了人们的获得感与幸福感。

第八章　价值生态系统的联盟

第一节　价值生态系统联盟的形成

一、战略联盟

战略联盟（Strategic Alliance）最早由美国 DEC 公司总裁 Hopland 以及管理学家 Nagel 提出，是指双方或多方为了实现更大的共同利益而通过协议确定的合作关系。20 世纪 80 年代实践中愈演愈烈的战略联盟激发了理论界的研究兴趣，并形成几大流派：①根据交易费用理论（Williamson，1983），联盟是除了市场和企业之外的第三种资源配置方式，其目的是最小化交易成本。当联盟既可以降低市场交易过程中的不确定性和机会主义风险，通过提高交易频率、资产专用性投入和长期合作节约交易成本，又避免了企业内部化带来的高额成本和风险时，企业将会选择与其他企业建立战略联盟。交易费用理论从效率提升和成本控制角度解释了联盟的成因，但是忽视了联盟过程中的价值创造问题。②根据资源基础理论（Wernerfelt，1984），企业是各类资源和能力的集合体，有价值、稀缺、难以模仿、难以替代的资源是企业竞争优势的来源。联盟不仅可以帮助企业获取其他企业的独特性、互补性资源，实现更大范围、更高效率地配置资源，还可以帮助成员企业共同开发新资源，为实现价值最大化提供更大可能。③根据组织学习理论（Argyris and Schön，1978），知识经济的发展提升了企业对知识和学习的需要，而联盟是企业学习新知识和新技术的重要途径之一。联盟不仅可以促进显性知识的传递，也为默会性、经验性知识的学习提供了途径。此外，联盟企业间知识的共享和交流可以进一步促进知识的创新和增值，激发协同效应。④根据社会网络理论（Burt，1995），联盟是基于关系形成的网络组织，是社会关系的形成、集结与利用（陈耀和连远强，2014）。通过联盟形成的社会资本无形中促进着企业的价值创造活动。社会网络理论将战略联盟的研究视角从个体层面提升到整体联盟网络的结构方面，指出企业在联盟网络中所处的位置、中心性等特征影响着其竞争优势。总而言之，战略联盟是不同企业之间为了资源共享、优势互补、实现共同利益最大化而进行的战略合作。

关于战略联盟的分类，波特（1985）基于价值链分析，将传统战略联盟分为横向联盟与纵向联盟。横向联盟指在价值链中处于同样位置、负责同样环节的企业的联盟，纵向联盟指在价值链中处于不同位置的企业的联盟，又可分为上游联盟、下游联盟（Rothaermel and Deeds，2006）。Mowla（2012）按照联盟的形式将联盟划分为契约式联盟、股权式联盟和独立经营的合资企业。按照联盟的竞争性，联盟可分为后竞争联盟、竞争联盟、非竞争联盟、前竞争联盟四种（Yoshino and Rangan，1995）。

价值生态系统的联盟是指不同价值生态系统之间为了资源共享、优势互补、实现价值最大化而进行的战略合作，一般通过持股、协议等方式实现。从价值链到价值生态系统的产业组织变革过程中，战略联盟的结构也经历从线性到非线性的质变。价值链理论影响下，传统企业的联盟大多集中于行业内部且呈现出线性特征。价值生态系统不仅本身具备跨行业的特征，联盟也具备非结构化、非线性特征，如腾讯与京东、58 同城、滴滴出行、摩拜单车、美团、艺龙酒店的联盟，阿里巴巴与 Airbnb、“饿了么”、ofo 小黄车联盟等。正如让·马贺（2016）所说的云经济时代“垂直”和“水平”这样的字眼在商业术语中难觅踪影，创新和多元化却随处可见。

二、价值生态系统联盟的形成条件

云经济时代，顾客使用过程超越产品制造过程成为价值创造的核心环节，传统基于产品制造过程而进行研发、生产和市场的联盟逐渐减少。顾客栖息于各类价值生态系统构建的虚拟空间（APP 或网站）中，进行着通信社交、看视频、听音乐、购物等线上活动，基于顾客使用过程的联盟越来越多，如微信为美团外卖、滴滴出行、京东优选、摩拜单车、唯品会等价值生态系统提供入口，如淘宝和新浪微博可以使用对方账号登录（见图 8 - 1 和图 8 - 2），双方实现了账号的互通。相比工业经济时代企业基于价值链特定生产环节的联盟，云经济时代价值生态系统联盟的内外部环境发生了新的变化。

图 8－1　淘宝登录界面

资料来源：淘宝官网。

图 8－2　新浪微博登录界面

资料来源：新浪微博官网。

1. 顾客成为价值生态系统的核心资源

云经济时代，顾客是价值生态系统价值创造活动的主要参与者，既是生产者，又是消费者，也是大数据的源泉。我们的社会正逐步进入到 DT 时代，拥有越丰富、越准确顾客数据的价值生态系统将获得更大的竞争优势。为了获得顾客在其他领域的数据信息，价值生态系统会选择与其他价值生态系统结盟，如新浪微博和淘宝、微信和京东。不同价值生态系统之间顾客数据的共享不仅有助于每一方都获得更全面的顾客数据，还可以帮助双方的顾客之间产生更大的协同效应，从而实现两个或多个价值生态系统的“共赢”。

2. 云技术的发展革新了价值生态系统的联盟形式

在云经济时代，云技术的发展为价值生态系统实现多种创新形式的联盟创造了条件。对价值生态系统而言，最重要的是顾客对相关服务的使用，因而借助于云技术的帮助，价值生态系统通过互相接入对方的服务实现了共享顾客资源。此外，账号互通、二维码互通、数据共享等协同化程度更高的联盟形式借助云技术的发展得以开发，在整合顾客资源、提高协作效率、降低摩擦成本方面发挥了重要作用。价值生态系统联盟是云技术促成的结果，没有云技术的工具作用，组织即使结盟也难以实现高效率的运行。

3. 在线支付、信用体系成为价值生态系统的基础设施

价值生态系统内顾客的活动多为线上活动，与线上交易、充会员、购买付费服务等紧密相关的在线支付活动成为促进线上活动形成完整闭环的必要环节。社交网站新浪微博用户购买会员需要进行在线支付，网易云音乐用户购买付费音乐包也离不开支付，腾讯视频用户想要观看付费视频需要在线支付等，在线支付逐渐成为价值生态系统发展的“基础设施”。支付宝和微信支付是我国在线支付领域的两大巨头，与支付宝或微信支付进行合作可以帮助价值生态系统为用户提供安全便捷的支付体验。

信用体系在防范风险、促进交易、增强线上活动安全性方面发挥着日益重要的作用。信用体系的引入可以帮助住宿平台为用户提供免押金服务，提高管理效率的同时优化了用户体验。招聘平台与信用机构的合作可以提高招聘效率，帮助更优秀的求职者获得更好的工作机会。金融服务平台与信用机构的合作可以一定程度上降低与用户的信息不对称程度，帮助金融平台更好控制借贷风险。越来越多出行、住宿、金融、租赁平台与芝麻信用、小白信用合作以提升服务质量、优化顾客体验。在线支付与信用体系逐渐成为价值生态系统必备的“基础设施”，

自行建设这些“基础设施”的成本较高，所以越来越多的价值生态系统与支付宝、微信支付合作为顾客提供支付服务，与芝麻信用、小白信用等信用体系合作提升服务质量和效率。

4. 个体竞争减少，联盟对抗日益增多

在“赢者通吃”、BAT“跑马圈地”的云经济时代，企业与企业之间的个体竞争逐渐减少，两个或多个联盟之间的对抗逐渐普遍。腾讯与京东、唯品会联盟以牵制阿里巴巴电商业务的发展；美团外卖与微信合作以对抗与阿里巴巴旗下“饿了么”的竞争；在摩拜被美团收购之前，形成了摩拜在微信中获得入口、ofo受到阿里巴巴大力推广的两分局面。此类联盟对抗现象愈演愈烈的原因主要包括以下两个方面：一是可概括为“背靠大树好乘凉”。通常而言，初创价值生态系统势单力薄，缺乏关系资源和社会资本的支持，很容易被激烈的市场竞争所淘汰，与强大的价值生态系统结盟可以获得更多资源的支持，提升自身竞争力和抵抗力。二是可概括为“强强联合，相得益彰”。两个强大价值生态系统的联盟不仅可以沉淀更丰富的顾客数据，还可以增强布局未来的能力，掌握竞争的主动权。

第二节 价值生态系统联盟的形式

传统企业联盟的形式通常包括共同研发、采购联盟、技术联盟、生产联盟、市场联盟等，合作的内容停留在企业“柜台”一侧且侧重于产品制造过程。云经济时代，随着顾客使用过程超越产品制造过程成为价值创造的核心活动，价值生态系统的联盟重点关注顾客使用过程中的联盟，如共享登录账号等。此外，随着顾客资源、信用体系、移动支付、物流等成为云经济时代的新型“基础设施”，价值生态系统基于顾客、信用、支付、物流的联盟越来越多。

一、基于共享顾客资源的联盟

顾客是价值生态系统的基础和核心，共享顾客资源是价值生态系统联盟的主要形式，具体又表现为互相提供接口和共享登录账号等。

1. 价值生态系统互相提供接口以共享顾客资源

微信和美团于2016年建立了共享顾客资源的联盟，互相提供了对方相关服务的接口。微信在钱包中嵌入了美团外卖入口，微信用户可以在微信中使用美团外卖的服务，美团在付款界面接入了微信支付，美团用户可以使用微信支付完成支付。微信以接近10亿人的用户规模为美团外卖提供流量支持，美团外卖反过来帮助微信支付拓展用户和使用场景，双方互惠互利。

阿里巴巴和新浪微博也建立了战略联盟以共享顾客资源。2013年4月，新浪微博与阿里巴巴签署了战略合作协议，新浪微博的社交优势与阿里巴巴的电商优势将深入融合，发挥强大的协同效应。新浪微博用户可以通过“红人淘”“电影票”“生活缴费”等按钮直接进入淘宝，淘宝卖家可以在旺铺后台嵌入的微博体系向新浪微博发布商品、微博，还可以实现商情监控、转化率分析、影响力分析、“粉丝”分析等多个功能，推动营销精准化、智能化。对新浪微博而言，电子商务元素的引入将为微博注入活力，不仅可以带来新的用户群，还可以提升微博用户活跃度，营造更健康、持久的微博生态。对阿里巴巴而言，一方面，新浪微博用户的基础信息、爱好、兴趣等数据有助于淘宝商家开展精准营销；另一方面，微博的社交优势还可以拉近买家和卖家的距离，增强买卖双方的互动，促进交易的达成。阿里巴巴与新浪微博的战略联盟不仅是新浪微博探索商业化道路的重要环节，也是阿里巴巴全面布局移动互联网的关键一环。

2. 价值生态系统共享登录账号

通常当我们首次登录一个网站的时候，既可以选择手机号或邮箱注册新账号，也可以选择微信、QQ或新浪微博的快捷登录，这种账号共享实际上是一种基于顾客资源的联盟。图8-3是京东的登录界面，用户也可以使用QQ号或微信号登录，这反映了腾讯和京东之间基于共享顾客资源的联盟。对京东而言，用户可以省去烦琐的账号注册过程和记各种密码的烦扰，提升了用户使用的便利性；对微信而言，可以获得更丰富的顾客行为数据和更精准的顾客画像。另外，微信为京东专设了“购物”入口，微信以庞大的用户流量为京东提供支持，京东通过接入“微信支付”帮助其拓展用户，两者互惠互利。

二、基于共享信用数据的联盟

信用是市场经济运行的重要基础。云经济时代，信用体系在防范金融风险、推动业务模式创新等方面发挥着日益重要的作用。数据来源少、应用场景窄、覆

图 8-3 京东登录界面

资料来源：京东官网。

盖面小的传统征信体系难以适应云经济时代的发展要求，大数据、云计算等技术支撑的互联网征信正在蓬勃发展。支付宝旗下芝麻信用基于用户金融、消费、出行等多维度的数据，通过云计算、机器学习等技术客观呈现个人和企业的信用状况，现已形成芝麻信用评分、芝麻信用元素表、行业关注名单、反欺诈等全产品线，是目前较为权威的第三方互联网征信体系。许多金融机构、酒店、租房、租车、社交等互联网公司纷纷与芝麻信用合作，降低自身风险的同时为顾客提供便利。2015 年，芝麻信用与永安自行车联合推出“免押金扫码租车”服务，芝麻信用评分 600 分以上的用户可以通过支付宝免押金扫描租车。同一年，芝麻信用与光大银行合作，帮助光大更好地评估、量化客户的信用风险，优化不同风险客户的经营策略。Airbnb 为了构建房东与房客之间的信任机制，与芝麻信用合作，规定所有房东和房客均可以通过芝麻信用进行实名验证。芝麻信用与越来越多机构的合作，帮助更多的用户享受到信用带来的好处，同时拓展了芝麻信用的应用场景，社会正朝向更和谐、更便捷的信用社会迈进。

京东小白信用是根据京东用户的身份、资产、偏好、履约、关系等多维度信息，运用深度学习等人工智能技术对用户个人信用进行的综合评估。随着京东价值生态系统中用户数据的沉淀和中枢企业大数据技术的快速发展，小白信用对用户的评估日益精确。目前，京东小白信用与住宿、出行、生活服务等领域的多个价值生态系统进行了战略合作。①住宿领域，2017 年 9 月，小白信用与木鸟短租达成战略合作，小白信用分超过 90 分以上的用户可以享受木鸟短租上部分房源的免押入住。此次合作对木鸟短租而言，不仅可以提升房客和房东之间的信任程度，促使更多用户更放心地使用自身的平台，也可以简化房客入住、房东审核的流程，提升双方用户的使用体验。对小白信用而言，一方面可以拓展用户，另一方面可以丰富使用场景，提升影响力。②职场领域，2018 年 1 月，小白信用与猎聘达成合作，共同建设职场信用体系。双方通过联合建模，从身份认证、社交人脉、信用历史、行为偏好、简历质量等多维度对求职者进行评价，致力打造职场信用生态。对小白信用而言，与猎聘的合作可以丰富小白信用服务场景。在小白信用的长期规划中，小白信用将实现对生活场景的全景式覆盖，推动信用经济成为社会发展的巨大红利。对猎聘而言，不仅可以降低招聘企业的招聘成本、提高招聘效率，还可以帮助优化求职者的体验，同时帮助信用良好的用户获得更优质的工作机会。③生活服务领域，小白信用与亿家净水“共享净水器”达成战略合作，小白信用达 75 以上的用户，就可以免押金申请使用智能共享净水器，定期缴纳服务费就能享受到免费的净水设备，以及免费滤芯更换等服务，既省去了动辄几千元的购买净水器的开支，又不用担心后续换芯服务问题，省钱又省心。

三、基于在线支付的联盟

移动支付以其便捷、高效、安全等优点在社会经济生活中快速普及，越来越多的商家接入支付宝、微信支付等入口。2013 年，支付宝钱包和银泰商业集团共同宣布达成战略合作，顾客可以在全国 37 家银泰百货、银泰城门店使用手机支付宝“当面付”服务。一方面，可以简化银泰顾客的付款流程，优化顾客体验；另一方面，可以为支付宝拓展顾客并进一步增强顾客黏性。同年支付宝还与美宜佳达成战略合作，美宜佳全国 5000 家便利店已全面支持了支付宝条码支付。2018 年 5 月，支付宝与华为合作成立了“华为—蚂蚁金服联合创新实验室”以进一步推动移动支付领域的科技创新。目前，移动支付以条码支付形式为主，安全性不高，央行出于对条码支付安全性的担忧，出台了当日限额 500 元的规定。现在支付宝依靠华为手机解决了移动支付的安全问题，依托麒麟芯片 inSE 的能力和安全可信执行环境（TEE），率先推出了内置手机盾的终端产品，华为手机盾是通过央行金融级评估测试的终端产品，这一技术打破了传统电脑转账的制约，在华为手机上，通过支付宝即可随时操作上百万的大额转账。此次合作既可以提升用户使用支付宝支付的安全性，又可以提升华为手机的科技创新水平。

2015 年 4 月 21 日，微信支付与家乐福中国正式达成全面合作，家乐福全国 237 家门店将陆续接入微信支付。对微信支付而言，与家乐福的合作不仅可以丰富线下应用场景，拓展微信支付用户，还可以通过微信与人们日常购物活动的捆绑进一步增强微信用户的黏性。对家乐福而言：①从运营效率来看，微信支付的接入有助于提高超市运营效率，减少顾客排队付款时间，提升顾客消费体验；②从数据获取来看，与微信的合作可以帮助家乐福打造电子化标签数据库，为顾客需求做精准的数据分析打下基础；③从顾客黏性来看，不仅可以通过微信公众号和个人微信 ID 之间的互通实现签到、互动活动、领券、支付、售后服务、积分等一系列服务，逐渐形成完整的 O2O 闭环，还可以利用微信强大的社交属性进行宣传推广。2016 年，微信支付与美团达成合作，美团用户付款界面接入微信支付，而微信也为美团外卖在“微信—钱包”中提供入口。此次合作帮助微信支付进一步拓展使用场景，提高微信支付用户的使用次数，也帮助美团获得了国内用户规模最大 APP——微信的流量支持。随着支付宝和微信支付不断拓展应用场景，移动支付的浪潮势不可当。

第三节 价值生态系统联盟的作用机制

价值生态系统之间结成联盟，极大地提高了合作者的竞争力，在市场竞争中取得优势，因此有必要深入分析价值生态系统联盟的作用机制。

1. 互相提供接口式联盟可以帮助双方拓展新顾客

价值生态系统在其他系统尤其是顾客数量众多的系统中设置接口可以起到宣传推广的作用，获得更多新顾客。滴滴出行与微信的联盟帮助其在微信中获得了一个入口，拥有接近 10 亿用户的微信对滴滴出行进行着流量支持，帮助滴滴出行获得更多新顾客，反过来滴滴出行结算方式中设置的微信支付接口可以帮助微信支付拓展新用户。Airbnb 在拥有 5.2 亿用户的支付宝中设置了接口，无形中起到了推广作用。Airbnb 在结算支付方式中接入支付宝，丰富了支付宝的应用场景，提升了支付宝用户的活跃度。通常而言，微信、支付宝等活跃用户规模大的价值生态系统对较为弱小的价值生态系统拥有合作吸引力，主要原因在于可以为它们提供强大的流量支持，促进其快速成长。

2. 战略联盟通过顾客数据的共享帮助双方提高竞争优势

价值生态系统之间共享顾客数据可以帮助中枢企业获得更精准的顾客画像，为精准营销、开发增值服务提供强有力的数据支撑。新浪微博与淘宝的账号互通对双方而言意义重大，对新浪微博而言，与淘宝的合作有助于自身探索社交电商的商业化道路，不仅可以低成本吸引一些热衷电商的新用户，还可以获得淘宝用户的消费行为、偏好、兴趣等数据，助力新浪微博的大数据积累和挖掘，促进新浪微博发展社交电商这一诉求的实现。对淘宝而言，目前已有的用户数据主要是消费数据，新浪微博中沉淀的用户爱好、性格、兴趣等数据对消费数据而言是有益的补充，淘宝商家可以获得更精准的顾客画像，开展更智能、精准的营销活动，提升营销效率。2017 年 12 月，唯品会和京东达成了战略合作，主打服饰穿戴和美妆的唯品会吸引了大量女性用户，以 3C 数码品类起家的京东则赢得了更多男性用户的青睐，双方的数据共享和优势互补有助于发挥协同效应，实现互惠共赢。

3. 战略联盟通过帮助价值生态系统完善基础设施优化顾客体验

在线支付、信用体系成为云经济时代的基础设施，基础设施不健全的初创价值生态系统可以通过与主流的在线支付平台、信用体系结盟以完善基础设施，优化用户体验。ofo 小黄车、神州租车、蚂蚁短租、探物等价值生态系统与支付宝芝麻信用合作为用户提供免押服务，提升了用户使用相关服务的意愿，简化了用户使用流程，完善了用户体验。京东、唯品会、大众点评、美团与微信支付的合作提升了用户支付的便捷性。在线支付、信用体系逐渐成为价值生态系统价值创造完整闭环中的必要一环。

4. 战略联盟促进隐性知识传递和组织学习

根据组织学习理论，联盟不仅为成员提供了互相学习的平台，还提供了知识、技术转移的通道。Kale（2000）指出在知识经济时代，组建战略联盟的动因之一是向其他组织学习知识和技能诀窍。联盟超越一般的市场交易关系实现了双方更紧密的合作，不仅有助于隐性、默会性知识的传递，获取学习的精髓，还为新知识的创造提供了优良环境，促进知识增值与整体竞争力的提升。在同程与微信的联盟过程中，微信对服务质量的严格要求、对用户体验的高度重视使同程受益良多，促使同程不断优化用户体验。联盟之后，同程更深切、更近距离地感受到腾讯微信团队对用户体验的重视，以及他们在开发、测试、上线和后期的运维、版本改进、升级所做的一系列努力。同程也将坚持用户第一的核心价值导向，不断优化用户体验。

5. 战略联盟通过拓展社会资本提升价值生态系统的竞争力

战略联盟帮助价值生态系统在发展和竞争过程中获得更多的社会资本支持，增强价值生态系统的竞争力。同程与微信的合作帮助其获得了流量入口和资源支持。2017 年 8 月，同程 CEO 吴志祥发内部信，宣布同程集团当年 7 月实现超过 3000 万元以上的规模性盈利。他认为把握微信入口是同程得以在 43 个月的亏损中坚持下来，并最终实现盈利的重要原因之一。微信入口不只为同程拓展了新顾客，还在同程布局移动互联网的过程中发挥了重要作用。阿里巴巴与 ofo 小黄车的战略联盟过程中，阿里巴巴为 ofo 的成长提供了多方面的支持，如芝麻信用分满 650 的用户可以免押金、骑行 ofo 积攒绿色能量、支付宝扫一扫可以解锁 ofo 小黄车等，提升了用户使用 ofo 的便利性和积极性，提升了用户活跃度。在 ofo 面临融资困境时，阿里巴巴伸来援助之手。ofo 将共享单车抵押给阿里系企业用于担保融资，融资规模高达 17.66 亿元，这是业内以共享单车做抵押融资的首例。

价值生态系统联盟的典型案例分析

2014 年 3 月 10 日，腾讯收购京东 351678637 股普通股，占京东在上市前流通在外的普通股的 15%，成为京东的一个重要股东。双方同时签署了战略合作协议，腾讯将向京东提供微信和手机 QQ 客户端的一级入口位置及其他主要平台的支持，以助力京东在实物电商领域的发展，双方还将在在线支付服务方面进行合作，以提升顾客的网购体验。这次战略联盟对腾讯和京东而言意义重大。

对腾讯而言，首先，可以增强在电商领域的优势。腾讯旗下拍拍网、QQ 网购、易迅等电商网站表现不佳，与 B2C 领域占据第二大市场份额的京东进行合作将弥补腾讯在电商方面的短板，拥有强大物流体系、规模逐渐壮大的京东是腾讯布局电商领域的最佳选择。其次，拓展微信支付使用场景。微信支付起初不像与淘宝牢牢绑定的支付宝那样拥有广阔的应用范围，在京东用户付款界面嵌入微信支付有助于拓展微信支付的应用范围，增加微信支付的用户数量以对抗支付宝的强烈攻势。再次，获得更加丰富多元的用户数据。在数据成为“新能源”的 DT 时代，掌握的用户数据越多、越丰富，就拥有越高的价值创造能力和竞争优势。京东拥有的电商数据对专注于社交和内容的腾讯而言是有益的补充。最后，实现价值生态系统的扩张。腾讯致力于构建没有疆界、开放分享的互联网生态，与京东等垂直领域的合作共享有助于价值生态系统更健康、更可持续地发展。

对京东而言，腾讯在移动互联网时代的巨大优势有助于京东布局移动互联网，一方面可以借助微信入口接触到更多的手机用户，实现用户规模的增长和黏性的提高；另一方面腾讯入股可以提高正在筹备上市的京东的估值，帮助京东顺利上市。有了腾讯的支持，在竞争激烈的电子商务领域，京东的战斗力和竞争力将进一步增强。

2015 年 10 月 17 日，京东与腾讯宣布共同推出战略合作项目“京腾计划”，双方将整合各自的用户和数据资源，共同为品牌商家提供包括“精准画像”“多维场景”和“品质体验”等在内的完整营销解决方案。2017 年 10 月 17 日，京东宣布与腾讯共同推出面向线下品牌商的中国首个线上线下融合的无界零售解决方案。该方案以腾讯的社交、内容体系和京东的交易体系为依托，为品牌商打造线上线下一体化、服务深度定制化、场景交易高融合的零售解决方案。2018 年 5 月 10 日，腾讯与京东就大屏生态战略方面宣布深度合作，整合双方优势资源，打造智能大屏新生态。腾讯与京东日益紧密的合作将发挥更大的协同效应，推动电子商务的不断升级和用户消费体验的不断优化。

第九章　价值生态系统的案例分析

——支付宝

一、由淘宝分蘖而来的支付宝

淘宝是我国成立最早、规模最大的电子商务平台，但是其成立之初，网络购物的支付安全问题、信用问题一度成为制约淘宝发展的“瓶颈”。为了解决上述问题，2003 年阿里巴巴推出了作为支付中介平台和交易担保平台的“支付宝”。当买家付款后，款项并不直接打到卖家账户，而是暂存在支付宝这个第三方信用担保平台上，当买家收到商品并确认无误后，款项再由支付宝转到卖家账户中，否则，买家可以申请退款。在我国信用体系不完善的背景下，支付宝的第三方担保和信用评价功能使其逐渐成为买卖双方共同接受的标准，在促进淘宝买家和卖家交易过程中发挥了重要作用。

二、支付宝价值生态系统的构建

2004 年 12 月 8 日，支付宝从淘宝中独立出来，中枢企业——浙江支付宝网络科技有限公司（2014 年发展为蚂蚁金服集团）成立，开始构建价值生态系统。除了在淘宝中承担交易担保角色，支付宝逐渐意识到了人们对于实现安全、快捷、高效地在线支付和移动支付的需求，逐渐向在线支付平台发展。

支付宝价值生态系统构建的首要目标是吸引用户进驻。一方面，支付宝通过对个人用户提供免费服务的方式吸引用户；另一方面，支付宝推出“全额赔付”制度以提升用户的安全感，以不断丰富的手机充值、生活缴费等功能为用户提供便利。在中枢企业的努力下，进驻支付宝价值生态系统的用户呈现爆发式增长：2007 年 9 月 1 日，支付宝用户达到 5000 万人；2008 年 8 月 31 日，注册用户超过

1 亿人；2009 年 7 月 6 日，用户突破 2 亿人；2010 年 3 月 14 日，用户突破 3 亿人；截至 2016 年底，约有 4.5 亿人实名用户使用了支付宝；2017 年底，支付宝用户达到 5.2 亿人（见图 9－1）。

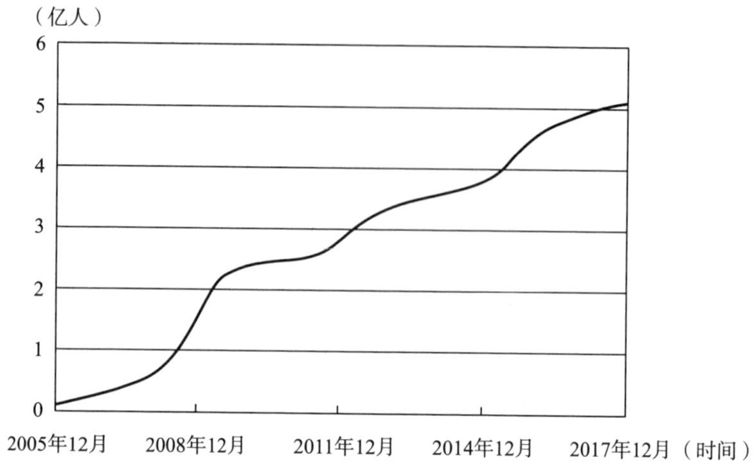

图 9－1　支付宝用户增长趋势

资料来源：根据支付宝全民账单及网络公开资料整理。

随着越来越多的用户进驻支付宝并在该平台上完成支付、理财、转账、缴费等活动，支付宝中沉淀的用户信息和数据越来越丰富。支付宝基于用户数据陆续推出了芝麻信用、智能理财推荐、蚂蚁花呗等增值服务以获取收益，反过来进一步支持支付宝强化自身的功能、拓展使用场景，提升用户使用体验。蚂蚁金服中枢企业通过推动支付宝平台上的用户、资源与周边环境实现良性的物质循环和能量流动构建了一个相互影响、相互作用的价值生态系统。支付宝价值生态系统具备的生态特征包括如下几方面：

1. 物种多样性

在支付宝价值生态系统中，中枢企业蚂蚁金服以丰富多样的功能为用户提供了多样化的栖息环境，具备相同特征或偏好的用户形成价值种群，多种多样的价值种群形成价值群落。“校园工作”吸引了大量学生用户；“生活缴费区”栖息了很多“70 后”“80 后”户主；“车主服务”聚集了数量众多的私家车车主；“花呗”获得了很多年轻消费者的青睐；“商家服务”聚集了很多个体商家；用户在完善个人信息后按照性别、年龄、所在地等自发形成不同的价值种群。物种日益丰富、用户日益活跃的支付宝价值生态系统的稳定性和竞争力不断增强。

2. 层级性

自然界生态系统中，不同生态位中存在不同类别的生态个体并形成多种层次。在支付宝价值生态系统中，不同用户对价值生态系统的贡献度不同，蚂蚁金服按照贡献度对用户进行分层次管理：将用户按照其一定时期内使用蚂蚁金服业务累积获取的积分划分为大众会员、黄金会员、铂金会员、钻石会员（见图 9－2）。对于对价值生态系统贡献度较高的铂金会员和钻石会员，蚂蚁金服将为其提供更多的特权和优惠。蚂蚁金服不仅对用户进行分层次管理，还引导低等级用户向高等级用户转化。高等级用户所占比重越大，价值生态系统发展的稳定性越高。

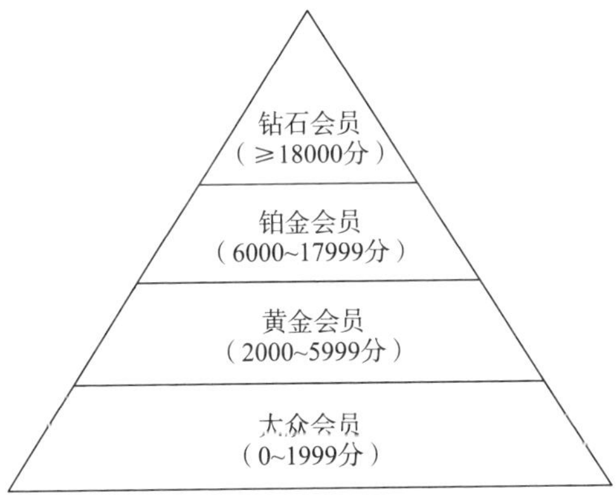

图 9－2 支付宝不同层级的价值种群

3. 开放性

像所有价值生态系统一样，支付宝也是一个具备开放性和包容性的新型产业组织，坚持开放共享的价值观。支付宝的开放性体现在：①支付宝向任意数量的消费者用户和商家用户开放，任何人都可以通过注册进驻并栖息于支付宝价值生态系统。②支付宝不断拓展应用场景，从手机充值到生活缴费、从淘宝购物到地铁乘车、从余额宝到花呗、从连锁超市到路边小店，支付宝正逐渐渗透于我们生活的方方面面。③支付宝积极聆听用户反馈，与用户一起不断优化支付宝系统。一个故步自封的平台是难以实现成长的，唯有包容开放、不断完善的价值生态系统才能长久地吸引用户。支付宝秉承以用户为中心的理念，充分了解用户对服务的诉求和体验感知并努力消除用户服务痛点。目前支付宝已覆盖热线人工、智能客服等四个服务接触方式，共收集了近 80 万份用户反馈。当前超五成业务场景的服务满意度超过 80%。2016 年蚂蚁金服整体客户满意度为 85%，持续保持行业领先水平。①

4. 自我反馈和自我调节

价值生态系统像自然界生态系统一样拥有自我反馈和自我调节的功能，当面对系统内外波动时，价值生态系统可以启动缓冲机制进行调节以维护系统稳定。云经济时代，价值生态系统擅长利用科技的力量提升自身的抵抗力和恢复力。“双十一”作为一年一度的购物狂欢节，巨额的交易量对支付宝而言是一次严峻的“大考”。前几年的“双十一”，支付宝的技术保障人员几乎严阵以待，公司里到处是帐篷、睡袋，桌上堆满“红牛”。历年来随着“双十一”交易峰值不断突破历史纪录，支付宝也在思考如何迎接下一次的“大考”。后来支付宝花了三年，自主研发了中间件、数据库、大数据平台，将传统型技术架构升级为云计算架构。新型云计算架构为“双十一”淘宝和支付宝的正常运转提供了强大的技术保障，2016 年的“双十一”当天，支付宝专门为此提供技术保障的不到 30 人，原本的“大考”转变为轻松的课堂测验。支付宝通过自我反馈和自我调节功能提升了自身应对内外部环境变化的能力，维护了支付宝的稳定有序运转。

5. 可持续发展

构建支付宝价值生态系统的中枢企业——蚂蚁金服描绘的生态愿景是：希望依靠自身的有序运转，源源不断地贡献价值、输出力量，最终营造一个由“平等的社会”“普惠的经济”和“绿色的环境”组成的可持续的生态。为了使社会更加平等和普惠，支付宝旗下网商银行重点关注融资难的小微企业和发展落后的农村金融；为了创造绿色的环境，蚂蚁森林鼓励用户选择绿色生活方式：地铁出行、在线缴纳水电煤、网络购票等；秉承“人人都有社会责任”的支付宝，不仅与政府机构合作推动“互联网 +”政务、智慧城市的发展，促进公共服务高效化，还建设公益平台，以区块链技术推动公益透明化、可信任。支付宝正利用科技的力量努力推动环境和社会的可持续发展。

① 数据来源于《蚂蚁金服 2016 可持续发展报告》。

三、支付宝价值生态系统的运营模式

价值生态系统的运行旨在维护价值生态系统良好运转，促进价值生态系统不断发展壮大。在用户进驻价值生态系统后，中枢企业还需要通过价值生态系统的运行提高用户活跃度和忠诚度，使用户从“来访者”转变为“栖息者”。运行机制的三大方面主要包括：①持续的拉新活动；②用户留存机制；③用户活跃度提升机制。

1. 支付宝的拉新活动

用户数量越多的价值生态系统价值创造能力越强，因此支付宝力图通过持续的拉新活动实现尽可能多的用户栖息。①以优惠吸引新用户。支付宝通过持续的“奖励金”“扫一扫得红包”等活动吸引新用户注册。在 2015 年和 2016 年的 12 月 12 日，支付宝与很多商家合作推出“全线五折”的优惠活动，吸引了大量支付宝新用户。②以新功能、新服务的推出吸引不同群体。支付宝 2008 年上线的公共事业缴费服务帮助其获得了很多中老年用户，支持校园一卡通充值的“校园工作”功能帮助支付宝获得了大量学生用户，余额宝、花呗、股票等理财功能吸引了很多理财用户。③通过与央视春晚合作、微博热门话题进行宣传推广。2016 年支付宝与央视在猴年春晚达成战略合作，通过“咻红包”“传福气”等活动进行品牌营销，进一步提升了用户基数和活跃度。支付宝自 2016 年起推出的“集五福”活动在新浪微博中引发了较高的话题热度，无形中起到了宣传推广作用。④邀请有礼，支付宝的“邀请有礼”功能规定：老用户每邀请一个新用户使用支付宝，就可以获得 10 元现金红包，好友可以获得 5 元新人红包。这种物质奖励激发了老用户邀请新用户的内在动力，鼓励用户进行自传播、自推广。

2. 支付宝用户留存机制

（1）以持续的微创新活动改善用户体验。支付宝在在线支付和移动支付领域深耕细作，不断创新的“语音支付”“快捷支付”“指纹支付”“二维码支付”大大提升了支付的安全性与便捷性。支付宝 APP 自推出以来，根据用户反馈意见和自身发展战略要求，进行了多次的微创新活动以提升用户体验，表 9－1 展示了支付宝 APP 自 2015 年以来典型的版本更新历程和主要的功能更新。支付宝通过持续的微创新活动，不断提升用户体验，增强用户的忠诚度。

表 9-1 支付宝 APP 的主要版本更新

时间	版本	主要功能更新
2015 年 7 月	9.0	新增商家服务；新增社交功能和亲情账户
2015 年 9 月	9.1	二维码收付款；优化绑卡功能
2015 年 10 月	9.2	支持三种语言切换；增加生活圈；聊天增加“阅后即焚”
2015 年 11 月	9.3	新增“刷脸注册开通”，支持刷脸登录；新增商圈功能；新增在线优惠买单
2016 年 1 月	9.5	推出年度账单；新增“拜年红包”；新增“咻一咻”功能；新增“吱口令”功能
2016 年 5 月	9.6	提升扫一扫识别速度；响应央行监管要求，保障用户权益
2016 年 8 月	9.9	新增智能语音助手
2016 年 12 月	10.0	新增 AR 实景红包；扫一扫新增“AR 扫”入口
2017 年 6 月	10.0.18	一键启动“收钱”“付钱”；AA 收款全新升级，自动提醒
2017 年 12 月	10.1.10	全新“财富”上线，产品服务智能推荐；“赚钱红包”

（2）精细化运营。价值生态系统利用大数据、云计算、人工智能等技术为每位用户提供个性化、智能的服务以增强用户对系统的好感和黏性。支付宝根据每位用户的消费、转账记录，为其提供了月账单和年度账单的查询服务，帮助用户了解自身的财产状况，成为用户的“记账小助手”。“财富”功能根据用户个人信息和历史记录，为用户智能推荐适合其自身实际情况的理财服务，缩短了用户理财决策的路径，提升了决策的质量和效率。支付宝通过个性化、精细化、智能化的运营成为用户的“财富管理小助手”，提高了用户财富管理效率，同时提升了用户的忠诚度。

（3）社交沉淀。在支付宝价值生态系统中，用户不仅有快捷收付款的需求，还有朋友间转账、发红包的需求。增加价值生态系统中的社交元素、拓宽用户的关系链不仅可以帮助用户之间更快捷、安全地转账，还可以增加用户转换成本。2015 年 7 月，支付宝发布了 9.0 版本，新增“朋友”一级入口。在“朋友”入口，用户可以实现聊天、转账、收发红包、分享位置、进入群聊等操作，支付宝还为用户推荐通讯录好友和可能认识的人来拓展用户的交际圈。此外，亲密付、借条、亲情账户等功能的推出也反映出支付宝希望通过社交来增强用户黏性的意图。随着用户之间通过支付宝实现的功能和效用越多，用户在支付宝中建立和维系的社会关系越多，用户的转换成本越大，留存在价值生态系统中的时间越长。

3. 支付宝用户活跃度提升机制

（1）定期或不定期的优惠活动。支付宝的“奖励金”活动规定用户周日至周四在活动商家付款后可以领取奖励金，周五和周六奖励金可以当现金抵扣。用户为了获得奖励金，会尽量选择支付宝付款，为了用掉奖励金，会在周五和周六进行消费。这一活动以星期为周期鼓励用户在购物时优先使用支付宝，大大提升了用户活跃度。支付宝年底的“集五福”活动规定集齐“五福”（富强福、和谐福、友善福、爱国福、敬业福）将瓜分5亿元红包，随机红包最高可至666元，用户为了集齐福卡、瓜分红包而在空闲时间进入支付宝，扫一扫“福”字。“难扫的敬业福”“你集齐五福了吗”等成为街头巷尾的谈资，支付宝的用户活跃度大大提升。

（2）用户成长体系。支付宝通过用户成长体系鼓励低等级用户向高等级用户转化，转化过程中，用户对支付宝的价值贡献度和忠诚度不断提升。支付宝四级会员积分成长体系为：大众会员（0 < 1999 分），黄金会员（2000 ~ 5999 分）；铂金会员（6000 ~ 17999 分），钻石会员（≥18000 分）。其中，积分是按照用户在支付宝中的消费购物、生活缴费、金融理财记录来计算的。不同等级会员可以享受不同的特权，等级越高，特权越多。如钻石会员可享受线下支付笔笔抽奖、余额宝收益翻倍、快捷登机服务等特权。会员积分也可以兑换电影代金券、话费券、滴滴红包等权益。用户为了获得更多的权益、提升自己的等级而会更多地使用支付宝进行消费和理财，用户对支付宝的使用次数和频率将逐渐提高。

四、支付宝价值生态系统的盈利模式

在价值生态系统的构建和运行过程中，需要投入大量的财务资本，以“烧钱”的方式吸引尽可能多的用户进驻并栖息。2015 年 7 月，支付宝完成 A 轮融资，2016 年 4 月，完成 45 亿美元的 B 轮融资，价值生态系统对大量资金的需求可见一斑。盈利是价值生态系统运行的最终目标，也是价值生态系统得以自我维持、可持续发展的前提。否则，一味依赖外部融资而缺乏自我造血能力的价值生态系统是难以实现良性循环的。支付宝的盈利模式处于探索和发展过程中，目前，其盈利方式主要包括以下几点。

1. 在用户提现时收取手续费

2016 年 9 月 12 日，支付宝对外发布公告表示因综合经营成本上升，为了持续向用户提供更多优质服务，自 2016 年 10 月 12 日起，支付宝将对个人用户超出免费额度的提现收取 0.1% 的服务费，个人用户每人累计享有 2 万元基础免费提现额度。在用完基础免费额度后，用户可以使用蚂蚁积分兑换更多的免费提现额度。用户提现费构成支付宝收益来源之一。

2. 向第三方合作机构收取服务费

在支付宝的生活缴费区域，用户可以缴纳水费、电费、燃气费、宽带、物业费、暖气费等，实际上并不是支付宝直接为用户缴费，而是第三方商户借用支付宝平台为用户缴费。第三方商户需要向支付宝缴纳代理服务费，类似的第三方机构还有天弘基金等基金公司。2013 年 6 月 17 日，支付宝与天弘基金合作的货币基金产品——余额宝上线，目前余额宝用户超过 3 亿人，支付宝通过向天弘基金收取服务费获得了可观的收入。

3. 沉淀资金

当用户在淘宝上使用支付宝付款时，由于买家支付货款与卖家实际收到货款之间存在时间差，导致支付宝平台的账户上存在大量的沉淀资金。客户备用金是沉淀资金的重要组成部分，尽管央行已出台政策削弱支付宝对客户备用金的控制，并限制支付宝对客户备付金的自由使用，但支付宝仍可以以一定方式从沉淀资金中获取收益。

4. 广告收入

在登录支付宝的网页或者移动客户端时，用户可以在上面看到不同商家、产品的广告，如横幅广告、按钮广告等。支付宝的庞大用户基数吸引广告商在支付宝中投放广告，支付宝从中获得了广告收入。

5. 大数据中隐藏的无形收益

随着支付媒介逐渐由现金和银行卡转变为智能终端，消费者和商家的消费数据得以全面、准确、实时地记录。这些庞大的数据蕴含巨大价值，一方面，可以在微观上获得更加精准的消费者画像，帮助自己或其他组织开展精准营销；另一方面，可以在宏观上了解全市场需求的动态变化。利用这些数据进行精准营销、构建信用体系并在此基础上提供个性化的理财和金融服务等将释放数据的巨大价值。支付宝基于用户消费、出行、住宿等多维度的数据，通过人工智能、云计算等技术计算出个人信用的综合评分——芝麻信用分，为各种生活服务商户和金融机构更快速做出科学决策、提升用户体验提供了很高的参考价值。芝麻信用正在努力建设信用“无押力”社会，不断提升用户的幸福感和获得感。

五、支付宝价值生态系统的分蘖

在支付宝价值生态系统中，“财富”一级入口为用户提供了一些理财服务。

为了在金融领域深耕，为用户提供更专业、更全面的理财服务，2015 年 8 月 18 日，蚂蚁金服旗下智慧理财平台——蚂蚁聚宝（2017 年 6 月 14 日升级为“蚂蚁财富”）APP 上线。用户可以使用支付宝账号登录，在蚂蚁财富平台上实现余额宝、招财宝、存金宝、基金等各类理财产品的交易，同时用户还可以获得财经资讯、市场行情、社区交流、智能理财顾问等服务。借助支付宝母系统的流量支持和账号共享，截至 2018 年 1 月，蚂蚁财富注册用户超过 1.8 亿人，用户活跃度处于高位。

除了蚂蚁财富，蚂蚁金服 2016 年 3 月还推出了网商银行 APP，利用支付宝沉淀的用户数据和云计算、大数据处理技术帮助解决小微企业融资难融资贵、农村金融服务匮乏等问题。相比支付宝和蚂蚁财富，网商银行更加侧重为小微企业提供信贷服务，促进普惠金融和农村金融的发展。截至 2016 年 12 月，网商银行已经为 277 万家小微企业提供了便捷高效的金融服务。

支付宝作为第三方支付平台，渗透于人们日常生活的方方面面，促使社会向无现金社会发展，由其分蘖的子系统逐渐成长为具有独立生存能力的价值生态系统：蚂蚁财富向“一站式”专业理财服务平台纵深发展，网商银行则专注于为融资难的小微企业服务。支付宝、蚂蚁财富、网商银行共同支撑蚂蚁金服的发展，促进蚂蚁金服的壮大。

六、支付宝价值生态系统的竞争战略

第三方移动支付领域，支付宝、微信支付、壹钱包等的竞争还在激烈进行中。根据 Analysys 易观发布的《中国第三方支付移动支付市场季度监测报告 2017 年第四季度》，支付宝以 54.26% 的市场份额占据移动支付市场的榜首，以微信支付为核心的腾讯金融以 38.15% 的市场份额占据第二名（见图 9 - 3），微信支付和支付宝竞争激烈、分庭抗礼。

云经济时代，企业与企业的竞争、价值链与价值链的竞争上升为价值生态系统之间的竞争。价值链的优势在于整合链条成员企业的核心能力以实现优势互补，但这种以制造过程为导向的合作在云经济时代降到了次要位置。对用户使用过程占据价值创造核心地位的价值生态系统而言，核心竞争力在于栖息于其中的活跃用户规模和用户忠诚度，即用户嵌入度。嵌入不仅可以解释用户对特定服务或体验的偏好，还引导用户与系统建立长期的互惠共生关系，进行价值共创，营造可持续发展的良性生态。

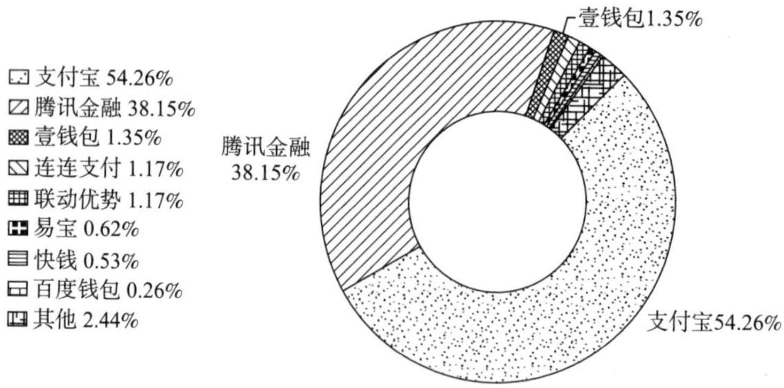

说明：以上数据根据厂商访谈、易观自有监测数据和易观研究模型估算获得，易观将根据掌握的最新市场情况对历史数据进行微调，部分企业未涵盖。

图 9－3　2017 年第四季度中国第三方移动支付市场交易份额

资料来源：www. analysys. cn。

传统产业组织基于市场份额、成本领先等的竞争战略在云经济时代逐渐失去基础，价值生态系统专注于对“活跃用户规模”“用户使用时长”等用户嵌入度相关指标的竞争。用户嵌入度的衡量既包括用户嵌入广度，也包括用户嵌入深度。用户嵌入广度指在价值生态系统中嵌入的用户数量，活跃用户数量越多，价值生态系统的生命力和生产力越强。用户嵌入深度指用户对价值生态系统的依赖程度和偏好程度，主要反映用户的忠诚度。用户对价值生态系统嵌入越深，价值生态系统的稳定性越强。综合反映价值生态系统竞争力和稳定性的用户嵌入深度和广度成为云经济时代分析价值生态系统竞争战略的重要基础。面对微信支付的强烈攻势，支付宝通过持续提升用户嵌入广度和嵌入深度来提升自身竞争力。

1. 提升用户嵌入广度

实质上，价值生态系统的运行是一个持续提升活跃用户规模即用户嵌入广度的过程，通过吸引新用户和留存老用户来提升用户嵌入广度。支付宝提升顾客嵌入广度的方式主要包括：①以红包、奖励金等优惠吸引新用户；②与央视、微博合作进行宣传推广；③以“邀请有礼”的方式推动老用户拉动新用户；④通过持续的微创新活动、精细化运营提升用户体验和忠诚度；⑤以社交沉淀提升用户转换成本。

2. 提升用户嵌入深度

用户嵌入深度是指用户对价值生态系统的依赖程度和忠诚度。用户嵌入类型包括结构性嵌入、关系性嵌入和认知性嵌入，支付宝通过促进用户对价值生态系统的结构性嵌入、关系性嵌入和认知性嵌入来增强用户黏性和忠诚度。

(1) 提升用户对支付宝的结构性嵌入。结构性嵌入是指用户基于社会角色和需求而进行的嵌入，是最基本的嵌入类型。支付宝主要通过以下三个方面提升用户的结构性嵌入度:

1) 不断改进支付技术，巩固用户作为付款者的角色。支付宝作为第三方支付平台，用户进入价值生态系统的基本需求是满足自身快捷、安全支付的需求，所以支付宝的首要目标是保证用户付款的安全性和高效性。为此，支付宝不断改进支付技术，丰富支付方式，声波支付、扫码支付、指纹支付、扫脸支付等支付方式层出不穷，支付速度和效率不断提升。

2) 鼓励商家用支付宝收款，与支付宝进行价值共创。随着越来越多的消费者习惯了移动支付，商家也逐渐意识到移动支付无需找零、无需验钞机、无需人工汇总等优点，越来越多的商家开始使用支付宝收款。支付宝举办的“双十二”线下购物“五折”狂欢既刺激了消费者的需求，也帮助合作商家提高了销量，消费者、商家与支付宝一起进行价值共创。移动支付时代的到来和支付宝的推广活动促进了商家的结构性嵌入。

3) 丰富使用场景，实现用户多重角色嵌入。支付宝价值生态系统中的用户不仅是付款者，还是花呗中的借款者、手机充值者、生活缴费者、出行者、车主、理财者、保险购买者、学生、点外卖者等。支付宝日益丰富的使用场景不仅提升了用户活跃度，还实现了用户的多重角色嵌入。当用户在支付宝中使用的功能越多，嵌入的角色越多，用户对支付宝的黏性越强，转换成本越高。当支付宝可以为用户提供独一无二的功能时，用户会自发且长久地栖息于价值生态系统中，例如，学生可以且目前仅可以通过支付宝来进行校园一卡通充值，那么支付宝对学生用户而言是必需品而不会轻易离开。支付宝可以为用户提供的独特功能越多，用户离开支付宝的可能性越低。

(2) 促进用户对支付宝的关系性嵌入。关系性嵌入是指用户基于偏好、私人关系等内在因素而自发栖息于价值生态系统中。支付宝促进用户对价值生态系统关系性嵌入的主要方式包括:

1) 增强互动频率。互动是发展社会关系的基础和框架，增强用户与系统、用户与用户之间的互动频率有助于促进用户的关系性嵌入。①通过推送消息、短信、服务提醒主动与用户保持联系。“点此领取口碑外卖节红包”“您有一个新的快递信息”等恰当的提醒机制可以唤起用户对支付宝的感受和需求，增强用户与支付宝的互动，逐渐培养用户使用支付宝的习惯从而增强用户忠诚度。②积极聆听用户反馈，与用户一起解决支付宝存在的问题。在支付宝的“设置—求助反馈”窗格，用户可以向客服求助或提出产品建议，这是用户和支付宝一起完善产品、优化服务的平台，妥善处理用户反馈不仅可以使用户获得成就感，也可以帮助更多的用户优化体验从而促进支付宝不断发展壮大。③以签到机制增强用户与系统的互动，提升用户活跃度。支付宝在首页推出了“连续签到赢红包”的活动，用户连续签到可以获得“当日礼”“三日礼”和“七日礼”。签到机制提升了用户与系统的互动频率，红包礼品进一步提升了用户签到的积极性。④丰富互动场景，增强互动频率。支付宝中设置了多样化的互动场景，不仅可以和支付宝好友聊天、发红包、转账，还可以在“我的健康”中抢好友的健康果，在蚂蚁森林中收取好友的绿色能量、查看排行榜，既增加了互动的趣味性，又增强了用户的关系性嵌入度。

2）提升关系强度。通常而言，两者之间关系强度越高，关系越持久和稳定。提升支付宝与用户、用户与用户之间的关系强度有助于促使用户长久栖息于支付宝系统中。①支付宝通过促进用户在价值生态系统内建立初级关系来增强用户之间的关系强度。支付宝通过为用户推荐手机联系人、可能认识的人来促使用户和自己的家人、朋友成为支付宝好友，一方面方便两者之间发红包、转账，另一方面可以增加用户离开支付宝的转换成本。②促进价值生态系统内普通用户关系初级化以增强用户关系性嵌入度。当不熟悉的两个用户之间因为一些业务往来而需要通过支付宝转账时，支付宝会提醒用户“加为好友，转账、聊天更方便”。在普通用户成为支付宝好友后，支付宝设置的互抢绿色能量、互抢健康果、互赠福卡等稳定、频繁、多场景的互动会促进普通用户逐渐相互了解和熟悉，从而逐渐发展为朋友等初级关系。③通过个性化服务增强用户与支付宝的关系强度。对用户而言，支付宝不仅是一个第三方支付平台，而是一个专属于自己的“理财小助手”。支付宝利用大数据、云计算、人工智能等前沿技术为用户编制个性化的月度账单、年度账单，其中，极富有纪念意义和趣味的年度账单带领用户回忆过去一年的消费记录、理财收益、信用记录、贡献爱心记录等，蚂蚁智能助理还为用户预测 2018 年的年度关键词，用户纷纷在朋友圈、新浪微博等晒出自己的年度账单，体现出用户对这一功能的喜爱。在支付宝的“财富”窗口，支付宝根据用户个人信息、历史理财记录等数据为用户智能推荐个性化的理财服务，成为用户的贴心理财助理。得益于大数据、云计算等技术，支付宝等价值生态系统通过智能推荐、个性化服务为用户提供千人千面的互动界面，由过去千篇一律的平台转变为有温度、有互动性的价值生态系统，拉近了与用户的关系，增强了用户对平台的依赖。

3）提升关系持久度。只有长期栖息于价值生态系统的活跃用户才能与系统进行价值共创，才能为价值生态系统带来持久的竞争力，提升用户与系统的关系持久度有助于延长用户的栖息时长，从而提升价值生态系统的稳定性和竞争力。①支付宝以会员成长体系延长用户与系统的关系持久度。当支付宝用户在价值生态系统内进行消费购物、生活缴费、金融理财等活动，便可以获得积分，这些积分可以兑换代金券、红包、彩票、话费券等优惠，这些优惠既引导着用户潜在的消费行为，又鼓励用户增加在价值生态系统内的活动来赚取积分，从而形成良性循环，不断提升用户对价值生态系统的贡献度。会员的不同积分还对应着大众会员、黄金会员、铂金会员、钻石会员四个不同等级，等级越高，会员享有的特权越多，如健康特权、出行特权、提现特权、余额宝特权等。高等级会员享有的特权引导着低等级会员不断丰富自己在支付宝内的支付、理财活动，延长了用户在支付宝的栖息时长，增强了用户与支付宝的关系持久度。②支付宝通过覆盖用户衣、食、住、行、游、娱、购等诸多方面而成为用户日常生活的“必需品”，提升用户与支付宝的关系持久度。在“食”方面，支付宝嵌入了“饿了么”外卖；在“住”方面，支付宝接入了 Airbnb 民宿和租房；在“行”方面，支付宝接入了滴滴出行、ofo 小黄车和一些城市的电子公交卡、地铁卡；在娱乐方面，支付宝提供了电影票预定、大麦网等服务。日益庞大的支付宝价值生态系统逐渐成为生活的必需品。

4）建立用户与支付宝的信任。信任是发展长期关系、交易、合作的前提，建立并维护支付宝与用户的信任是价值生态系统稳定发展的基础。一方面，支付宝用户需要通过实名认证获得支付宝系统和其他用户的信任。由于支付宝主营的支付和理财业务涉及资金安全等重要问题，所以为了维护支付宝运行的良好秩序和其他用户的权益，支付宝规定用户必须进行实名认证才可以进行与资金相关的操作。另一方面，支付宝努力提高支付和理财服务的安全性以获得用户的信任。2011 年 5 月 26 日，支付宝获得了央行颁发的国内第一张支付业务许可证。此外，支付宝不仅获得了 Verisign 签发的全球安全证书，使客户的在线交易和客户资料得到有效的保障，还对全部用户信息、账户信息等进行 128 位 SSL 加密传输。支付宝 2005 年 8 月上线并不断优化升级的智能实时风险监控系统基于用户行为来判断风险等级，集风险分析、预警、控制为一体，是目前国内最先进的网上支付风险实时监控系统之一。支付宝基于对系统安全性的重视和有力保障逐渐获得了用户的信任。

除了建立双向的信任，支付宝还让用户享受到了信用的便利。2015 年 9 月 9 日芝麻信用推出“9. 9 大学生信用节”，大学生可凭借芝麻信用分享受借贷服务。2015 年 12 月 20 日，芝麻信用与上海图书馆开启免押金借书服务。押金是商家基于对用户的不信任而向其收取的“保证金”，然而在共享单车退潮之际，“押金难退”的问题却使众多用户的利益受损。2017 年 11 月，芝麻信用宣布投入 10 亿元开展“消灭押金”计划，鼓励商家以免押形式向用户提供服务，这既减弱了用户对押金的顾虑，也帮助商家获得了更多的用户。目前支付宝提供的免押服务涉及日常生活的方方面面，包括免押骑行、免押租房、免押租车、免押住宿等。据芝麻信用统计，2017 年加入消灭押金计划的合作活动超过 2600 家，信用免押累计服务用户超 4000 万人，累计免除押金超 425 亿元。基于“无押力”建立的信任机制优化了用户体验，也促进了商家的发展，助力社会向和谐社会和信用社会迈进。

（3）促进用户对支付宝的认知性嵌入。认知性嵌入是指用户基于共享的语言、符号、共同的价值观、愿景而嵌入到价值生态系统中，这种嵌入具有无形性、持久性、潜移默化的特点。价值生态系统相比传统企业而言，拥有极高的开放性、包容性和更大的规模，因而价值生态系统拥有更广阔、更宏大的未来观与世界观。一个绿色、环保、可持续发展的社会是所有人的愿景，支付宝通过“蚂蚁森林”聚集大众的力量为实现这一共同愿景而努力，实现了用户的认知性嵌入。当用户通过支付宝进行线下支付、生活缴费、网购火车票、预约挂号、ETC 缴费、行走捐等低碳行为时可以获得绿色能量，当绿色能量收集到一定程度，可以在支付宝虚拟种树，支付宝会根据用户在蚂蚁森林中提交的种树申请，和公益机构一起在阿拉善、武威等地区种植真树以阻止沙漠扩张、保护自然环境。截至 2017 年底，蚂蚁森林已经为超 2. 8 亿用户累计种植和维护真树 1314 万棵，守护了 12111 亩保护地。支付宝用户通过参与蚂蚁森林活动不仅获得了成就感，还无形中嵌入到支付宝描绘的共同愿景中。通过蚂蚁森林活动，支付宝不仅提升了用户活跃度，还提升了用户认知性嵌入度。支付宝引导顾客实现的认知性嵌入对培养用户使用习惯有重要影响，根据支付宝2017年全民账单，每天早起“偷能量”已经成为很多支付宝用户的日常，“蚂蚁森林”也已经成为了很多人早起的闹钟。

支付宝还通过公益项目的推出促进用户的认知性嵌入。在“我的—公益”窗格，用户可以通过爱心捐赠参与到多个公益项目中。支付宝公益平台始于2008年汶川地震期间支付宝灾区募款通道的开通，截至2016年底，支付宝公益平台上总共推出了超过7000个公益项目，创新推出“行走捐”“收益捐”“月捐”等形式，鼓励和号召公众参与公益。支付宝对用户而言，不仅是一个支付工具，还是一个实现公益梦想的平台。此外，支付宝正努力通过区块链技术让公益变得透明可信，让社会变得更加美好。支付宝用户基于绿色环保和公益的认知性嵌入为其主动栖息于价值生态系统提供了长久的内在动力。

支付宝在持续提升用户嵌入广度和用户嵌入深度的努力下，获得了较为显著的竞争优势。数据表现上，根据猎豹大数据的统计（见表9－2），2018年3月底，支付宝以14.0294%的周活跃渗透率和44.2的人均周打开次数占据理财、借贷和保险类APP的第一名。支付宝通过引导顾客结构性嵌入，2017年底，实现了5.2亿用户作为消费者栖息于价值生态系统中，超过4000万家小商户开通支付宝收钱码，与价值生态系统进行价值共创，日益丰富的功能和场景实现了顾客多重角色嵌入。在关系性嵌入方面，支付宝通过提升与用户的互动频率来培养用户使用习惯，通过引导用户在价值生态系统内建立初级关系、促进次级关系初级化增强用户的归属感和依赖感，通过个性化和智能服务超越工具属性而成为能与用户互动的贴心小助理。认知性嵌入方面，支付宝通过引导用户为共建绿色环保和公益普惠的社会的共同愿景而贡献出自己的力量，用户从中获得的满足感和成就感为其自发栖息于价值生态系统提供了内生动力。通过在顾客嵌入方面的持续努力，支付宝获得了一定的竞争优势，不过，在竞争激烈的支付和理财领域，支付宝还需要进一步提升顾客嵌入广度和深度以获取持久的竞争优势。

七、支付宝与新浪微博的价值生态系统联盟

移动支付、用户资源等成为云经济时代的新型基础设施，基于共享移动支付、用户资源的联盟越来越多。新浪微博在商业化道路上，2013年8月，首先与

表9-2 2018年3月理财、借贷和保险类APP排行榜

排名	应用名	周活跃渗透率（%）	人均周打开次数
1	支付宝	14.0294	44.2
2	平安金管家	0.4255	57.9
3	京东金融	0.1922	34.0
4	融360	0.1254	26.2
5	小米金融	0.0950	7.2
6	国寿e宝	0.0819	19.2
7	天天基金	0.0722	75.6
8	360借条	0.0720	17.2

资料来源：猎豹大数据官网。

淘宝进行战略合作，完成了账号、数据的打通，但是支付这一环节的薄弱始终无法实现微博努力打造的“浏览—兴趣—下单—支付—分享”的社会化营销闭环。2014年1月7日，新浪微博与当时占据第三方支付市场半壁江山的支付宝达成战略合作，全面打通微博与支付宝账号，且实现二维码的互通。目前微博支付由支付宝确认安全、全额赔付。新浪微博与支付宝的基于移动支付、共享用户资源的联盟，既有助于新浪微博的商业化尝试，也可以帮助支付宝拓展用户、丰富使用场景。

在支付宝价值生态系统中，中枢企业蚂蚁金服连同第三方合作机构为用户提供丰富多样的服务，是价值生态系统的生产者；用户在支付宝中实现交易、付款、理财、缴费等活动，是价值生态系统的消费者。随着越来越多用户数据的沉淀，中枢企业利用大数据、云计算、人工智能等技术从中挖掘价值，开发增值服务并获得收益。支付宝获得的收益将进一步支持中枢企业与其他合作机构强化、丰富提供的功能，用户体验不断优化，用户嵌入广度和深度不断提升，通过良性的物质循环和能量流动形成一个互惠共生、生机勃勃的价值生态系统。云经济时代，中枢企业在计算机网络技术的帮助下构建虚拟栖息地以聚集用户，在大数据、云计算等技术的应用中挖掘用户沉淀数据中蕴含的价值，

优化用户体验，是价值生态系统的主要分解者。包容开放、追求可持续发展的价值生态系统最大的优势在于聚集和激发众多个体的力量，共同为构建更美好的社会而努力。

第十章　结论与展望

第一节　研究结论

云计算技术诞生已经超过十年，我们的社会正不可逆转地进入到云经济时代。从工业经济逐渐转变为云技术支撑的云经济，尽管转换过程悄然进行，但无疑是一场划时代的转型。本书的研究主要关注了这个转型中出现的新型产业组织——价值生态系统。

一、云经济时代的价值创造机制

云经济时代，大量借助云技术开发和提供的产品和服务涌现，大数据、云计算等云技术成为新时代的基础设施，对传统价值创造机制带来颠覆式冲击。①价值载体方面，工业经济时代，企业通过一次性、即时性的产品买卖为顾客传递价值，云经济时代价值载体转变为持续的、无形的体验。②关于价值创造核心环节，产品制造过程是传统企业价值创造的核心环节，云经济时代，顾客使用过程超越产品制造过程成为价值创造的核心环节。③价值创造流程方面，价值星系开启了价值创造流程的非线性化特征，云经济时代顾客参与甚至主导价值创造流程的特征促使非线性化发生质变，顾客逐渐翻越顾企之间的“柜台”，与企业进行价值共创。④价值空间方面，大数据、云计算等技术推动数据的价值创造能力不断增强，数据和信息作为独立生产要素参与价值创造，从深度上极大地拓展了价值空间。企业提供的持续服务或体验不仅满足了顾客的物质需求，还为顾客带来了快乐、归属感、成就感等精神文化体验，从广度上延伸了价值空间。以上种种变化对价值链、价值网等传统价值创造理论带来挑战，引导我们探索新的理论视角来阐释云经济时代的价值创造机制。

网络平台是互联网时代的新兴价值创造主体，云经济的发展使网络平台呈现出一些生态化特征。①持续的体验促使顾客呈现出“栖息”特征，顾客长久地活动和栖息于信息技术支撑的虚拟空间中。②顾客的指数级增长类似自然界中的物种爆发，由于虚拟空间理论上看可以容纳任意数量的顾客，再加上企业大力度的宣传推广，网络平台上的顾客以前所未有的速度增长。③大数据、云计算等技术可以实现对顾客的精准分类和管理，具备相同特征的顾客按照基础信息、偏好、贡献度等形成多样化的种群。④网络平台形成类似自然界生态系统中“生产者—消费者—分解者”的物质循环和能量流动过程。平台与顾客通过价值共创为其他顾客带来优质体验，成为生产者，大部分顾客作为消费者享受平台上的服务和体验，平台企业作为二级消费者从顾客消费过程中获取相关数据，这些非结构化的海量数据在大数据、云计算、人工智能等技术的分解作用下形成资源池，为平台开发增值服务、进行管理决策、优化顾客体验提供参考，进一步支撑着生产者的价值创造活动。总的来看，传统的网络平台在云技术的推动下升级为更高形式的产业组织。由于这种新型产业组织与自然界生态系统存在诸多共性特征，所以本书以“价值生态系统”来概括和研究云经济时代的新型产业组织。

二、作为一个新型产业组织的价值生态系统

1. 价值生态系统鸟瞰

价值生态系统指云经济时代顾客进驻并栖息于其中满足交易、社交、娱乐等需求，具备共同特征或偏好的一类顾客形成价值种群，多种多样的价值种群集合形成价值群落，与支撑其发展的周边环境共同形成具备生态系统特征的新型产业组织。与自然界生态系统的自动生成和自我发展壮大不同，价值生态系统通常由中枢企业构建、维护和控制。价值生态系统的中枢企业通过构建可以满足人们物质、文化需求的栖息地以吸引尽可能多的顾客进驻，培育价值群落，然后利用顾客沉淀的数据开发增值服务以获取收益，反过来进一步改善栖息环境，优化顾客体验，延长顾客栖息时长。在价值生态系统中，中枢企业与顾客作为生产者进行价值共创，顾客作为一级消费者使用和购买相关服务，中枢企业作为二级消费者从顾客消费过程中获得大量交易数据、基础信息数据、行为数据等，大数据、云

计算等技术作为分解者对非结构化的海量数据进行整理、分析，为中枢企业开发增值服务、进行管理决策、优化顾客体验提供数据支持，中枢企业、顾客及周边环境共同形成互惠共生的良性循环。

价值生态系统像自然界生态系统一样具备开放性、动态性、多样性、自我调节和可持续发展等特征，同时具备以下组织特征：①无明确企业边界。价值生态系统中容纳的自然人顾客和商家顾客等价值个体数量的任意性、价值个体对系统依附的松散性、众包模式的“去中心化”使价值生态系统失去了明确的企业边界。②模糊了产业边界。阿里巴巴、腾讯等价值生态系统的实践表明几乎所有产业都可以在顾客资源基础上有机黏合在一起创造价值。③蘖生性。在庞大顾客资源基础上广泛跨界，培育多样化价值种群和子系统以增强价值生态系统稳定性是众多中枢企业的发展路径。④顾客翻越顾企之间的“柜台”，由“外部人”转变为“内部人”，直接参与或主导价值创造流程。⑤传统自上而下、等级森严的金字塔形组织结构在价值生态系统中不复存在，以“自主小前端＋大支撑平台”为特点的组织结构成为有效激活潜能、适应云经济时代需求的新型组织结构。⑥大数据、云计算等技术的发展推动价值生态系统的治理方式数据化、协同化、柔性化。

价值生态系统起源于网络平台又高于平台。平台是价值生态系统最初的雏形，价值生态系统是平台更高层次的发展和进化。①平台注重供给和需求的连接，价值生态系统注重互利共生。②平台注重撮合交易，价值生态系统擅长沉淀和利用数据。③平台以收取服务费和中介费盈利，价值生态系统的盈利方式更加多元。④平台的中心化特征显著，而价值生态系统通过“去中心化”挖掘集体智慧，激发大众的创造力。⑤平台重在聚集资源，价值生态系统还可以自我孵化优质资源。⑥价值生态系统拥有更大的规模弹性和自我调控能力。

顾客是价值生态系统构建和运行的基础和核心。顾客不仅是推动价值生态系统形成良性循环的生产者和消费者，也是云经济时代“数据能源”的重要源头，所以以一定方式聚集顾客是价值生态系统的首要目标。中枢企业构建价值生态系统的主要步骤包括：①了解和发现顾客尚未被满足的需求；②利用信息技术构建虚拟栖息地；③设计基本的运行规则；④通过免费服务、新人红包等方式吸引顾客进驻。价值生态系统的运行重在通过持续的拉新活动、顾客留存机制和顾客活跃度提升机制来持续提升顾客规模和顾客黏性。大量顾客资源为开发多样化盈利模式奠定了基础。目前价值生态系统的盈利方式主要包括：①作为精准营销媒介，获取广告收入；②开发增值服务，获得付费收入；③挖掘大数据中蕴含的价值。由于云经济时代市场竞争激烈，中枢企业需要通过免费、补贴、优惠等“烧钱”等方式吸引和留存尽可能多的顾客，而且盈利模式的开发又需要以一定的顾客基础为前提，所以对价值生态系统而言，盈利具有后置性特征，如京东惨淡经营 12 年后才开始盈利。

关于价值空间，本书构建了一个由交易、流程、服务三个维度构成的空间模型，任何一个维度的创新都可以有效拓展价值空间。价值生态系统通过数据挖掘和资源整合实现交易创新，通过聚集顾客资源并创造顾客嵌入价值创造流程的条件实现流程创新和服务创新。价值生态系统的中枢企业与顾客之间是共生关系，各参与方在合作博弈下共同分享价值空间，分享的比例取决于各参与方合作博弈的结果。

2. 价值生态系统的组织演化

价值生态系统的发展和演化存在一定的生命周期特征。①顾客在价值生态系统发展过程中占据举足轻重的地位，因而活跃顾客规模成为衡量价值生态系统生命周期的重要标准。②价值生态系统的发展也存在幼儿期、成长期、成熟期等阶段，但其往往呈现阶段性爆发式增长，周期各阶段的界限不明显。③由于价值生态系统可以容纳任意数量的顾客，中枢企业难以通过刚性双边契约对顾客进行约束，所以当价值生态系统面临危机时，栖息的顾客会快速流失从而导致价值生态系统迅速崩溃。④价值生态系统通过培育多样性物种、衍生子系统等方式追求超生命周期的发展，衰退并不是必然阶段。价值生态系统普遍追求从多个支撑点、多种利润源中获得较为长久地发展，实现如同自然界生态系统的生生不息。

价值生态系统孵化子系统的方式包括内源性分蘖和外源性衍生两种。内源性分蘖子系统是母系统内部孕育而生、与母系统一脉相承的子系统，与母系统之间存在直接的“血缘”关系。分蘖方式包括关系性分蘖和数据性分蘖等。外源性衍生子系统是指并非母系统自产而是通过战略投资、并购形成的子系统。通过内源性分蘖和外源性衍生，母系统培育出多种多样的子系统，形成庞大的价值生态系统帝国，实现了更为稳定和持久的发展。

3. 云经济时代的竞争战略

云经济时代，企业与企业、价值链与价值链之间的竞争上升为价值生态系统之间的竞争。工业经济时代，生产活动的复杂化和竞争程度的加剧促使一维的价值链拓展为多个企业组成的二维价值创造网络。进入云经济时代以来，大数据、云计算等技术的飞速发展促使数据和信息的价值创造能力不断增强，利用数据构建三维价值空间的价值生态系统逐渐成为价值创造主体和市场竞争主体。波特教授基于价值链分析视角提出的成本领先、差异化、专一化战略在工业经济时代发挥了重要作用，但是在云经济时代企业与企业的竞争上升为价值生态系统的竞争，价值生态系统在价值创造过程中呈现出的新特征使波特提出的三大竞争战略的局限性日益突出：①三大竞争战略的竞争视角局限在行业内，而价值生态系统则跨越行业边界，几乎所有行业都可以在价值生态系统中有机黏合在一起进行价值创造。②三大竞争战略的执行着眼于产品制造过程，然而对价值生态系统而言，顾客使用过程超越产品制造过程成为价值创造的核心环节。③三大竞争战略忽视顾客在竞争中的作用，而顾客及顾客数据是价值生态系统的核心资产，以一定方式聚集尽可能多的顾客资源并培养顾客忠诚度是价值生态系统的首要目标。④三大竞争战略以获得短期超额利润为竞争的落脚点，而价值生态系统的盈利具有后置性，运营模式和盈利模式呈现出分离特征。时代的发展要求我们对传统三大竞争战略进行批判性思考，对适用云经济时代的竞争战略进行创新性研究。

价值生态系统的竞争力源于庞大的活跃顾客规模和较高的顾客忠诚度，社会学的嵌入理论为顾客资源的获取与维持提供了开阔视角，不仅突破了传统竞争战略的视角局限，而且与价值生态系统的价值创造特征相契合。从广度和深度两方面提升顾客嵌入度是价值生态系统的主要竞争战略，提升顾客嵌入广度主要包括吸引顾客和留存顾客，提升顾客嵌入深度主要包括：①提升顾客的结构性嵌入，一方面，巩固顾客作为消费者的角色并鼓励顾客成为生产者，与其他参与者进行价值共创；另一方面，通过丰富使用场景实现顾客的多重角色嵌入，从而增强顾客转换成本，提升顾客忠诚度。②增强顾客的关系性嵌入，增强顾客与价值生态系统、顾客与顾客之间的互动频率、关系强度、关系持久度和信任可以提升顾客对系统的依赖程度和归属感。③促进顾客的认知性嵌入，引导顾客共享特定的语言符号、为共同的愿景而努力，使顾客产生主动栖息于价值生态系统的内生动力。不断提升顾客的嵌入广度和深度是价值生态系统提升竞争力的关键。

云经济时代，价值生态系统之间为了资源共享、优势互补、实现价值最大化而进行战略联盟，如腾讯和京东价值生态系统的联盟。由于价值生态系统本身存在跨行业的特征，所以价值生态系统的联盟也呈现出非线性化特征。传统企业联盟的形式通常包括共同研发、采购联盟、技术联盟、生产联盟、市场联盟等，合作的内容停留在企业“柜台”一侧且侧重于产品制造过程。云经济时代，随着顾客使用过程超越产品制造过程成为价值创造的核心活动，价值生态系统的联盟重点关注顾客使用过程中的联盟，如共享登录账号等。此外，随着顾客资源、信用体系、移动支付、物流等成为云经济时代的新型“基础设施”，价值生态系统基于顾客、信用、支付、物流的联盟越来越多。

价值生态系统通过构建虚拟空间和聚集顾客资源实现了从低效到高效、从冗余到整合的提升，具备超大规模、高开放性、高共享性、“去中心化”特征的价值生态系统在促进社会整体进步的同时提升了人们的幸福感与获得感。

第二节 研究展望

从价值链到价值生态系统，是产业组织在云经济时代产生的跃迁，代表着经济组织的未来发展方向，甚至绝大部分组织将实现生态系统化发展。在这样的趋势下，经济学和管理学的许多经典理论面临着被重新审视，面临着突破和创新。

一、产业组织生态化的含义

云经济时代，生态思维、生态圈、生态链、生态化等术语越来越多地出现在商业模式、战略布局的分析和研究中。生态的真正含义或内在本质是什么?

从价值创造主体内部来看:

其一，生态强调组织内部形成良性循环。云经济时代构建良性循环的关键是沉淀顾客及顾客数据，并利用大数据、云计算等分解者的作用挖掘数据的价值。传统企业应该转型为中枢企业，构建价值生态系统，像自然界生态系统那样构建并维持良性循环实现生生不息。中枢企业通过构建满足顾客某一方面需求的栖息地，吸引顾客成为生产者和消费者，然后从中获得核心资产——数据，然后利用大数据、云计算等分解者的数据挖掘和分析功能优化顾客体验、开发增值服务、丰富相关功能，不断提升顾客黏性，形成可持续循环。实力较弱的企业可以进驻某一价值生态系统中，与其他参与者进行价值共创，积极迎接和拥抱云经济时代。

其二，生态强调培育物种多样性、孵化子系统，多点支撑、共同支持价值生态系统的发展。自然界中，生态系统的抵抗力稳定性与物种多样性成正比，遵循“越复杂越难被破坏”的规律。价值生态系统同样遵循这个规律，价值种群多样化程度越高，价值生态系统的价值创造能力和稳定性越强。局限于单一行业容易受行业周期的影响而面临较大的经营风险，在自身能力基础上广泛跨界、开放连接，培育丰富多样的子系统和种群有助于提升整个价值生态系统抵抗风险和波动的能力，提高整体竞争力。一方面，不同子系统、不同价值种群互相支撑，互惠互利，在某一子系统面临危机时可以获得其他子系统更多关系资源的帮助。另一方面，多个子系统和价值种群将沉淀更加全面、丰富、准确的顾客数据，这些数据不仅可以为管理决策和优化调整提供精准参考，还可以提升对行业和未来的洞察和前瞻能力，为尽早地布局未来打下基础。

云经济时代，信息技术的优势让跨界和开放共享变得简单。传统企业的跨界表现在购置新的机器设备、招募新的员工、学习新的技术，价值生态系统的跨界和共享则主要是基于用户资源的黏合，信息技术的资源整合优势降低了跨界成本。用户或顾客是价值生态系统的核心资源，拥有强大用户基础的价值生态系统对其他企业拥有天然的吸引力。微信是我国用户基础最大、用户黏性最强的APP，2017年底月活跃用户高达9.8亿人，遥遥领先其他应用程序。2017年1月，承载微信作为“连接器”诉求的小程序推出，这是一种无须安装和卸载、用户用完即走的轻量应用程序，一经推出就吸引了大量小程序进驻。QuestMobile数据显示微信小程序月活跃用户规模呈爆发式增长，并在不到1年的时间内突破4亿人。小程序的推出不仅使微信的连接功能和开放性进一步提升，也通过小程序与微信账户的打通实现了数据的互联互通。小米基于自身庞大的用户基础向智能硬件领域跨界，构建庞大的生态链。小米一方面向生态链企业输入价值观和产品方法论，为其提供资金、品牌、渠道的帮助，并从中分享成长收益，另一方面借助智能硬件与小米手机的连接增强用户黏性，通过涉足手机周边、智能家居、生活耗材等领域构建庞大的价值生态系统。一根竹子终会枯萎和死亡，而一片竹林却会生生不息，广泛跨界、涉足多个领域的价值生态系统正是通过培育“竹林”实现长久发展。

从价值创造主体外部来看，生态的思想启发企业竞争思维的转变。在地球这个最大的生态系统中，每个企业，不论大小，都是其中必不可少的一环，唯有合作和共享才能推动整体利益的最大化。生态引导企业从强调竞争转变为注重合作。传统的企业注重对主导地位的争夺，争相成为领导企业或链主企业。生态思维引导企业从整体和全局的角度思考问题，马云在2018年中国绿公司年会上指出："世界已经进入了命运共同体，只有大家好，你才有可能好。村里面你最富就会出现斗地主的情况。"云经济时代，每个人、每个企业成为价值创造中的一个节点，唯有合作才能实现共赢。

二、盈利后置与公司上市

对价值生态系统而言，盈利具有后置性，主要原因在于：一方面，对于成长期的价值生态系统而言，聚集尽可能多的顾客是首要目标。中枢企业以免费甚至补贴的方式吸引顾客进驻价值生态系统，这一过程会耗费大量的财务资本。另一方面，价值生态系统的盈利以大量顾客资源为基础，只有价值生态系统内顾客数量积累到一定程度，广告收入、增值服务收入、大数据中蕴含的收入等盈利方式才得以开发和实现。这两方面原因导致价值生态系统短期内难以实现盈利。京东在2004年踏入电商领域，惨淡经营12年后，2016年底，活跃用户数达2.266亿并首次扭亏为盈。美图公司2008年成立，以大量投入、连年亏损的代价在2016年底获得了4.5亿月活跃用户。2017年随着互联网业务收入的增长，亏损额有所降低。成立于1995年的亚马逊在20年后才开始盈利，诸多中枢企业的实践证实了价值生态系统盈利的后置性。

价值生态系统在成长过程中为了吸引和维持尽可能多的顾客资源，培育竞争优势，会以"烧钱"的方式进行运营，因而对财务资本的需求很大。中枢企业一方面通过吸引风险投资获得融资，另一方面希望通过上市来融资。对于业务模式尚未成熟、发展不稳定、经营风险较大的初创期价值生态系统而言，上市绝非易事。按照《中华人民共和国公司法》相关规定，在A股上市需要满足以下盈利要求：当前3个会计年度净利润均为正数且累计超过人民币3000万元；当前3个会计年度经营活动产生的现金流量净额累计超过人民币5000万元，或者当前3个会计年度营业收入累计超过人民币3亿元。法律规定的盈利门槛构成价值生态系统中枢企业上市的阻碍。构建价值生态系统的中枢企业大多为互联网、人工智能等领域的新创企业，是我国新经济发展的主力军，但是却由于我国大陆极高的上市门槛而难以通过上市获得融资支持，影响了我国创新创业和新经济的发展。

《中华人民共和国公司法》等法律规定的上市盈利门槛将很多优秀中枢企业“拒之门外”，这些企业大多赴美国的证券交易所上市，形成“国内赚钱，境外分红”的局面。

2018 年 4 月 30 日，香港证券联合交易所在新经济的发展浪潮中启动了改革，将对符合一定条件的目前尚未盈利的生物科技公司打开 IPO 大门。我们认为我国大陆证券交易所也应该降低对一些新经济公司上市的盈利要求，主要原因在于：①现行法律要求与实践中价值生态系统盈利的后置性特征不契合，法律规定应该随实践发展与时俱进，降低公司上市的盈利门槛；②判断企业是否能够上市的标准应从面向过去转变为着眼未来，决定企业价值与未来发展的不是短期利润而是将来的战略布局与走向；③在新经济发展过程中，我国相关制度规定和证券交易所等机构应该做出相应调整以支持新经济的发展，扶持新创中枢企业的成长，促进我国“大众创业、万众创新”的发展。

三、线上线下的融合

价值生态系统将顾客聚集在信息技术支撑的虚拟空间中，努力通过提升顾客嵌入度来延长顾客在价值生态系统内的栖息时长，通过顾客活跃度提升机制来提高顾客对应用程序的使用次数，顾客花费了越来越多的时间在手机和网络中，越来越多的人成为“低头族”。

飞速发展的信息技术将越来越多的线下活动转移到线上，如原来的“下馆子”转变为点外卖，外出购物转变为网络购物，现金支付转变为移动支付，收发信件转变为电子邮箱，看电视、听音乐、听广播等娱乐活动通过一个手机便可以实现。线上活动以高效、便捷、品类丰富等优点逐渐获得人们的青睐，人们的上网时长不断增加，根据 CNNIC 于 2018 年 1 月发布的第 41 次《中国互联网络发展状况统计报告》，2017 年，我国网民每周人均上网时长为 27 个小时，而 2010 年仅为 18. 3 个小时。人们除了工作和学习的时间，几乎无时无刻不在看手机，即使在朋友聚会、外出旅游时也不忘放下手机。不论移动互联网还是手机，本质上都是促使生活简化、高效化、便捷化的手段，但是沉迷于手机的人们却常常走入极端，将自己的生活“托付”给手机和网络，由它们去控制和主导我们的生活。互联网、手机由手段转变为目的，影响了社会的健康发展。因为手机，我们在和家人、朋友相处的时候花费了更多的时间沉迷于自己的世界，而忽略了真诚、面对面的交流沟通；因为手机，我们习惯于用朋友圈和微博去记录旅途中的风景和美食，而没有全心去感受旅行的快乐；因为手机，我们的时间和注意力被微信、今日头条中的零散信息所分散，而很少静下心去读一本完整的书。

价值生态系统不断提升顾客嵌入深度和栖息时长，提升顾客体验和社会效率的同时一定程度上减弱了人们对现实世界的关注，影响了人们和社会的健康发展。如何运用好网络和手机这一手段实现人们日益增长的美好生活需要的目的，推动线上线下融合，是价值生态系统需要思考的问题。微信创始人张小龙意识到了现代社会中人们过度沉迷线上生活而忽略线下的问题，提出微信接下来的发展方向之一是探索线下，引领人们更多体验线下精彩生活。

支付宝利用线上优势带动线下的一些成功经验可供其他组织参考。2014年7月10日，支付宝钱包与商业综合体“西溪天堂”达成战略合作，打造国内首个“未来生活广场”。双方将一起探索线下商业综合体在移动互联网时代的全新体验模式，通过支付宝钱包“服务窗”提升线下商业的一系列服务。支付宝意图以线上的优势为顾客带来更佳的线下体验。2017年底，全国30多个城市的公交、地铁和轮渡先后接入支付宝，人们的出行因为支付宝而变得快捷。

四、工具理性与价值理性的探讨

工具理性（Instrumental Rationality）和价值理性（Value Rationality）的概念最早由马克斯·韦伯提出，他认为社会行动可以分为合理性和非合理性两大类，而合理性行动又可分为工具合理性行动和价值合理性行动，所谓工具合理性行动是指能够以数学形式进行量化和预测后果以实现目的的行动，所谓价值合理性行动是指主观上相信行动具有无条件的排他性价值而不顾后果和条件都要完成的行动（史少博，2007）。工具理性强调通过功利的方法追求效果或价值最大化而漠视人的情感、价值等因素。价值理性则关注人的价值、情感和精神等因素，强调动机的纯正性而忽略结果，两者的和谐统一是社会健康发展的前提。

工业经济时代，生产力和生活水平普遍不高，人们的物质性需求或刚性需求占据主导。生产者主要以有形的产品为消费者传递价值，消费者通过购买产品获得其使用价值。传统的企业、价值链和价值网追求交易价值最大化的工具理性。反映交易价值的销售量、销售额、市场份额等指标成为衡量企业竞争力的主要标准，顾客一侧的使用价值则由于过于抽象、难以量化等特征而被忽略。

商品价值本身具有二重性特征，即交易价值和使用价值。传统的价值创造理论以能够用货币计量的交易价值为研究对象，隐含着将使用价值并入交易价值的假设。当货币成为交易价值的全权代表时，使用价值就日益呈现弱势状态，并逐渐退居次要地位甚至被严重忽视（金碚，2018）。云经济时代，顾客需求的变化、价值创造核心环节的变化及免费服务的出现使使用价值的重要性不断上升。

（1）云经济时代，随着生产力和生活水平的提高，人们的精神文化需求和全面发展需求不断上升，人们在看剧的时候会通过弹幕与其他人进行互动；在听音乐的时候抒发自己的感受并参与讨论；在微信、微博、抖音等平台上分享自己的照片、视频并与别人通过点赞和评论互动。越来越多满足人们精神文化需求的视频节目、各类直播和短视频类平台出现，极大地丰富了人们的精神文化生活。对企业而言，仅仅关注产品生产和销售过程不足以吸引顾客的注意力，为顾客提供其感兴趣的内容并持续与顾客进行交流互动才能吸引顾客。

（2）云经济时代，顾客由购买影碟转变为使用流量看网络视频，由购买唱片和磁带转变为使用音乐软件，由购买词典转变为使用电子词典，由购买相机转变为使用拍照软件，以产品买卖为主的交易过程退居到次要位置，顾客使用过程成为价值创造的核心环节。对价值生态系统而言，为顾客持续提供优质的使用体验才能留住顾客，获得竞争优势，所以关注顾客使用价值的价值理性日益重要。价值生态系统的研究不仅需要将原本隐藏在交易价值中的使用价值重新独立出来，还需要工具理性与价值理性的有效契合。

（3）云经济时代另外一个值得注意的趋势是免费服务的涌现，免费的视频、音乐、搜索、云存储、通信社交服务为人们的生活带来了便利，同时削弱了过去单纯以交易价值来衡量价值的贴切性。人们免费使用应用软件的过程中几乎没有产生交易价值，但是软件用户却从中获得了大量的使用价值。免费服务使人们逐渐意识到了使用价值的独立地位，人们日益增长的美好生活需要将使用过程提升到价值创造的核心环节，以价值理性为动力进行价值创造是时代发展的要求。

工业经济时代，关注交易价值最大化而忽略顾客使用价值的行为属于工具理性，云经济时代，顾客不断提升的精神文化需求、顾客使用过程占据价值创造核心环节的特点使顾客使用价值的重要性不断攀升。免费服务的出现和盛行看似违背了工具理性，实则是关注顾客使用价值的价值理性的崛起。云经济时代的价值创造唯有遵从工具理性和价值理性的内在统一才能适应时代要求。

参考文献

[1] [法] 让·马贺·杜瑞. 颠覆式创新：企业实现突破的15种方式 [M]. 北京：中信出版社，2016.

[2] [美] 道格拉斯·C. 诺思. 制度、制度变迁与经济绩效 [M]. 杭行译. 上海：格致出版社，2014.

[3] [美] 克里斯·安德森. 免费：商业的未来 [M]. 蒋旭峰，冯斌，璩静译. 北京：中信出版社，2009.

[4] [美] 迈克尔·波特. 竞争优势 [M]. 陈丽芳译. 北京：中信出版社，2014.

[5] [英] 马歇尔. 经济学原理 [M]. 朱志泰译. 北京：商务印书馆，2005.

[6] [英] 亚当·斯密. 国民财富的性质和原因的研究 [M]. 郭大力等译. 北京：商务印书馆，1972.

[7] Adizes I.. Corporate Lifecycles: How and Why Corporations Grow and Die and What to Do about It [M]. NJ: Prentice Hall, 1989.

[8] Adrian J. Slywotzky, David J. Morrison, Bob Andelman. The Profit Zone: How Strategic Business Design Will Lead You to Tomorrow's Profits [M]. Three Rivers Press, 1998.

[9] Andersson U., Forsgren M., Holm U.. The Strategic Impact of External Networks: Subsidiary Performance and Competence Development in the Multinational Corporation [J]. Stragegic Management Journal, 2002, 23 (11): 979-996.

[10] Argyris C., Schön D. A.. Organizational Learning: A Theory of Action Perspective [M]. New York: Addison-Wesley, 1978.

[11] Armstrong M.. Competition in Two - Sided Markets [J]. Rand Journal of Economics, 2006 (37): 668 - 691.

[12] Barney J.. Firm Resources and Sustained Competitive Advantage [J]. Journal of Management, 1991, 17 (1): 3 - 10.

[13] Barras R.. Towards a Theory of Innovation in Services [J]. Research Policy, 2006, 15 (4): 161 - 173.

[14] Bughin J., Livingston J., Marwaha S.. Seizing the Potential of "Big Data" [J]. Mckinsey Quarterly, 2011 (4): 103 - 109.

[15] Burt R. S.. Structural Holes: The Social Structure of Competition [M]. Harvard University Press, 1995.

[16] David Bovet, Joseph Martha and R. Kirk Kramer. Value Nets: Breaking the Supply Chain to Unlock Hidden Profits [M]. New York: John Wiley & Sons, 2000.

[17] Dhanaraj C., Alyles M., Steensma K. H.. Managing Tacit and Explicit Knowledge Transfer in IJVs: The Role of Relational Embeddedness and the Impact on Performance [J]. Journal of International Business Studies, 2004, 35 (5): 428 - 442.

[18] Donald F. Heany. Degrees of Product Innovation [J]. Journal of Business Strategy, 1983, 3 (4): 3 - 14.

[19] Frank T. Rothaermel, David L. Deeds. Alliance Type, Alliance Experience and Alliance Management Capability in High - technology Ventures [J]. Journal of Business Venturing, 2006, 21 (4): 429 - 460.

[20] Gabarro J. J.. The Development of Trust, Influence and Expectations [A]. Gabarro, Interpersonal Behavior: Communication & Understanding in Relationships [C]. Prentice - hall, Englewood Cliffs, Nj., 1978.

[21] Gary Gereffi, John Humphrey, Timothy Sturgeon. The Governance of Global Value Chains [J]. Review of International Political Economy, 2005, 12 (1): 78 - 104.

[22] Gary Gereffi. Beyond the Producer - driven/ Buyer - driven Dichotomy: The Evolution of Global Value Chains in the Internet Era [J]. IDS Bulletin, 2001, 32 (3): 30 - 40.

[23] Gereffi G., Hamilton G.. Commodity Chain and Embedded Networks: The Economic Organization of Global Capitalism [A]. Annual Meeting of the American Sociological Association [C]. New York, 1996.

[24] Ghoshal S., Barlett C. A., Moran P.. A New Manifesto for Management [J]. Sloan Management Review, 2001, 40 (3): 9-20.

[25] Granovetter M.. Problems of Explanation in Economic Sociology [J]. Networks & Organizations Structure Form Action, 1992 (2): 25-56.

[26] Grinnell J.. The Niche-Relationships of the California Thrasher [J]. Auk, 1917, 34 (4): 427-433.

[27] Levins R.. Evolution in Changing Environments: Some Theoretical Explorations [J]. Monographs in Population Biology, 1968 (163): 200-202.

[28] Gulati R., Sytch M.. Dependence Asymmetry and Joint Dependence in Interorganizational Relationships: Effects of Embeddedness on a Manufacturer's Performance in Procurement Relationships [J]. Administrative Science Quarterly, 2007, 52 (1): 32-69.

[29] Gulati R.. Does Familiarity Breed Trust? The Implications of Repeated Ties for Contractual Choice in Alliances [J]. Academy of Management Journal, 1995, 38 (1): 85-112.

[30] Haire M. Biological Models and Empirical History of the Growth of Organizations: Modern Organizational Theory [M]. New York: John Wiley and Sons, 1959.

[31] Hamel G.. Leading the Revolution [J]. Journal of Product Innovation Management, 2001, 18 (3): 212-213.

[32] Hammer M.. Reengineer Work: Don't Automate, Obliterate [J]. Harvard Business Review, 1990, 67 (4): 104-112.

[33] Hannan M. T., Freeman J.. The Population Ecology of Organizations [J]. American Journal of Sociology, 1977, 82 (5): 929-964.

[34] Hartigh E. D., Tol M., Visscher W.. The Health Measurement of a Business Ecosystem [R]. 2006.

[35] Hopkins T., Wallerstein I.. Commodity Chains in the World Economy Prior to 1800 [J]. Review, 1986, 10 (1): 157-170.

[36] Iansiti M. and Levien R.. Keystones and Dominators: Framing the Operational Dynamics of Business Ecosystem [M]. Boston: Estados Unidos, 2002.

[37] Iansiti M. and Levien R.. The Keystone Advantage: What the New Dynamics of Business Ecosystem Mean for Strategy, Innovation and Sustainability [M]. Bos-

ton: Harvard Business School Press, 2004.

[38] Jeffrey F. Rayport and John J. Sviokla. Exploiting the Virtual Value Chain [J]. Harvard Business Review, 1995 (73): 11 - 12 .

[39] Johnson M. W. , Christensen C. M. . Reinventing Your Business Model [J]. Harvard Business Review, 2008, 35 (12): 52 - 60.

[40] Kale P. , Singh H. , Perlmutter H. . Learning and Protection of Proprietary Assets in Strategic Alliances: Building Relational Capital [J]. Strategic Management Journal, 2015, 21 (3): 217 - 237.

[41] Kaplinsky R. , Morris M. . A Handbook for Value Chain Research [R]. Prepared for the IDRC, 2001.

[42] Kim K. et al. . The Healthiness of Business Ecosystem and Its Effect on SEM's Performance [R]. International Council for Small Business, 2010.

[43] Kimberly J. R. , Miles R. H. . The Organization Life Cycle [M]. London: Jossey - Bass Publishers, 1981.

[44] Klaes Matthias. The History of the Concept of Transaction Costs: Neglected Aspects [J]. Journal of the History of Economic Thought, 2000, 22 (2): 191 - 216.

[45] Kogut B. . Designing Global Strategies: Comparative and Competitive Value - Added Chains [J]. Sloan Management Review, 1985, 26 (4): 15 - 28.

[46] Kuhn T. S. . The Structure of Scientific Revolution [M]. Chicago: University of Chicago Press, 1962.

[47] Leonard - Barton D. . Wellsprings of Knowledge: Building and Sustaining the Sources of Innovation [M]. Harvard Business School Press, 1995.

[48] McEvily B. , Marcus A. . Embedded Ties and the Acquisition of Competitive Capabilities [J]. Strategic Management Journal, 2005, 26 (11) : 1033 - 1055.

[49] Mende M. , Bolton R. N. , Bitner M. J. . Decoding Customer - Firm Relationships: How Attachment Styles Help Explain Customers' Preferences for Closeness, Repurchase Intentions, and Changes in Relationship Breadth [J]. Journal of Marketing Research, 2013, 50 (1): 125 - 142.

[50] Moore J. F. . Predators and Prey: A New Ecology of Competition [J]. Harvard Business Review, 1993, 71 (3): 75 - 86.

[51] Moore J. F. . The Rise of a New Corporate Form [J]. Washington Quarterly,

1998, 21 (1): 167 – 181.

[52] Moore J. F.. The Death of Competition: Leadership and Strategy in the Age of Business Ecosystem [M]. Boston: John Wiley & Sons Press, 1996.

[53] Mowla Mohammad Masrurul. An Overview of Strategic Alliance: Competitive Advantages in Alliance Constellations [J]. Advances in Management, 2012 (5): 22 – 31.

[54] Nahapiet J. and Ghoshal S.. Social Capital, Intellectual Capital, and the Organizational Advantage [J]. Academy of Management Review, 1998, 23 (2): 242 – 266.

[55] Normann R., Ramírez R.. From Value Chain to Value Constellation: Designing Interactive Strategy [J]. Harvard Businesss Review, 1993, 71 (4): 65 – 77.

[56] Osterwalder, Alexander. Business Model Generation: A Handbook for Visionaries, Game Changers, and Challengers [M]. John Wiley, 2010.

[57] Peltoniemi M. and Vuori E. K.. Business Ecosystem as the New Approach to Complex Adaptive Business Environments [R]. Paper Presented at Frontier of E – business Research, Finland, 2004.

[58] Peter Hines. Integrated Materials Management: The Value Chain Redefined [J]. The International Journal of Logistics Management, 1993, 4 (1): 13 – 22.

[59] Porter M. E.. Competition in Global Industries [M]. Boston: Harvard Business Press, 1986.

[60] Prabakar Kathandaraman, David T. Wilson. The Future of Competition: Value – Creating Networks [J]. Industrial Marketing Management, 2001, 30 (4): 379 – 389.

[61] Kothandaraman P., Wilson D. T., Prahalad C. K., V. Ramaswamy. Co – creation Experience: The Next Practice in Value Creation [J]. Journal of Interactive Marketing, 2004, 18 (3): 5 – 14.

[62] Rayport J. F., Sviokla J. J.. Exploiting the Virtual Value Chain [J]. Harvard Business Review, 1995, 73 (1): 35 – 51.

[63] Rochet J. C., Tirole J.. Cooperation among Competitors: Some Economics of Payment Card Associations [J]. Social Science Electronic Publishing, 2002, 33 (4): 549 – 570.

[64] Rochet J. C., Tirole J.. Platform Competition in Two – sided Markets [J]. Journal of the European Economic Association, 2003, 1 (4): 990 – 1029.

[65] Rochet J. C. , Tirole J. . Two – sided Markets: A Progress Report [J]. Rand Journal of Economics, 2006, 37 (3): 645 –667.

[66] Sacchetti S. , Sugden R. . The Governance of Networks and Economic Power: The Nature and Impact of Subcontracting Networks [J]. Journal of Economic Surveys, 2003, 17 (5): 669 –691.

[67] Schmalensee R. . A Model of Adrertising and Product Quality [J] . Journal of Political Econorny, 1978, 86 (3): 485 –503.

[68] Tsai W. and Ghoshal S. . Social Capital and Value Creation: The Role of Intrafirm Networks [J]. Academy of Management Journal, 1998, 41 (4) : 464 –476.

[69] Uzzi B. . Social Structure and Competition in Interfirm Networks : The Paradox of Embeddedness [J]. Administrative Science Quarterly, 1997, 42 (1) : 35 –67.

[70] Vandermerwe S. , Rada J. . Servitization of Business: Adding Value by Adding Services [J]. European Management Journal, 1988, 6 (4): 314 –324.

[71] Vuori E. K. . Knowledge – intensive Service Organizations as Agents in a Business Ecosystem [R]. Paper Presented at 2005 International Conference on Services Systems and Services Management, 2005.

[72] Wernerfelt B. . A Resource – based View of the Firm [J]. Strategic Management Journal, 1984 (5): 171 –180.

[73] Weyl E. G. . A Price Theory of Multi –Sided Platforms [J]. American Economic Review, 2010, 100 (4): 1642 –1672.

[74] White A. . Imperfect Platform Competition: A General Framework [J]. Working Papers, 2010 (9): 1 –41.

[75] Williamson O. E. . Organization Form, Residual Claimants, and Corporate Control [J]. Journal of Law and Economics, 1983, 26 (2) : 351 –366.

[76] Williamson. The Economic Institution of Capitalism [M]. New York: Free Press, 1985.

[77] Yoshino M. Y. , Rangan U. S. . Strategic Alliances: An Entrepreneurial Approach to Globalization [J]. Long Range Planning, 1996, 29 (6): 1241.

[78] Zahra S. A. , Nambisan S. . Entrepreneurship and Strategic Thinking in Business Ecosystems [J]. Business Horizons, 2012, 55 (3): 219 –229.

[79] 蔡宁，王节祥，杨大鹏. 产业融合背景下平台包络战略选择与竞争优

势构建——基于浙报传媒的案例研究［J］. 中国工业经济，2015（5）：96－109.

［80］柴才，黄世忠，叶钦华．竞争战略、高管薪酬激励与公司业绩——基于三种薪酬激励视角下的经验研究［J］. 会计研究，2017（6）：45－52.

［81］陈佳贵．关于企业生命周期与企业蜕变的探讨［J］. 中国工业经济，1995（11）：5－13.

［82］陈威如，余卓轩．平台战略［M］. 北京：中信出版社，2013.

［83］陈耀，连远强．战略联盟研究的理论回顾与展望［J］. 南京社会科学，2014（11）：24－31.

［84］大数据战略重点实验室．DT 时代：从“互联网＋”到“大数据×”［M］. 北京：中信出版社，2015.

［85］董小英，余艳，张娜．企业竞争战略与知识管理战略动态匹配与共同演化：以李宁公司为例［J］. 管理学报，2014（4）：478－486.

［86］冯华，陈亚琦．平台商业模式创新研究——基于互联网环境下的时空契合分析［J］. 中国工业经济，2016（3）：99－113.

［87］傅瑜，隋广军，赵子乐．单寡头竞争性垄断：新型市场结构理论构建——基于互联网平台企业的考察［J］. 中国工业经济，2014（1）：140－152.

［88］侯杰，陆强，石涌江，戎珂．基于组织生态学的企业成长演化：有关变异和生存因素的案例研究［J］. 管理世界，2011（12）：116－130.

［89］胡大立．基于价值网模型的企业竞争战略研究［J］. 中国工业经济，2006（9）：87－93.

［90］金碚．关于“高质量发展”的经济学研究［J］. 中国工业经济，2018（4）：5－18.

［91］金帆．价值生态系统：云经济时代的价值创造机制［J］. 中国工业经济，2014（4）：97－109.

［92］金帆，张雪．从财务资本导向到智力资本导向：公司治理范式的演进研究［J］. 中国工业经济，2018（1）：156－173.

［93］李伯虎，张霖，王时龙等．云制造——面向服务的网络化制造新模式［J］. 计算机集成制造系统，2010，16（1）：1－7.

［94］李海舰，田跃新，李文杰．互联网思维与传统企业再造［J］. 中国工业经济，2014（10）：135－146.

［95］李海舰，朱芳芳．重新定义员工——从员工 1.0 到员工 4.0 的演进

[J]. 中国工业经济, 2017 (10): 156 - 173.

[96] 李文莲, 夏健明. 基于"大数据"的商业模式创新 [J]. 中国工业经济, 2013 (5): 83 - 95.

[97] 刘立. 我国电信业价值链与电信企业运营模式演进的实证研究 [J]. 管理世界, 2006 (6): 85 - 91.

[98] 刘林青, 谭力文, 施冠群. 租金、力量和绩效——全球价值链背景下对竞争优势的思考 [J]. 中国工业经济, 2008 (1): 50 - 58.

[99] 卢福财, 胡平波. 网络租金及其形成机理分析 [J]. 中国工业经济, 2006 (6): 84 - 90.

[100] 卢升高. 环境生态学 [M]. 杭州: 浙江大学出版社, 2010.

[101] 罗珉, 杜华勇. 平台领导的实质选择权 [J]. 中国工业经济, 2018 (2): 82 - 99.

[102] 罗珉, 李亮宇. 互联网时代的商业模式创新: 价值创造视角 [J]. 中国工业经济, 2015 (1): 95 - 107.

[103] 罗珉. 价值星系: 理论解释与价值创造机制的构建 [J]. 中国工业经济, 2006 (1): 80 - 89.

[104] 罗仲伟, 李先军, 宋翔, 李亚光. 从"赋权"到"赋能"的企业组织结构演进 [J]. 中国工业经济, 2017 (9): 174 - 192.

[105] 罗仲伟, 任国良, 焦豪, 蔡宏波, 许扬帆. 动态能力、技术范式转变与创新战略——基于腾讯微信"整合"与"迭代"微创新的纵向案例分析 [J]. 管理世界, 2014 (8): 152 - 168.

[106] 潘剑英, 王重鸣. 商业生态系统理论模型回顾与研究展望 [J]. 外国经济与管理, 2012, 34 (9): 51 - 58.

[107] 潘旭明. 中间组织价值创造机制研究 [M]. 重庆: 重庆大学出版社, 2010.

[108] 彭璧玉. 组织生态学理论述评 [J]. 经济学家, 2006 (5): 111 - 117.

[109] 史少博. 技术发展冲击社会"和谐"的对策——整合工具理性与价值理性 [J]. 科学学研究, 2007, 25 (a02): 172 - 177.

[110] 汪涛, 李威. 中国移动通信运营商运营模式分析 [J]. 中国工业经济, 2003 (3): 21 - 27.

[111] 王季, 郭媛媛, 张晓松. 全球价值链理论研究综述 [J]. 科技和产

业，2007，7（5）：1 -4.

[112] 王思斌．中国人际关系初级化与社会变迁［J］．管理世界，1996（3）：184 -191.

[113] 吴三强．美国企业并购研究［D］．长春：吉林大学博士学位论文，2016.

[114] 向永胜，魏江，郑小勇．多重嵌入对集群企业创新能力的作用研究［J］．科研管理，2016（10）：102 -111.

[115] 熊英．全球价值链、租金来源与解释局限——全球价值链理论新近发展的研究综述［J］．管理评论，2010，22（12）：120 -125.

[116] 徐晋．平台经济学［M］．上海：上海交通大学出版社，2013.

[117] 许冠南，周源，刘雪锋．关系嵌入性对技术创新绩效作用机制案例研究［J］．科学学研究，2011（11）：1728 -1735.

[118] 姚山季，王永贵．顾客参与新产品开发及其绩效影响：关系嵌入的中介机制［J］．管理工程学报，2012，26（4）：39 -48.

[119] 易朝辉．网络嵌入、创业导向与新创企业绩效关系研究［J］．科研管理，2012（11）：105 -115.

[120] 张方华．网络嵌入影响企业创新绩效的概念模型与实证分析［J］．中国工业经济，2010（4）：110 -119.

[121] 张康之，向玉琼．网络空间中的政策问题建构［J］．中国社会科学，2015（2）：123 -138.

[122] 张欣，姚山季，王永贵．顾客参与新产品开发的驱动因素：关系视角的影响机制［J］．管理评论，2014，26（5）：99 -110.

[123] 郑秀峰．同质企业的进化与群适应——基于种群视角的探讨［J］．管理世界，2007（9）：162 -163.